프랑스 문화와 예술 그리고 프랑스어

김선미 · 곽노경 지음

신아사

책을 열며

한국인들은 대부분 프랑스 하면 '문화의 나라'라는 인식을 갖고 있다. 하지만 학생들에게 프랑스에 대해 질문해 보면 '에펠탑, 노틀담 성당' 등 유명한 기념물들만을 나열할 뿐 정작 진정한 프랑스 문화의 맛과 멋에 대해서는 별로 아는 것이 없는 경우가 대부분이다. 한 나라의 문화를 책 한권으로 모두 습득한다는 것은 어쩌면 불가능할지도 모른다. 문화는 그곳에 가서 직접 체험하며 스스로 체득하는 것이 가장 좋겠지만 누구나 그런 기회를 가질 수는 없기 때문에 프랑스라는 나라가 갖고 있는 문화의 매력을 간단하게, 그러나 깊이 있게 서술해보았다.

앞으로 세계는 국가와 국가, 민족과 민족이 더욱 많은 교류를 하며 살아가게 될 것이다. 이로 인해 문화가 사라지리라 예상하는 이들도 있지만 역설적으로 문화는 새로운 산업으로 한 국가를 대변하며 새로운 영역을 담당하게 될 것이다. 따라서 미래를 열어갈 젊은이들에게는 타문화에 대한 이해의 폭을 넓히는 작업이 무엇보다 필요하다. 타문화를 읽는 훈련은 그 문화를 이해하고 활용할 수 있는 기회를 제공할 뿐 아니라 자국문화에 대한 객관성도 확립할 수 있도록 해준다.

프랑스는 유럽의 중심 국가로서 서양문화의 흐름을 고스란히 담고 있는 국가이다. 또한 여러 민족의 침입과 이주로 인해 다양한 민족들이 서로 타협하고 이해하며 다양성을 발전시켜온 국가이기도 하다. 프랑스인들이 겪었던 여러 갈등과 변화들은 아마도 우리가 살아가면서 접하게 될 문제일지 모른다. 그런 측면에서 다양한 프랑스의 문화와 예술, 나아가 짧지만 실용적인 프랑스어 회화를 배운다면 그들이 우리보다 앞서 겪었던 경험들을 통해 보다 성숙한 모습으로 미래를 준비할 수 있으리라 생각된다.

이 책은 프랑스 문화와 예술의 다양한 모습들을 담았다. 필요한 경우에는 좀 더 깊이 있게 다루어 프랑스인들이 갖고 있는 가치관이나 사상까지도 전달하려고 노력했다. 그리고 프랑스의 문화와 예술을 배운 사람이라면 적어도 짤막한 회화 정도는 구사할 수 있어야 한다는 취지에서 실용적이며 간단한 회화를 뒷부분에 정리해 놓았다. 이 책을 통해 프랑스인들이 이룩해 놓은 여러 문화적 우수성과 그들이 지니고 있는 가치관을 배움으로써 문화를 보고 읽는 눈을 키우고 보다 미래지향적인 세계관을 지향할 수 있기를 바란다.

책이 출판되기까지 오랜 기간 동안 믿고 기다려준 신아사에 감사를 드리며 아울러 아름다운 책으로 거듭날 수 있도록 힘써주신 여러 분들께 감사드린다.

2012년 겨울

김선미 · 곽노경

차례

Part 1.
프랑스 문화

Part 2.
프랑스 예술

Part 1.

프랑스 문화와 예술 그리고 프랑스어

프랑스의 문화

Ⅰ. 문화란 무엇인가?

'문화란 무엇인가?'라는 물음처럼 어려운 것은 없다. 그러나 이러한 물음의 시작이 곧 문화이다. 흔히 문화는 구경거리처럼 볼 수 있고, 듣거나, 만지거나, 맛볼 수 있는 것으로만 여긴다. 물론 이러한 것들도 문화이다. 하지만 이것이 전부는 아니다. 문화란 모든 삶의 표현, 사람을 사람답게 하는 모든 것이라 할 수 있다. 말하자면 야만에 대한 승리로서의 문명과 인간적 감성을 표현하는 예술과 삶의 모든 것을 포함하고 아우르는 가장 상위의 개념이 문화인 것이다. 이처럼 문화가 한 인간의 실체 속에 놓여진 본질적으로 가장 깊이 자리 잡고 있는 그 무엇임에도 불구하고 우리는 단순히 외적인 현상만을 다루는 경향이 있다. 문화는 한 인간을 지탱하고 양육하는 근본적인 뿌리와도 같고 정신적 가치에 따른 외적인 창출이기도 하다. 그러나 문화는 역사의 흐름에 따라 서로 다를 뿐 아니라 같은 시대에 함께 살아가는 사람들끼리도 역사 흐름이나 사회의 층위에 따라 각각 다른 부분을 드러낸다. 문화는 다양하므로 어느 것이 옳고 그르다고 할 수 없다. 문화는 인간이 꽃피운 가장 아름다운 꽃이다. 문화라는 이름의 꽃은 인류사의 태초로부터 인류가 존재하는 날까지 고귀한 꽃으로 인간에게 향기와 희망을 선사하면서 무궁토록 피어 있을 것이다. 모든 시간과 공간을 넘어서 존재하는 문화의 세상에서 인간은 문화의 샘물을 마시며 문화의 사랑을 꿈꾸며 문화의 하늘 아래서 살아 왔고 또 살아갈 것이다. 문화는 역사적으로 축적된 물질과 인간이 생산한 정신의 총체이며 인류사를 이끌어온 동력일 뿐만 아니라 비인간적인 것에 대한 진실한 저항의 이데올로기적 표현이다. 그러므로 문화를 통한 인류사의 새로운 전망의 제시는 이 시대의 사명이며 권리일 뿐만 아니라 먼 옛날의 인류 조상에 대한 존경의 표시이며 먼 훗날의 인류 후세에 대한 사랑의 상징인 것이다. 이러한 문화의 생명력을 통하여 인류는 인간다운 생존을 영위할 수 있고 인류사의 위대한 도약을 이룰 수 있다. 그런데 오늘날처럼 기술 공학이 발달하고 새로운 매체환경이 지배하는 세상에서는 새로운 문화가 빠르게 등장한다. 또한 인류 상의 모든 영역도 문화적으로 바뀌어가고 있다. 정치, 경제는 물론이고 행정이나 교육, 환경, 도시의 모든 부분은 문화의 세례로 다시 태어나서 문화라는 큰 집 안에서 새로운 패러다임으로 재편되어 간다. 따라서 이제는 모든 민족과 국가의 문화적 생명력을 존중하는 다문화주의와 복합문화주의를 기반으로 하는 문화의 과학적 인식이 필요하다.

1. 문화의 보편성과 특수성 - 문화 절대주의와 상대주의적 관점

고대 중국인들이나 그리스 인들은 그들의 문화만을 유일한 문화로 여기며 타 문화를 무시하였다. 또한 유럽인들도 오랫동안 자신들의 문화가 가장 발달된 것이라고 자부하였다. 이러한 태도는 자기 문화 우월주의 사상일 뿐 아니라, 문화 절대론적 사고방식을 내포하고 있다. 이는 세계의 모든 문화가 모두 동일한 하나의 과정을 거쳐서 발전하게 된다는 생각으로써 모든 문화의 차이를 단순한 발달 정도의 차이로 간주하는 태도이다. '선진 문화' 혹은 '후진 문화'라는 표현 속에는 이를 쓰는 화자가 스스로 분명히 의식하지 못할지라도 그러한 관점이 전제되어 있다. 프랑스를 비롯한 유럽의 문화 우월 사상은 19세기 진화론적 문화관에 기초

한다. 모든 생물의 진화가 하나의 정해진 과정을 따라 이루어지듯, 모든 문화는 같은 과정을 거쳐 발전한다고 보았으며 그 선두를 장식하는 문화가 유럽 문화라고 생각했다. 이런 사상은 18세기와 19세기의 거의 모든 유럽 사상가들에게서 발견된다. 유럽 문화 우월 사상은 상당기간동안 식민지 국가들을 비롯한 세계의 약소국가들이 그대로 받아들였으며 오늘날까지도 상당히 강하게 남아 있다. 이는 우선 인간의 무한한 창조 능력을 과소평가한 것으로서, 동시에 문화의 다양성을 무시하는 결과를 가져왔다. 19세기 후반에 문화 절대주의적 관점으로 시작된 문화 인류학은 20세기 초반 미국을 중심으로 문화 상대주의로 선회하였다. 베네딕트를 비롯한 미국 문화 인류학자들은, 19세기의 사색적이고 유럽 중심적인 문화관을 버리고 경험 과학적 연구를 통한 문화 상대주의를 제창하게 되었다. 이를 이어 프랑스 인류학의 거장인 레비스트로스는 다음과 같은 주장을 펼쳤다. "문화적 상대주의는 한 문화가 다른 문화의 활동에 대해 '저속하다'거나 '고상하다'고 판단할 절대적인 기준이 없음을 인정한다. 그러나 각 문화는 자체의 활동에 대해서는 그런 판단을 내릴 수 있고 또 내려야 한다. 왜냐하면 한 문화의 구성원은 그 문화 안에서 관찰자일 뿐만 아니라 행위자이기도 하기 때문이다" 문화적 상대주의는 개인에 대해서나 또는 그 사회에 대해 '무규범성'을 의미하지는 않는다. 문화적 상대주의는 자기 집단과 다른 집단이나 사회를 다룰 때 판단을 보류할 것을 요구한다. 자신의 규범이나 자기 집단의 규범을 다른 개인이나 집단에 적용하기 전에 한번 더 숙고해야 한다는 것이다. 사회 간의 문화 차이, 그 차이의 근원, 그 결과에 대해 알고 나서 어떤 판단을 내리거나 행동을 취해야 한다. 이처럼 모든 문화들을 동일선상에서 선진문화, 후진문화로 나누어 볼 것이 아니라, 서로 상이한 표준과 체계를 가진 문화들로 보아야 함을 제시하였다. 이들의 문화 상대주의는 이후에 부분적으로 수정되었지만, 기본적인 주장은 그대로 유지되고 있으며, 그 외의 여러 가지 이유가 더해져 오늘날에는 점점 더 일반화되어 가고 있다. 서양 문화 우월 사상 혹은 일반적인 문화 절대론에 대하여 문화 상대주의는 사실을 훨씬 더 올바르게 반영할 뿐만 아니라, 이데올로기적 요소가 배제되고 개인의 다양한 문화 창조 능력을 올바르게 평가할 수 있게 하며, 전통 문화들의 가치를 좀 더 객관적으로 평가할 수 있는 가능성을 제공해 주었다. 그러나 문화 상대주의에도 문제가 전혀 없는 것은 아니다. 따라서 조화를 이루는 시선으로 문화를 바라보아야 할 것이다. 이렇게 조화롭게 문화를 읽는 방법과 훈련을 프랑스라는 나라를 통해 시도해보고 연습해나가도록 할 것이다.

2. 동·서양 시각의 차이와 문화 읽기

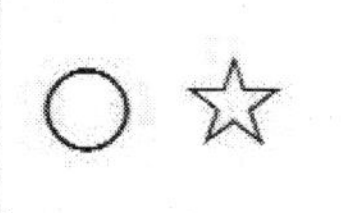

이 그림은 별표와 동그라미이다. 어떤 그림을 나타내는 것일까? 이것은 둘 다 별모양을 나타낸다. 서양의 별모양은 인간이 두 손과 두 발을 벌리고 서 있는 윤곽을 본떠 만든 서양 사람들의 상징기호이다. 말하자면 별은 대우주이고, 인체는 소우주라고 생각한 코스몰로지의 산물이었다. 하지만 별을 단추 모양으로 보았던 우리 조상은 성조기의 별표를 보고 꽃이라고 생각하기도 했다. 고구려 벽화의 별들은 분명 둥근 모양으로 그려져 있다. 이러한 그림이 주는 교훈은 동일한 사물을 서양과 동양이 어떻게 표현하고 있으며 어떤 부분에 더 큰 의미를 두었는지를 생각하도록 해준다. 나아가 서구적인 근대 체험과 전통적인 문화 체험을 다원적으로 공존시켜나가는 마음을 갖게 만들기도 한다. 요즘은 인터넷과 대중매체의 발달로 국가 간의 문화차가 다소 완화되기는 했지만 아직도 국가마다 문화를 표현하는 방식은 매우 다르다. 따라서 한 국가를 이해하기 위해서는 그 국가를 대변하는 문화를 읽는 훈련이 필요하다. 문화를 읽는다는 것은 시선의 변화이며 삶에 대한 분석이고 연구이다. 이를 위한 절대적인 시선은 존재하지 않는다. 같은 것들을 어떻게 표현하고 있으며 동일한 것들이 어떠한 모습으로 발전되어 갔는지를 배우는 연습이기도 하다. 이를 위해서는 삶의 모습을 있는 그대로 바라보고 그곳에서 의미를 찾는 노력이 우선시되어야 한다. 문화읽기란 일상적인 삶의 형태에 대한 관찰이며 삶의 구체적인 모습을 비판적으로 읽어내고 자유롭게 토론하여 우리 사고의 폭과 깊이를 더해가는 것이다. 이렇게 함으로써 현대사회가 요구하는 창의적인 인간을 형성해나가도록 하는 총체적 삶 읽기라고 할 수 있다. 그렇다면 문화를 어떻게 읽을 수 있을까? 우선은 이 시대의 징후를 읽어야 한다. 이 시대는 어떤 지배적인 문화가 모든 흐름을 주도하지 않으며 개별화되고 차별화된 소문화권이 형성된 시대, 즉 포스트모던 시대라고 할 수 있다. 그러나 모든 국가들이 이러한 시대적 흐름을 따르는 것은 아니다. 기호학과 연관시켜 문화읽기의 방법론을 이야기해본다면 문화읽기는 보이는 이미지를 그저 이미지로만 판단하는 것이 아니라 그 안에서 그 사회의 모습을 읽어내고 그 안에 숨겨진 이데올로기를 발견해내는 일이다. 즉 이미지인 기표는 1차적 기의이면서 2차적 기의를 함축하고 있다. '읽기'란 바로 이러한 기호학적 접근과 밀접한 관계가 있다. 이처럼 비언어 체계에서도 언어체계인 기표와 기의로 분석하고 그 기표에서 함축적인 기의들을 읽어내는 작업이 바로 문화읽기인 것이다. 해외를 방문하는 기회가 빈번해진 요즘, 이제 어느 국가를 방문한다면 그 나라의 겉모습만을 보는 것으로 만족해서는 안 된다. 물론 보이는 광경이나 모습을 있는 그대로 파악하는 것이 문화읽기의 기본이기는 하지만 한 걸음 더 나아가 한 국가의 겉모습인 기표 속에서 함축적인 기의들을 읽어내려는 분석적이고 비판적인 자세를 가져야 하며 자신의 미래와 연관 지어 이러한 기표와 기의들이 어떤 도움을 줄 수 있을지도 생각해보아야한다. 문화읽기를 통한 훈련이 새로운 문화에 대한 대응책을 마련하는데 유용하기 때문이다. 이런 연습을 통해 하루하루 빠르게 변화하는 문화 속에서 문화를 읽어냄으로써 미래를 맞을 준비를 보다 착실히 할 수 있을 것이다. 미래의 세계는 개방문화의 세계가 될 것이다. 문화 읽기의 훈련은 개방에 대비하여 어떤 준비가 필요하며, 외국문물의 유입에 대비하여 우리 고유의 문화를 어떻게 유지, 발전시켜야 할지에 대해서도 어느 정도의 대책을 마련하도록 해준다. 나아가 새로운 문화에 대한 대응책을 강구해주기 때문에 적극적이고 긍정적인 작업이라 할 수 있다.

Ⅱ. 프랑스의 역사적 발자취

육각형 모양(hexagone)의 국토를 지니고 있는 프랑스 공화국은 유럽의 중심부에 위치하며 유럽의 관문 역할을 담당하고 있다. 프랑스는 3면이 북해, 대서양, 지중해에 접해 있고 다른 3면은 벨기에, 룩셈부르크, 독일, 스위스, 이탈리아, 스페인과 국경을 이루고 있다. 이러한 지형적인 특징으로 인해 프랑스는 많은 침략을 당하기도 했지만 스스로 다른 국가들을 점령하여 식민지화시키기도 했다. 그런 과정 속에서 여러 민족들이 유입되어 다양성을 지닌 국가로 발전하였다. 프랑스의 다양한 인적 구성은 각 지방마다 고유한 풍속, 종교, 언어를 낳았고 여러 역사적인 사건들은 타인을 인정하는 관용(톨레랑스)의 전통을 탄생시켰으며 문화상대주의를 형성하도록 해주었다. 그럼에도 불구하고 프랑스는 문화정체성을 수호하려는 의지가 특별한 나라이기도 하다. 현재의 프랑스는 인종적 갈등 및 가치관의 차이를 극복하고 공화국 정신아래 하나의 국가로 발전해나가고 있다. 길고 긴 프랑스의 역사적 발자취를 모두 살펴보는 과정은 역사적 관점에서는 의미가 있으나 문화를 이해하는 측면에서는 많은 시간을 요하는 작업이기 때문에 대신 시대별로 중요한 사건이나 인물들을 중심으로 프랑스의 역사를 간략하게 살펴보도록 하겠다.

1. 프랑스 문화의 근원

프랑스의 근간을 이루는 문화로는 그리스 지역을 중심으로 번성했던 헬레니즘과 기독교를 중심으로 전해져 내려온 기독교 문화라고 할 수 있다. 그리스인들이 창조해낸 철학과 신화는 프랑스 문화의 핵심적 요인 중 하나이다. 헬레니즘에서 비롯된 여러 예술 작품들과 문화는 유럽인들의 정신세계에 깊이 뿌리를 내리게 된다. 또 한편으로 종교개혁과 성서의 번역을 통해 일반인들에게 보급된 성서의 영향으로 인해 유럽인들은 기독교 사상에 많은 영향을 받는다. 다른 유럽 국가들과 마찬가지로 프랑스도 이 두 문화의 영향을 상당히 받았다고 할 수 있다. 그래서 프랑스는 헬레니즘과 기독교 문화가 혼합된 문화가 근원을 이룬다.

1) 헬레니즘 문화

헬레니즘 문화에서 독특한 영역을 구축한 부분은 바로 철학이다. 헬레니즘 시대 철학의 특징은 동서문화의 융합과정이라 할 수 있다. 그리스인들은 철학을 발명함으로써 인류의 새로운 시대를 열었을 뿐만 아니라 유럽에 지대한 영향력을 끼쳤다. 그리스인들은 무지를 죄로 여겼으며 이 세상에 진리가 존재한다고 믿었고 이를 알아야만 한다고 생각했다. 현실적으로 안정을 찾기가 힘들었던 당시 시민들은 정신과 영혼만이라도 자유와 안정을 찾으려 했고 공동체 폴리스의 복리가 아닌 개인의 선에 보다 큰 관심을 가지고 인간의 궁극적인 목표인 행복을 찾는데 노력했다. 이러한 철학 중 대표적인 것이 기원전 300년경에 등장한 에피쿠로스 철학과 스토아 철학이다. 에피쿠로스 철학은 에피쿠로스에 의해 시작되었는데 그는 최고의 선을 쾌락이라 규정했다. 그가 주장한 쾌락의 본질은 건전한 명상, 만족감, 원숙한 성찰 등의 '정신적 쾌락'이었다. 에피쿠로스 철학은 인간의 궁극적인 두려움의 대상인 죽음에 대해 '죽으면 육체가 썩어 없어지는 것과 마찬가지로 정신마저 분해되어 사라진다'고 생각하여 진정한 정신적 쾌락을 강조했다. 그러나 로마시대에 들어 에피쿠로스 철학은 그 본질이 흔들려 세속적 성공은 물론 사회적 책무 등에 무관심해지면서 단순한 향락사회로 치닫도록 만들었다. 이 후 에피쿠로스 철학은 로마의 정치적 영향력 아래 그리스적인 정신적 쾌락보다 로마적인 육체적 쾌락이 더 우선시되는 철학으로 전파되었다. 한편 스토아 철학은 아테네의 제노에 의해 시작되었다. 그는 최고의 선은 마음의 평정에 있으며 모든 욕심으로부터 해방되어야 얻을 수 있는 것이라 생각했다. 즉 격정적인 감정이나 욕망, 세속적 성공, 소유에 대한 집착 등을 버리는 순간 마음의 평정을 얻을 수 있다는 것이다. 스토아 철학에서는 '자유'라는 단어가 구체화되었는데 그리스 폴리스 시대에는 단순한 '소수의 시민적 자유'였다가 헬레니즘 시대에는 '보편적인 도덕적 자유'로 확대되었다. 스토아 철학자들은 보편적 자유는 인간의 '이성'에 의해 얻어질 수 있는 것으로 보았다. 스토아 철학은 로마시대에 크게 영향을 미쳤는데 이성의 강조로 인한 로마법 사사에 자연법 개념이 스며들게 되었다. 이 두 철학 학파의 영향 뿐 아니라 소크라테스, 플라톤, 아리스토텔레스 같은 철학자들의 사상은 프랑스 중세 철학에 큰 영향을 미쳤으며 이후 프랑스의 문화에도 스며들게 되었다.

2) 기독교 문화

프랑스는 전통적으로 가톨릭 국가이며 가톨릭 신학의 종주국이다. 비록 지금은 프랑스의 교회나 성당이 쇠락하였고 신실한 신자들이 줄어든 것이 사실이지만 그럼에도 불구하고 프랑스는 정신적으로 여전히 가톨릭 국가이다. 이는 그들의 역사 속에 배어 있는 가톨릭 전통과 정신 때문일 것이다. 프랑스를 외형적으로 살펴보면 지방 마을들마다 교회가 자리를 잡고 있으며 휴일이나 여가도 기독교 축일에 따라 정해진다. 이뿐 아니라 삶에 대한 이해의 측면에서도 중요한 프랑스적 가치 체계들이 기독교 문화에서 비롯되었음을 알 수 있다. 일례로 프랑스 가치 체계의 두 축을 이루는 연대의식(솔리다리테)과 관용(톨레랑스), 그리고 비종교성(라이시테)이 여기에 해당된다. 이들 가치들은 프랑스의 강력한 가톨릭 전통과 분리해서 생각할 수 없는 개념이다. 솔리다리테의 저변에는 가톨릭적인 평등의식이, 톨레랑스라는 가치에는 종교 갈등을 해결하고자하는 노력에서 비롯된 프랑스인의 배려와 이해가, 라이시테는 종교적 중립성을 강조하고 실천하려는 의지에서 생겨난 개념이다. 이처럼 프랑스의 정신을 이루는 중요 가치 체계에서는 가톨릭의 가치가 작용하고 있다.

2. 시대별 주요 사건 및 인물

1) 갈로-로마 시대

골족의 탄생과 문화

철기 시대 초기인 기원전 1000년경에 현재의 프랑스 영토에 중부유럽에서 이주해온 켈트족이 정착하며 부족 사회를 형성한다. 켈트족은 언어와 종교로 결합된 독립된 부족들의 총체이다. 이들은 프랑스 지역에 있던 여러 부족들을 예속시키고 동화시키며 프랑스의 전신인 골(Gaule)을 형성한다. 로마인들은 이 땅을 갈리아(Gallia), 그 사람들을 갈리아인이라고 불렀다. 사실 골족은 로마인, 서고트족, 프랑크족, 노르만족, 브르통인 등 프랑스 국민 형성에 참여한 많은 무리 중 하나일 뿐이지만 프랑스인들은 골족을 그들의 조상으로 여긴다. 골족은 오늘날 프랑스인의 뿌리이며 정신적 조상이기도 하다. 하지만 골족은 라틴문명의 우월성을 재빨리 인식하여 '로마에 의한 평화'를 받아들임으로써 골의 로마화가 이루어졌다(갈로-로마 문명). 골족은 식민지 개척자의 언어, 제도, 예술, 과학 기술을 쉽게 수용하여 기존의 골 문화에 라틴 문화가 더해진 새로운 문화를 만들었다. 약 250년경에 기독교가 골지방에 들어와 380년에는 국교로 선포된다. 골 지역은 4세기 이상 로마 제국의 일부로 로마 제국의 운명을 따른다. 골족은 문자를 사용하지 않고 구전으로 문화를 전해주어 주요 자료들은 로마인들이 남긴 기록 외에는 없다.

2) 암흑의 시대, 중세 프랑스

중세 초기 (5~10세기) - 기독교 문화의 지배와 봉건사회

중세는 서로마제국의 멸망과 더불어 시작된다. 5세기부터 게르만족의 침입이 거듭되어 476년에 서로마제국이 멸망한다. 그 결과 골 지방도 모두 게르만족에게 정복되어 갈로 로마 문화가 몰락하며 암흑기로 접어들자 게르만 부족들 가운데 프랑크족이 골 지역에서 강자로 부상한다. 프랑크 족의 족장 클로비스(Clovis)는 일 드 프랑스에 정착한 후 496년 로마 카톨릭으로 개종하고 프랑크 왕국을 탄생시킨다(메로빙거왕조). 하지만 클로비스 사후 프랑크 왕국은 자손들에 의해 영토가 분할되고 살인과 전쟁이 끊이지 않는다. 결국 8세기에 궁내 대신 마르텔이 왕국의 행정을 지휘하고 권력을 장악한다. 751년에 그의 아들 뻬뺑(Pépin)이 왕좌에 올라 카롤링거 왕조를 세운다. 그 후 아들 샤를마뉴(Charlemagne)는 서유럽의 대부분(독일, 이탈리아, 프랑스)을 평정하고 800년에 대관식에서 로마의 황제로 등극한다. 하지만 샤를마뉴 사망 후 유럽 제국은 843년 베르뎅(Verdun)조약에 의해 세 개의 왕국으로 분할되는데 이것이 오늘날 프랑

스, 독일, 이탈리아의 전신이 된다. 샤를마뉴 대제 후계자들의 영토 분할 싸움과 더불어 왕권이 실추되자 새로운 침입이 발생한다. 헝가리인과 사라센족의 산발적인 약탈 뿐 아니라 네덜란드 바이킹족인 노르만족도 침입한다. 그리하여 서프랑크 왕국은 9세기 내내 바이킹족에게 시달리다가 노르만족의 족장인 롤롱(Rollon)에게 공작령으로 그들 부족 이름에서 유래한 노르망디 지방을 하사한다. 바이킹족의 침략은 군주정치의 나약성을 보여주었고 그로 인해 권력의 해체가 가속화되어 지방권력이 강화된다. 백성들은 지방 영주의 성으로 피신해 신하가 되어 영주로부터 보호를 보장 받는다. 이것이 봉건제도의 시작이다. 987년 위그 카페(Hugues Capet)가 대영주와 주교들에 의해 서프랑크의 왕으로 선출된다.

중세중기 (11～13세기) - 십자군 전쟁과 대학의 탄생

9세기 중반 이후에는 영주들 간의 영지 확장과 약탈로 전쟁과 침략이 빈번해진다. 10세기 말의 프랑스는 여러 공국으로 분열되는 봉건 국가 형태의 분할국가였고 위그 카페는 파리 주변의 영지 내에서만 실제적인 권한을 가졌다. 그래서 왕국보다 더 넓고 강한 권력을 행사하는 봉건국가들이 등장한다. 이런 국가들은 왕국과는 별도의 독립 국가였다. 1066년에 롤롱의 후계자인 노르망디 공작 기욤이 영국을 정복하고 왕이 되자 프랑스 왕의 권위가 흔들리게 된다. 그 후 프랑스의 왕들은 국가의 통일과 절대왕정의 확립을 위해 많은 노력을 기울인다. 절정에 달한 프랑스의 봉건제도는 기독교의 절대적 신비주의로 인해 모험과 정복의 열정에 빠져든다. 때마침 이슬람교로 개종한 터키인들이 예루살렘을 장악하자 교황 우르바누스 2세가 성지 탈환을 호소함으로써 1096년부터 십자군의 열풍이 프랑스와 전 유럽을 강타한다. 하지만 총 8회에 걸친 십자

군 원정은 결국 실패로 끝나고 13세기 말에는 성지 전체를 포기하기에 이른다. 그런 과정 중에 서유럽인들은 동방과 아랍의 선진 문명을 받아들인다. 카페왕조는 12세기 말부터 강력해져 십자군 전쟁을 통해 흘러들어온 새로운 문명으로 인해 급격한 변화를 겪는다. 이슬람 문화권에서 들어온 많은 서적들은 중세 지식인들의 학문과 진리에 대한 갈망을 부채질하여 중세 사회에 지식인이라는 새로운 집단을 출현시키는 발판을 마련한다.

지식인들은 배움에 대한 열정으로 스승을 찾아 유럽 각지를 돌아다닌다. 이렇게 모인 교수와 학생이 독립된 자치 단체인 길드를 형성하는데 이것이 바로 대학의 시초이다. 12세기에는 각 도시마다 대성당학교가 번성하고 교사가 다른 지원 없이 명성만으로 학교를 열어 학생들을 가르치는 사립학교도 등장한다. 파리의 학교들은 12세기부터 세계 최고의 기독교 학교라는 명성을 갖게 되어 학생들이 유럽 각지에서 몰려든다. 대학은 차츰 정치 종교와 구별된 진리의 장이 되며 보편성, 자율성, 진리탐구를 추구한다. 그 중에서 파리 대학은 중세 신학의 본거지가 되는데 로베르 드 소르본이 신학생들을 위해 설립한 소르본이 가장 대표적인 대학이다. 교사와 학생들은 규율을 확립하고 도시민과 왕, 주교에 대항해 자신들의 이익을 지키기 위해 도시의 동업조합과 유사한 공동체를 조직한다. 1208년 이후 이 공동체는 대학(université)으로 불린다.

중세 말기 (14~15세기) - 중세의 쇠락과 백년전쟁

14세기는 정치, 종교, 사회적으로 위기의 시기였다. 중세는 쇠락기로 접어들게 되는데 주요 원인으로는 기근, 흑사병, 교회 분리를 들 수 있다. 흑사병으로 유럽의 인구가 감소하자 경제 활동 기반도 붕괴된다. 이

런 어수선한 시기에 프랑스가 지지하는 아비뇽 교황과 영국, 이탈리아, 신성로마제국이 지지하는 로마 교황 간에 갈등이 증폭된다. 이 시기 가장 중요한 사건은 영국과 프랑스 사이에 정치적, 경제적 지배권을 놓고 백년 이상(1337-1453년) 지속된 백년전쟁이라 할 수 있다. 백년 전쟁의 불씨는 필립(Philippe) 4세로부터 시작된다. 그는 왕권 강화를 위해 교황을 아비뇽에 유폐시키고 보르도를 놓고 영국과 전쟁을 치르다가 화해하기 위해 딸 이자벨 공주를 영국의 왕자 에드워드 2세에게 시집보낸다. 그런데 카페 왕조의 왕인 샤를 4세가 후계자 없이 사망하자 영국에서 왕위 계승권을 주장한다. 프랑스의 실력자들은 영국인이 프랑스 왕위에 오르는 것을 막기 위해, 카페왕조의 방계인 발루아 가문의 필립을 왕으로 추대한다(필립 6세). 이에 격분한 에드워드 3세가 프랑스를 침공하고 프랑스 국왕이 프와띠에(Poitiers)에서 영국군의 포로가 된다. 영국의 양모 생산에 의존하는 플랑드르의 도시들은 1340년 에드워드 3세를 프랑스 왕으로 인정한다. 실제적으로 전쟁은 브르타뉴와 플랑드르에 대한 영향력을 놓고 대립하면서 장기화된다. 전쟁은 백년 이상 지속되었지만 재정 문제로 자주 휴전했기 때문에 실제적으로는 30년 정도 전투가 벌어졌다. 초기에는 영국이 우세했으나 샤를 7세의 영도와 잔 다르크의 활약으로 프랑스가 승리한다.

 쟌다르크(Jeanne d'Arc)

동레미(로렌지방) 출신의 젊은 양치기 소녀는 프랑스를 구하라고 자신에게 명령하는 초자연적인 음성을 듣는다. 1428년 16세의 나이로 군부대의 지휘관이 되어, 프랑스의 오를레앙을 탈환하는데 성공하지만 부르고뉴군의 포로가 되어 영국군에게 팔려갔다가 1431년 루앙에서 종교재판을 받고 화형 당한다. 쟌다르크는 프랑스 국가주의의 첫 번째 상징 중 하나이다.

3) 문예 부흥, 질서와 균형 그리고 빛의 세기 근대 프랑스

15세기말 프랑스는 경제가 발전함에 따라 전력을 정비하면서 외부로 팽창해 나가려는 움직임과 함께 새로운 지적, 미학적 욕구가 싹튼다. 때마침 이탈리아에서 르네상스의 열기가 절정에 달하자 프랑스도 그 영향을 받아 16세기 르네상스를 꽃피우기 시작한다. 중세가 성서를 근거로 한 신본주의 사회였다면 16세기는 그리스로마 고전을 중심으로 한 인본주의 사회였다. 이 시기에는 몇 가지 주목할 만한 사건들이 일어난다.

르네상스(1515~1610년)

새로운 과학적 사고들이 들어와 지금까지 믿고 있던 가설들을 흔들어 놓았고 뒤이어 여러 문학작품들이 새로운 생각들을 쏟아냈으며 인쇄술의 발달로 이러한 지식이 널리 보급되기 시작했다. 그러자 그동안 기독교 문화 이외에는 불모지였던 프랑스에 인본주의적 삶에 매료된 사고들이 유행처럼 번져나간다. 새롭게 형성된 신흥 부르주아들과 많은 도시인들은 새로운 가치관을 갈망하며 기독교적 신앙으로 잊혀진 그리스로마 시대의 고대 서적들에 심취하게 된다. 이러한 휴머니스트(humaniste)들로 인해 고대 그리스 인본주의적 가치관이 새롭게 부활한다. 이를 르네상스라 하는데 프랑스어로 '다시 탄생한다'는 의미를 담고 있다. 프랑스는 르네상스시기에 예술, 철학, 문학의 측면에서 이탈리아의 새로운 사조의 영향을 받는다. 루아르 강변과 퐁텐블로 등지에 세워진 성들은 사냥, 축제, 휴식 등을 위한 공간으로 바뀌고 문학도 인간의 육체와 영혼에 대한 표현에서 자유로워진다. 특히 1549년 뒤벨레가 '프랑스어의 옹호와 선양'을 발표하면서 야만적인 언어로 여겨지던 프랑스어가 새롭게 부각되기도 한다.

종교 개혁

르네상스의 인본주의로 중세 기독교 가치관이 무너지자 1517년 마르틴 루터가 면죄부에 대해 반기를 들며 초대 교회의 순수함을 되찾자는 운동을 벌인다. 이어 1536년 칼뱅이 '기독교 강요'를 간행하며 이념을 구체화시킨다. 이처럼 루터와 칼뱅의 자극으로 교회의 부와 권력의 남용이 비판을 받고 성서의 근원으로 돌아가자는 제안으로 인해 종교 개혁이 일어난다. 이후 프랑스는 신교와 구교 간에 종교적 갈등으로 싸움을 하다가 1572년 생바르텔레미 학살 사건으로 하룻밤에 파리의 모든 신교도들이 학살당하는 사건이 발생한다. 이후에 부르봉 왕가의 시조인 앙리 4세는 신교도들에게 예배의 자유를 허용하는 낭트 칙령(1598년)을 공포함으로써 내전을 마감한다.

생바르텔레미 대학살

1572년 8월 23-24일 밤, 후에 앙리 4세가 되는 나비르의 왕과 프랑스의 마고 공주의 결혼을 축하하기 위해 파리에 신교도들이 모여든다. 그런데 마고의 오빠들이 파리에 온 수천 명의 신교도 축하객들을 모두 학살하라는 명령을 내려 2천명 이상의 신교도들이 무참히 학살을 당한다.

위대한 세기

앙리 4세가 종교 전쟁을 잠재우며 왕국을 재건했지만 프랑스는 여전히 혼란스러웠다. 그런 와중에 앙리 4세가 가톨릭 광신도에게 암살되자 9살의 루이 13세가 즉위를 한다. 총리대신 리슐리외 추기경은 어린 왕을 도와 중앙집권 정책을 펼친다. 루이 13세가 세상을 떠난 후 루이 14세가 어린 나이에 즉위하자 재상 마자랭은 왕을 절대 권력자로 만들고 프랑스를 유럽에서 가장 강한 나라로 만드는데 일조를 한다. 프랑스의 고전주의는 루이 14세가 정치를 하기 시작한 1661년부터 시작된다. 왕은 마자랭이 죽은 후 귀족들이 왕권에 대항했던 프롱드의 난에서 교훈을 얻어 권력을 더욱 강화한다. 그리하여 절대 왕정이 확립된다. 루이 14세는 문화적인 면에 일가견을 지녀 예술가와 문학가를 후원하였고 귀족들을 불러 연회를 즐기며 그들을 견제한다. 왕이 부르주아나 귀족을 차별하지 않고 가까이 하자 왕의 마음을 끌기 위해 서로 혈안이 되어 다툰다. 신과 같은 권력을 지닌 군주로서의 왕은 '국가는 바로 나다(L'état, c'est moi)'라고 주장하며 자신이 지상에서 신을 대표하고 그 누구의 영향도 받지 않음을 공표한다.

프랑스 혁명 (1789~1799)

프랑스 혁명은 억압의 상징이던 절대왕정을 무너뜨리고 불평등과 억압에 기초한 구체제를 몰락시키고 시민의 권리가 부각되는 근대 사회의 탄생을 맞이하도록 해주었다. 프랑스 혁명의 발단은 다음과 같다. 루이 16세가 귀족들의 세금을 많이 거두어들이는 법을 제정하려 하자 이에 반발한 귀족들이 귀족, 성직자, 평민으로 이루어진 삼부회를 소집하지만 왕의 명령으로 강제해산 된다. 그러자 그동안 참아왔던 파리 시민들의 분노가 폭발하기 시작한다. 루소의 영향으로 사회적 불평등에 대한 의식을 갖고 있던 터라 시민들은 1789년 7월 14일 무장을 한 채 구시대 억압의 상징인 바스티유 감옥으로 돌진하고 이것이 대혁명의 도화선이 된다. 프랑스 혁명은 전 세계의 많은 국가혁명의 본보기로 사용된다. 계몽 사상가들의 주장과 비판정신, 미국 독립혁명, 구체제가 직면한 재정위기,

그리고 민중의 비참한 생활은 혁명을 불가피한 것으로 만들었다. 그해 8월, 국민의회는 모든 계급과 특권이 사라졌음을 밝히는 인권선언을 발표한다. 1791년 마침내 헌법이 제정되면서 시민이 선거권과 피선거권을 갖게 되고 이에 두려워진 루이 16세와 왕비 마리 앙투와네트는 오스트리아로 도망을 가다 바렌느에서 붙잡힌다. 결국 루이 16세는 1793년 단두대에서 처형을 당하고 과격해진 국민 공회는 수도원을 공격하고 교회령을 국유화한다. 뒤를 이어 권력을 잡은 로베스피에르가 무시무시한 공포정치를 실시하지만 결국 반대파에 의해 재판에 회부되어 루이 16세처럼 단두대의 이슬로 사라진다. 공화국이 혁명주의자들과 왕당파의 폭동으로 위협을 받자 1799년 전쟁의 승리로 대중의 인기를 받고 있던 나폴레옹 장군이 쿠데타를 일으켜 스스로 황제가 된다.

 프랑스 혁명의 3대 이념

프랑스 대혁명에서 내건 자유, 평등, 박애의 이념은 로베스피에르가 1790년 '자유, 평등, 박애, 아니면 죽음을!' 이라는 구호에서 비롯되었다. 프랑스 대혁명은 이 세 가지 보편 가치의 실현을 위한 역사적 투쟁이라 할 수 있다. 자유와 평등은 인간의 기본 권리이며 이를 달성하기 위한 토대가 되는 개념이 바로 박애이다.

4) 현대 프랑스

나폴레옹 (1769~1821)

19세기는 나폴레옹의 시대라고 해도 과언이 아니다. 이 시기 프랑스는 왕정, 공화정, 제정, 입헌 군주제 등 다양한 정치체계가 시도 된다. 나폴레옹이 10년간 제정을 맡다가 1814년 엘바섬으로 유배를 떠나자 샤를 10세가 왕위에 오른다. 그러나 나폴레옹이 엘바섬을 탈출하여 파리로 돌아와 쿠데타를 일으켜 100일 동안 나라를 다스리며 100일 천하를 이루지만 다시 세인트헬레나 섬으로 유배되어 병을 앓다가 세상을 떠나고 만다. 나폴레옹은 동시대 문학가들의 글을 통해 사후 신화적 인물로 숭배되고 유언에 따라 아들이 유해를 파리로 옮겨 앵발리드 기념관에 안치된다. 나폴레옹 1세 집권기의 특징인 혁명적 합리주의와 권위주의 원칙의 혼합은 1804년에 간행된 '나폴레옹 법전'에 잘 드러나 있다. 이 법전은 법 앞의 평등과 능력에 따른 출세를 보장함으로써 이후 부르주아지가 프랑스 사회의 주도 계급으로 성장할 수 있는 발판을 마련하는데 결정적인 역할을 한다.

부르주아지

귀족이 물러난 자리에 새로운 계급인 부르주아지가 등장한다. 프랑스의 부르주아지는 영국과 달리 보호무역주의자들이었으며 기술 혁명에 대해 냉담했다. 이들은 이미 귀족과의 빈번한 접촉으로 행동이나 감정면에서 궁정의 전통에 젖어 있었다. 비록 귀족 문화에 흡수되기는 했지만 부르주아지는 그들만의 가치 체계를 지니고 있었다. 그들은 노동, 저축, 가족, 개인의 자유라는 가치를 지니고 있었다.

파리 코뮌 (1871년 3월~5월)

파리 코뮌은 파리 시민과 노동자들의 봉기에 의해 잠시 설립된 혁명정부이다. 1870년 7월 발발한 프로이센-프랑스전쟁으로 프로이센군은 프랑스를 제압한 후 파리 시민들의 농성에도 불구하고 1871년 1월 28일 휴전조약을 체결한다. 이에 파리 시민들은 항전의 뜻을 굽히지 않는다.

3월 1일 파리에 입성한 프로이센군은 파리 시민의 무언의 적의와 소극적 저항을 받다 3일 후에 철수한다. 이후 시민과 정규군 간의 마찰이 있기는 했으나 화해한 후 중앙위원회를 결성하고 선거를 통해 코뮌의 성립을 알리고 여러 정책과 법령도 발표 한다. 이렇게 분주한 틈에 프로이센과 결탁한 정부군은 5월 21일 맥마흔의 지휘 하에 파리로 진격한다. '피의 1주일'이란 7일간의 시가전 끝에 코뮌은 붕괴되고 많은 사람이 처형당하거나 유형 당한다.

드레퓌스 사건

1894년 드레퓌스라는 장교가 독일에 군사기밀을 넘겼다는 혐의로 체포되어 종신형을 받는다. 넘겨준 서류의 필적이 드레퓌스와 비슷하다는 증거 밖에 없었지만 그가 유대인이라는 점이 범인으로 몰아가는 요인이 된다. 군부에서는 범인이 다른 소령이라는 정황이 있었음에도 불구하고 드레퓌스의 무죄를 밝히지 않는다. 재판 후 에밀 졸라가 '나는 고발한다(J'Accuse)'라는 논설로 사건을 재연하고 드레퓌스에게 유죄판결을 내린 군부의 의혹을 신랄하게 공박하는 논설을 대통령에게 보내는 공개장 형식으로 1898년 1월 13일자 ≪오롤≫지에 발표한다. 이를 계기로 사회여론이 비등하여 프랑스 전체가 '정의·진실·인권옹호'를 부르짖는 드레퓌스파 또는 재심파와 '군의 명예와 국가 질서'를 내세우는 반(反)드레퓌스파 또는 반재심파로 분열된다. 결국 1906년 재심이 허가되어 드레퓌스는 무죄 판결을 받고 복직 후 승진도 한다. 자유주의적 재심파의 승리로 끝난 이 사건은 프랑스 공화정의 기반을 다지고, 좌파 세력의 결속을 촉진하는 계기가 된다.

과학과 기술의 발전

19세기 말 오귀스트 콩트라는 철학자로 말미암아 실증주의가 창시되었으며 이러한 사상은 모든 분야로 퍼져나가기 시작한다. 콩트는 사실에 관한 모든 지식이 실증적 경험 자료를 바탕으로 해야 한다고 주장한다. 그는 인간의 지적 발전이 신학적 단계, 형이상학적 단계, 실증적 단계로 발전하였기 때문에 과학적 사고에 기초하여 사회학, 정치학을 새롭게 구축해야 한다고 생각한다. 콩트의 철학적 사유는 사회에 필요한 정책이나 조직을 형성하기 위한 기본 원리가 된다. 실증주의는 19세기 말에 대중에게 큰 영향을 미친다.

1, 2차 대전 (20세기 초반)

1914년 7월 28일 시작된 1차 대전은 유럽 전역으로 확대된다. 미국이 동맹군으로 전쟁에 개입하면서 독일의 공세가 실패하지만 물질적, 정신적 충격과 피해가 심각했다. 사회는 전체적으로 새로운 가치의 부재 속에 정신적 공황 상태에 빠진다. 2차 대전이 발발하기 전까지 프랑스 사회는 격변으로 얼룩진 시기이다. 그러한 사회적 변화 속에서 프랑스는 1939년 9월부터 전쟁 상태로 들어간다. 독일과 동맹국인 이탈리아는 유럽을 정복하기 시작한다. 폴란드 침략이후 영국과 프랑스는 1939년 9월 3일 독일에 전쟁을 선포한다.

1940년 6월 붕괴

프랑스는 마지노선으로 동부전선에 요새를 구축했으나 정부는 파리를 떠나고 국민들은 남쪽으로 피난을 간다. 사실상 독일 정부가 프랑스 전역을 통치하게 된다. 페탱 정부는 비쉬를 수도로 선택하고 독일과 밀접하게 협조하지만, 결국 피점령 지역은 1942년 11월부터 군사적으로 점령되고 만다. 드골은 런던에서 '자유 프랑스'를 조직하여, 연합군(영국과 미국)의 편에 서서 싸운다. 항독 투사들의 도움으로 연합군들은 점차로 프랑스의 모든 영토를 구출한다.

레지스탕스

1940년 6월 18일 샤를 드골 장군이 런던에서 프랑스인들에게 레지스탕스 참여를 요구한 뒤 자발적으로 운동이 전개되기 시작한다. 레지스탕스 운동은 국외와 국내에서 진행된다. 특히 국외에서는 드골 정군이 이끄는 '자유 프랑스'가 담당한다. 프랑스 레지스탕스의 활동이 높이 평가되는 이유는 종교나 체제를 막론하고 모두가 일치단결하여 광범위한 통일전선을 조직하였고, 국민이 모두 협력하여 1944년 6월 연합군의 프랑스 상륙을 도왔으며 이 통일전선의 기초 위에 신정부가 수립되었기 때문이다.

제 5공화국 (1958~1968)

내적으로는 정부의 권한을 확립하고, 대외적으로는 프랑스의 위신을 표명하려는 드골 장군의 개인적인 권력이 돋보이는 시기이다. 드골은 프랑스의 독립성을 유지하려 미국과의 모든 동맹을 포기하고 세계에서 주도적 역할을 확고히 하기 위해 외교 정책을 적극적으로 추진하여 경제적인 팽창도 이룩한다. 그러나 경제적인 성장은 사회적인 불평등을 강조하게 되어 1968년 5월에 학생들의 시위가 터지게 된다. 결국 드골은 물러나고 우파와 좌파라는 두개의 커다란 정치력이 대립한다. 이후 조르주 퐁피두 대통령이 선출되어 사회적으로 많은 개혁이 이루어진다.

68혁명 '삶을 변화시키자' (20세기 후반)

68혁명의 발단은 대학가에서 비롯된다. 1968년 대학가는 좌파와 우파로 나뉘어져 있어 충돌이 잦았다. 파리 근교 낭테르의 한 대학에서 시작된 학생시위는 파리 소르본느 대학에서 경찰과 학생들이 충돌하며 사태가 급속도로 확대된다. 이후 노동자들까지 가세해 프랑스 전국을 마비시키는 대규모 운동으로 발전한다. 68혁명은 정치 체제를 변혁시키지는 못했지만 프랑스인들의 삶에 사회, 문화적으로 큰 영향을 준다. 학생들은 '금지하는 것을 금지한다', 즉 금기시했던 모든 것을 가능케 한다고 외쳤다. 이로 인해 프랑스인들의 삶에서는 지금까지 그냥 지나치던 억압들로부터 벗어나려는 여러 움직임들이 일어난다.

새로운 사회

퐁피두 대통령을 이어 우파인 발레리 지스카르 데스탱이 대통령으로 선출되어 '영광의 30년'을 구가하다가 프랑스는 경기 침체로 접어든다. 이후 1981년 좌파인 프랑수아 미테랑이 대통령에 당선되어 좌파가 집권하고 우파 정당이 의회의 다수당을 차지하는 동거정부가 지속된다. 2002년 대선에서 자크 시라크가 대통령으로 선출되고 내각은 다시 우파의 것이 된다. 12년 동안 대통령직을 수행한 시라크를 이어 2007년 5월 니콜라 사르코지 대통령이 취임을 하여 프랑스는 국회의 다수석을 대통령과 다른 정파가 차지하는 '동거정부'로 들어간다.

Ⅲ. 프랑스의 가치체계

프랑스를 이끌어주는 두 가지 중요한 가치를 들자면 바로 톨레랑스(tolérance, 관용)와 솔리다리테(solidarité, 연대)일 것이다. 톨레랑스는 다민족, 다인종으로 구성된 프랑스가 오랜 경험을 통해 터득한 공존의 원칙이며 함께 살아갈 원리를 보여주는 가치이고 솔리다리테는 사회적 의무로서 함께 살아가는 세상을 만들어가기 위한 가치라고 할 수 있다. 이 중요한 가치 위에서 프랑스는 사회적으로 다양한 모습들을 형성하고 있다.

1. 톨레랑스

1) 톨레랑스의 등장과 형성

라틴어 'tolerare'(참다, 견디다)에서 유래된 톨레랑스라는 말은 서구사회에서 인종, 문화, 종교의 차이로 격렬한 갈등을 겪으며 많은 피를 흘린 결과 형성된 가치이다. 톨레랑스라는 가치 출현의 직접적인 배경은 1572년 8월 24일 기독교 구교와 신교의 갈등에서 비롯된 생바르텔레미 대학살이다. 파리에서만 3,000여 명의 신교도가 구교도에 의해 희생되는데 이후 두 파의 대결은 피의 악순환을 불러온다. 이를 지켜본 유럽의 지식인들은 사태를 진정시키고자 서로의 차이를 받아들일 것을, 즉 톨레랑스를 얘기하기 시작한다. 종교 간의 갈등이 진정되자 톨레랑스의 외침은 종교를 넘어 점차 사회 전반으로 퍼져나간다. 한편 톨레랑스는 대혁명과 19세기를 거치며 혁명과 반혁명이 반복되는 과정을 통해 발전한다. 이처럼 톨레랑스는 피 흘림의 여러 사건들을 통해 지켜온 가치이기 때문에 프랑스인들은 이에 큰 애착을 갖는다. 이 시기 톨레랑스는 상승하는 개인적 자유주의와 평등사상에 기반을 둔 공동체 속에서 구성원들의 공존을 가능하게 하는 '공존의 원리'로 자리 잡기 시작한다. 프랑스는 개인주의를 경계하고 공동체의 가치를 중시하는 전통을 견지하면서 동시에 그러한 전통이 개인의 자유를 지나치게 억압하는 폐해를 보완하기 위해 노력한다. 그래서 톨레랑스를 자유로운 자기표현을 억압하는 권력에 대한 비판을 넘어 공동체를 구성하고 유지해가는 공존의 원리로 확립시킨다. 이후로 톨레랑스의 의미는 더욱 보완되고 확대되어간다. 마침내 톨레랑스는 차이를 인정하고 이해함으로써 덜 독단적이고 증오가 적은 평화적인 사회를 지향하는 가치로, 그리하여 사회통합을 가능하게 하며, 사상의 자유를 보장하고, 새로운 주장에 대해 열린 자세를 갖게 해주는 가치로 자리 잡는다.

톨레랑스는 주장이 대립할 때 적절한 선에서 타협하는 대신 서로 각자의 주장을 위해 논쟁을 한 후 상대방의 생각을 바꿀 수 없다고 판단되면 서로의 차이를 인정하는 쪽으로 발전한다. 프랑스 학술원의 정의에 따르면 톨레랑스는 '막을 수 없는 것을 너그럽게 받아들이는 것'이다. 그래서 톨레랑스는 사회를 적극적으로 바꾸려는 다분히 의도적이고 의식적인 관용이라 할 수 있다. 톨레랑스 정신의 장점은 자신을 다른 사람의 위치에 놓아 볼 수 있고 자신과 다른 존재를 인정하고 수용하도록 해준다. 그런데 서로가 공존하려면 자신뿐 아니라 상대방도 이를 인정하는 상호성이 전제되어야 한다. 톨레랑스는 크게 종교적 관용, 사회적 관용, 시민적 관용이라는 측면으로 나타나며 한 개인이 자유를 누리는 만큼 타인의 자유도 함께 존중하는 합리성에 기초하고 있다. 톨레랑스는 프랑스 민주주의의 핵심요소이나 절대적인 것은 아니며, 신념 · 표현이 행동화할 경우에는 공공이익보호를 위해 법률에 의한 제한이 불가피하며, 관용이 도덕적 책임과 연계될 경우에만 보호될 수 있다.

2) 톨레랑스의 기본 원리

톨레랑스는 극단주의를 싫어하고 창조적인 주장을 권한다. 그래서 힘이나 우격다짐보다는 이성적인 토론과 설득을 중요시한다. 이런 토론을 통해 차이와 다양성이 존중되고 평화가 유지된다. 톨레랑스는 네 가지 기본 원리를 바탕으로 한다. 첫째는 인간의 완전함에 대한 부정이다. 톨레랑스는 인간의 문제를 인간답게 다루자는 전제에서 출발한다. 인간은 완전한 존재가 아니다. 데카르트는 우리가 사물의 실재를 정확히 나타내지 못한다고 생각했다. 단지 확실한 것은 '나'라는 존재와 '생각한다'는 사실뿐이다. 따라서 자기 생각만 고집하는 것은 편협한 것이며 자기라는 중심을 버릴 때 또 다른 자아인 타자를 받아들이고 그의 목소리를 들을 수 있다. 톨레랑스는 이처럼 어쩔 수 없이 타인의 의견을 인정하는 것이 아니라 자기 의견이 완전할 수 없음을 스스로 인정하는 것이다. 둘째로는 양심의 자유를 옹호하고 극단을 거부하는 태도이다. 절대적인 진리가 없다면 상대적인 진리에 접근하기 위해 다양한 생각을 자유롭게 표현할 수 있어야한다. 또한 이런 자유로움은 타인에게 피해를 주지 않는 이상 제약을 받을 수 없다. 밀은 가장 자유로워야 할 영역이 인간 의식으로 보았다. 의식이라는 인간 내부의 영역은 양심의 자유를 요구한다. 톨레랑스가 주장하는 양심의 자유는 모든 것에 대한 자유나 방종이 아니라 양심이 허용하는 것에 대한 자유이고 양심을 어기는 극단주의를 부정하는 것이다. 셋째는 폭력을 거부하는 이성적인 토론과 설득이다. 타인과의 이성적인 토론은 나의 부족함을 보충해주고 상대방의 의견도 보완해준다. 톨레랑스는 잘못된 의견과 행동을 힘이 아닌 토론과 논증으로 설득하려는 것이다. 말과 설득이 아닌 폭력이나 강제력을 쓴다면 이는 자신의 믿음이 진리일 수 없으며 남을 설득할 능력이 없음을 스스로 인정하는 것이다. 따라서 톨레랑스는 이러한 토론의 기술을 연마하도록 해준다. 넷째로 인간과 사상의 무한한 다양성을 존중한다. 여러 원리가 함께 있을 때 그만큼 억압과 차별의 가능성이 줄고 토론과 설득에 따른 진보도 가능하다. 차이와 다양성의 존중은 톨레랑스가 필히 요구하는 조건이다. 톨레랑스의 필요성은 유사성과 다양성에 대한 인정에서 발생한다.

3) 톨레랑스의 개념과 필요성

프랑스에서 톨레랑스의 한 면을 보여주는 일화는 드골 대통령과 철학자 사르트르의 정치자금 사건에서 읽을 수 있다. 알제리 독립운동이 한창일 때 사르트르는 스스로 알제리 독립자금 전달 책으로 나선다. 당시 프랑스에 거주하는 알제리인들이 각출한 독립지원금을 프랑스의 대표적인 지성이었던 사르트르가 자발적으로 전달하기로 자원한다. 그의 책임 하에 국외로 빼돌린 자금으로 알제리인들은 무기구입에 필요한 돈을 충당한다. 이런 그의 행위는 반역행위임이 분명했다. 드골 측근들은 사르트르를 법적으로 제재해야 한다고 입을 모은다. 이에 대해 드골은 이렇게 답한다. "그냥 놔두게. 그도 프랑스야" (홍세화의 '나는 파리의 택시운전사' 44쪽) 드골의 이러한 생각은 보통 프랑스인들의 일반적인 사고에서 벗어나지 않는다. 톨레랑스의 가치를 배우며 자란 프랑스인들에게는 드골의 반응이 충분히 이해되는 행동이다. 바로 이런 톨레랑스의 힘이 프랑스를 개성과 독창성이 지배하는 문화강대국을 만들었다고 할 수 있다.

톨레랑스는 '아량'이나 '관용(寬容)'으로 번역할 수 있지만 우리나라에서 통용되고 있는 의미와는 다소 차이가 있다. 가끔 톨레랑스와 우리나라의 '정(情)'을 비교하기도 하는데 둘의 의미 역시 완전히 일치하지는 않는다. 톨레랑스와 비슷한 의미로 사용될 수 있는 한국어 단어들을 비교해보면 톨레랑스의 개념을 보다 명확히 파악할 수 있다. 우선 관대함이나 허용이 약자에 대한 강자의 여유를 암시하고 자비가 가엽게 여김의 의미를 지닌다면 톨레랑스는 다양성, 이질성, 복잡성을 존중할 줄 아는 정신적 태도와 지적 능력을 의미한다. 그리고 관대·허용·아량·자비는 힘의 불평등관계를 내포한지만 톨레랑스는 힘의 평등관계를 전제한다. 한국의 정과 톨레랑스에서는 정이 사회적 의미가 애매한 감성의 표현인 반면 톨레랑스는 사회적 의미가 명확한 이성의 소리이다. 그 이유는 톨레랑스가 '나는 무엇을 아는가?'로 표현되는 프랑스의 철학전통인 회의론에서 출발한 이성주의와 대혁명을 비롯한 사회운동의 역사 속에서 등장하기 때문이다. 한 마디로 톨레랑스란 합리적 이성이 역사를 관철하여 행동하고 반추함으로써 얻어낸 결론이다. 따라서 톨레랑스는 사회적 의미가 담긴 역사의 교훈이다. 톨레랑스는 극단주의를 배제하고, 비타협보다 양보를, 처벌이나 축출보다 설득과 포용을, 홀로서기보다 연대를 지지하며, 힘의 투쟁보다 대화의 장으로 인도한다. 또한 권력의 강제로부터 개인의 자유와 권리를 보호한다. 그런데 톨레랑스는 개인이 권력에 요구하는 것이지 권력이 개인이나 사회에 요구할 수 있는 것이 아니다. 자신의 이념과 신념이 귀중하면 남의 것도 똑같이 귀중하며 자신이 존중받기 바란다면 남을 존중하라는 것이 바로 톨레랑스의 요구이다. 이런 가치가 강조된 사회에선 강요나 강제가 아니라 토론과 설득의 문화가 자리 잡는다. 톨레랑스는 내가 동의하지 않는 생각을 용인하고 나아가 내가 동의하지 않는 상대방의 의견이나 생각을 바꿀 수도 있지만 그대로 용인하는 것, 의도적인 용인인 것이다. 결국 톨레랑스는 타자(他者), 타자성, 차이에 대한 존중과 서로 다른 가치, 믿음, 생각을 가진 개인 및 집단들 사이의 평화적 공존을 의미한다. 요컨대, 톨레랑스는 약자에 대한 자비와 같은 인간적인 가치가 아니라 공동체의 사회적 관계를 뒷받침해주는 엄연한 사회적인 가치이다. 홍세화는 프랑스의 어느 철학 교수와의 대화를 예로 들며 톨레랑스는 민주주의보다 중요한 것이라고 강조한다. 민주주의가 국민주권에 기반하고 있는 운영과 관리의 제도라면, 이 제도를 가능하게 해 주는 초석은 톨레랑스라는 철학이다. 톨레랑스가 없는 민주주의는 가진 자와 강한 자의 민주주의일 뿐이며, 그 속에서 전체의 의사에 배치되는 소수의견은 체제전복의도를 가진 불순한 세력으로 간주되어 탄압되기 십상이다. 소수의견이 존중되지 않는 민주주의는 민주주의라기보다는 전체주의에 가깝다. 이데올로기 규제, 사상범, 정치범, 반국가단체 규정 등은 톨레랑스와 정면으로 배치되는 것들이다. 앞으로 세계 경제가 침체하고, 인류애와 연대 지향 이념이 감소되어 “자기 자신만을 위하여!”의 이기주의나 집단 이기주의가 판을 치는 상황에서 톨레랑스는 어느 사회에서나 더욱 강조되어야 할 보편적 가치이다.

4) 톨레랑스의 이중성과 한계

아무리 좋은 가치라도 이를 사용하는 사람들에 의해 부정적인 측면과 긍정적인 측면이 부각되기 마련이다. 톨레랑스도 현실 속에서 이러한 두 측면을 보여준다. 톨레랑스의 정신은 한 사회의 정신적 성숙도를 보여주기도 하지만 체념, 무관심, 방종을 나타내기도 한다. 또 한편으로 "어디까지 톨레랑스 할 것인가?"라는 톨레랑스의 범위와 한계에 대한 문제에 직면하기도 한다. 요즘 프랑스는 '톨레랑스 제로'라는 톨레랑스를 전혀 용납하지 않는 추세를 보여준다. 이런 변화의 원인은 남의 잘못에 관대할 수 없을 정도로 내가 당하는 피해가 크기 때문이다. 그 어느 때보다도 우리는 톨레랑스의 역설에 사로잡히고 있다. 이 역설에 따르면 톨레랑스가 무한정으로 인정되기를 바랄 때, 톨레랑스 자체가 없어져 버린다는 것이다. 왜냐하면 무한정의 톨레랑스는 톨레랑스 할 수 없는 대상에게도 모든 자유를 허용하기 때문이다. 자유의 원칙에 의거하여 톨레랑스할 때 톨레랑스에는 한계가 없다. 톨레랑스는 차이를 존중한다고 한다. 차이의 존중은 반드시 필요하다. 그런데 어떤 사람들은 차이라는 것을 강압적으로 막아야할 아노미 상태, 즉 방종으로 보기도 한다. 더구나 현대 사회는 개인주의를 부추기고 공동체를 무시하며 모든 것을 시장의 논리에 내맡겨 불안을 증가시킨다. 그렇게 만들어진 삶의 불확실성과 불안은 다름과 차이에 대한 경계심, 이유 없는 폭력을 낳는다. 현대 사회가 양산하고 있는 불확실성과 불안의 근본적인 원인들을 치유하지 않고 차이를 인정하라고 강요할 수는 없다. 단순히 차이를 반대하고 억압하려는 것이 아니다. 다만 모든 차이를 '순진하게' 받아들일 수 없다는 뜻이다. 톨레랑스는 중간에 머물려는 어정쩡한 태도가 아니라 쉽게 경계를 그을 수 있다는 오만한 자신감, 모든 것의 속내를 꿰뚫어볼 수 있다는 서구 이성의 자신감 때문에 한계를 가진다. 결국 오늘날의 톨레랑스는 모든 자유방임을 부인하는 것을 첫 번째로 신경 쓰고 있다. 즉 '톨레랑스 할 수 없는 것에는 톨레랑스 할 수 없다'는 것이다.

2. 솔리다리테

프랑스 사회를 지탱하는 사회적 원리로 톨레랑스와 함께 솔리다리테(solidarité)라는 가치를 들 수 있다. 프랑스는 유난히 파업이 많은 나라이다. 이런 프랑스 사회의 모습을 들여다본다면 파업을 묵인해주고 참아주는 국민들과 프랑스 정부의 특별한 태도가 있음을 짐작해볼 수 있다. 솔리다리테는 연대(連帶)라는 의미이다. 프랑스를 다른 서구국가와 구별 해주는 독특한 사회적 가치는 바로 '솔리다리떼'라고 불리는 연대의식이다. 이 연대, 혹은 연대의식은 프랑스 노동자들과 함께 자주 언급되는 가치이다. 프랑스는 실업률이 높고 파업이 잦은 나라로 유명하다. 하지만 실업률을 줄이려는 프랑스의 노력은 유럽의 다른 국가들과는 다르다. 프랑스는 실업률이 높음에도 불구하고 사회 보장 비용을 감축하지 않는다. 제도적 원칙이 변경되면 프랑스 노동자들은 정부 정책에 대항해 파업을 하고 이를 지켜본 프랑스 국민은 파업 노동자들의 권리 요구를 정당하다 여기며 파업이 초래하는 불편을 감수한다. 단적인 예로 95년 겨울 2개월간 계속된 총파업에서 프랑스인들의 연대의식을 읽을 수 있다. 프랑스는 세계에서 파업이 가장 잦은 국가이기 때문에 시민들이 교통마비나 공공 업무마비처럼 극한적인 상황에 이미 익숙해 있는 것은 사실이다. 경찰, 공무원, 교사, 심지어 고등학생까지 시도 때도 없이 파업을 일삼는다. 파업이 이처럼 자주, 그리고 장기간 지속될 수 있는 이유는 시민들의 이해와 지지 때문일 것이다. 우체국이 문을 닫고 우편물이 배달되지 않아도 지하철, 버스, 기차가 장기간 멈춰서도 시민들은 이를 감내한다. 이들은 자신도 파업할 수도 있는 가능성을 품고 있다는 생각으로 파업 노동자들에 대해 지지를 드러내기도 한다. 96년 11월 트럭 운전자들이 연대 파업을 하며 전국 고속도로를 봉쇄하고 강하게 투쟁할 때도 여론의 지지도가 74%에 이르는 등 시민들이 점점 더 파업노동자에 호응하는 양상을 띠기도 했다. 다양한 파업 때마다 프랑스의 노동자들에게 가장 큰 힘이 된 것은 바로 시민여론의 광범한 지지이다 프랑스에 체류했던 한 한국인은 자신이 경험한 사례를 들면서 프랑스의 연대의식을 이렇게 설명한다.

"개인적으로 나는 프랑스의 연대 의식이 얼마나 대단한지를 1995년의 치열했던 총파업에서 뼈저리게 경험한 바 있다. 공기업 부문 노조의 파업으로 시작되어 프랑스 전역으로 번진 1995년 겨울의 총파업은 2개월간이나 계속된 혹독한 투쟁이었다. 당시 전철과 버스는 일체 다니지 않았고 우편물마저 중단되었다. 파리시청은 궁여지책으로 센 강의 유람선을 출퇴근 교통수단으로 동원했는데 아침, 저녁에 무료로 운행되는 유람선을 타고 파리시내로 나가야만 했던 '낭만적인 불편함'을 아직도 잊을 수 없다. 그리고 파업이 끝나고 두 달 만에 한꺼번에 배달된 우편물을 받았을 때의 기쁨과 황당함도 겪어 보지 않고는 상상할 수 없는 미묘한 느낌이었다."

그러나 프랑스의 연대는 최근 들어 상당히 진통을 겪고 있다. 여러 사회적인 현상들, 예를 들어 노숙자 문제나 연금제도 개혁처럼 프랑스 노조와 해결해야할 부분에서 파업이 뒤따를 것으로 예상되지만 더욱 완고해지는 정부의 원칙 고수와 대중교통 대란에 격분한 여론에 밀리며 조합원의 파업 참가율이 점차 감소하고 있다. 그럼에도 불구하고 프랑스 국민들은 이런 현상들을 통해 프랑스 사회를 지탱해온 중요한 가치 중 하나인 연대의식이 위협을 받을지 모른다는 우려를 나타낸다. 어떤 제도이든 프랑스인들이 내세우는 것은 연대의식의 구현이다

그렇다면 프랑스인들이 사회적 의무로 내세우는 솔리다리테는 과연

무엇이고 어떻게 형성되었을까? 사전적 정의에 따르면 연대란 구성원간의 상호 책임감, 서로에게 관심을 가지게 강제하는 우의적인 연결의식을 말한다. 상호 책임과 공동체 의식을 강조하는 이 연대의 구호는 특히 사회적 위기의 시기에 빈번히 제기된다. 자유를 상징하는 국가가 영국이라면 프랑스는 평등과 연대를 대표한다. 프랑스식 '연대'는 프랑스혁명을 통해서 나온 자유, 평등, 박애 중에서 박애의 현대적 개념으로서 그 역사성을 거슬러 올라갈 수 있다. 연대는 우애에 해당하는 개념이기도 한다. 이후 1895년 레옹 부르주아가 연대주의 이론을 내세우는데 그에 따르면 연대성은 사회의 통합에 근거해 있고 국가는 통합을 유지해가는 방향으로 계약들의 공정한 실천을 보장하는 역할을 한다. 연대주의 전통은 이후로 계속 맥을 이어나간다. 프랑스인들은 각 개인의 인권이 실질적으로 평등하게 보장되어야 한다는 원칙에 가치를 두는데 이러한 가치에 연대의식, 즉 솔리다리테를 표현한다. 미국을 비롯한 서구사회가 프랑스를 만인의 조국으로 여기는 이유는 인류가 공유하는 보편적 이념이 프랑스혁명에서 비롯되었기 때문이다. 그래서 토마스 제퍼슨은 미국 독립전쟁 시기에 "모든 사람은 두 개의 조국을 가지는데 바로 자신의 조국과 프랑스다"라는 유명한 말을 남겼다. 현대 사회는 프랑스 혁명이 남긴 자유, 평등, 박애라는 세 가지 대원칙에서 대부분의 이념들을 전수받았다고 해도 과언이 아니다. 사회주의나 자유주의 등의 체제이념도 궁극적으로는 프랑스혁명으로부터 파생된 이념이다. 가장 이상적인 사회를 추구하려했던 프랑스에서 자유와 평등이 동시에 가능할 수 있었던 이유는 무엇일까? 이를 가능하게 해주는 가치는 바로 솔리다리테이다. 자유와 평등은 사회통합의 두 가지 대원칙이지만 자유와 평등보다 한층 고차원적인 개념으로 이 두 원칙을 보조해주는 것은 바로 '연대'의 원칙이다.

Ⅳ. 불협화음 속에 조화를 추구하는 나라, 프랑스

프랑스는 미국이나 캐나다처럼 다양한 인종과 민족이 서로 어울려 사는 국가이다. 겉으로 보면 프랑스는 톨레랑스라는 가치로 별 탈 없이 잘 어울려 사는 나라처럼 보이지만 내부를 자세히 들여다보면 인종주의라는 문제로 적지 않은 갈등을 일으키고 있는 것이 사실이다. 프랑스는 역사를 따라 다양한 민족들이 유입되었다 시기별로 원정이나 침략을 당하면서 여러 민족들이 유입되었을 뿐 아니라 근대 이후 정치적, 경제적 이유로 유럽, 아프리카, 아시아에서 이민자들이 많이 들어왔다. 그럼에도 불구하고 프랑스의 속지주의 원칙 및 강한 중앙집권체제로 인해 다양한 민족들이 지니고 있는 여러 문화 요소들을 흡수하고 발전시켜 프랑스 공화국의 단일성을 지켜왔다. 넬리 모샹은 프랑스에서 이러한 외국인의 수용상태를 "melting potes"라는 단어로 표현하고 있다. 프랑스어로 "pote"란 친한 친구를 의미하는 어휘로 프랑스에서는 외국인이 사회에 적응할 수 있도록 외국인에 대한 전체적인 분위기가 비교적 우호적이라는 점을 들며 미국의 "melting pots"와는 차별화된 용광로의 긍정적인 면을 부각시킨다. 그렇다면 여러 민족과 인종으로 구성된 프랑스가 유럽의 다른 국가들에 비해 어떻게 일찍 중앙집권화를 이루며 조화롭게 살아가고 있을까? 유입된 다양한 인종들 간에 갈등은 없을까? 갈등이 있었다면 프랑스인들은 어떻게 이러한 갈등을 완화시키고 해결해나가고 있을까? 이와 같은 질문들에 대한 의문을 풀어보는 과정이 바로 조화를 이룬 나라, 프랑스의 진정한 모습을 살펴보는 일이라 생각된다.

1. 프랑스의 다양한 인종

프랑스인들의 조상으로 여겨지는 골족은 다양한 민족 가운데 하나로 기원전 8세기경 프랑스에 유입된 민족이다. 이후 로마가 골지역을 정복함으로 인해 로마인들이 유입되었으며 게르만족, 바이킹족등 다양한 민족들이 들어와 정착하였다. 중세 이후로는 기술 이민의 영향으로 스코틀랜드, 아일랜드, 스위스 등에서 용병들이 들어왔고 이탈리아에서 문화예술 분야의 인력들이 유입되어 프랑스 문화를 한 단계 업그레이드 시키는 계기를 마련하였다. 대혁명 이후로는 프랑스 혁명의 자유, 평등, 박애 선언으로 인해 자유의 나라로 인식된 프랑스로 정치적 망명을 오는 사람들이 많아졌다. 아르헨티나의 군사 독재를 피해 온 정치 망명자로부터 쿠르드인까지 다양한 인종들이 유입되었으며 이들 중에는 프랑스 문화에 큰 영향을 끼친 인물들도 적지 않다. 19세기 산업혁명 이후로는 경제 이민이 주류를 이루며 벨기에, 이탈리아 노동자들이 대량 유입되었다. 이들 대부분은 피부색이 같아 서로 구별되지 않아서 사회적으로 흡수되어 살아가는데 큰 문제가 없었다. 그러다 60년대 이후부터 프랑스령이었던 마그레브 국가에서 노동 인력들이 들어오면서 이민과 관련된 인종주의 문제, 즉 신인종주의가 등장하기 시작하였다. 70년대 후반부터는 북아프리카인 가운데 알제리인의 이주로 인해 알제리의 독립전쟁과 프랑스의 경제 위기 그리고 이들 이주민들의 프랑스 사회로의 통합 문제가 대두되기 시작하였다. 마그레브 국가 출신 이주민들은 가족을 고향에 두고 홀로 프랑스로 떠나와 3D 업종에 종사하며 열악한 환경에서 일

했다. 일부 지식인들이 이들의 열악한 생활환경에 대해 언급하자 1974년 지스카르 데스탱 대통령은 공식적으로 가족 합류를 허용함으로써 정착 이주자들의 발길이 이어졌다. 그리하여 프랑스 사회에 마그레브 인종이 본격적으로 자리를 잡기 시작하였다. 하지만 80년대 이후 점차 실업 문제가 대두되면서 이민자들에 대한 배척현상이 나타났다 더구나 사회당 정부가 이민자들에게 관대한 정책을 펼쳐 많은 이민자들이 발생함으로써 실업률이 증가하자 문제가 더욱 확대되었다. 급기야 국가 정체성이 위협받는 상황에 처한 프랑스에서 극우정당인 국민전선이 이민자 문제를 프랑스 정치의 핵심 쟁점으로 삼으며 이들 문제를 크게 부각시킴으로써 프랑스 사회에서는 이민자들을 배척하는 분위기가 고조되었다. 이처럼 잠재되어 있는 민족적, 인종적 갈등은 최근 이민자 2세들의 폭동으로 파리가 혼란에 휩싸이며 심각한 문제로 대두되기 시작하였다.

2. 프랑스 이민 정책의 특징

프랑스는 역사적으로 영토에 거주하는 이민자들에 대해 통합정책을 추구해왔다. 불법이민에 대해서는 대체적으로 단호했으나 합법적인 이민에 대해서는 이들이 시민권을 얻도록 장려하고 프랑스 공화국의 문화를 받아들이도록 적극적으로 도왔다. 이러한 통합정책을 위해 프랑스 정부는 학교교육, 특히 초등학교에서 이민자 2세들에 대한 동화 교육에 심혈을 기울였다. 하지만 프랑스에서 우파정부와 좌파정부의 이민 정책은 뚜렷하게 차별화되는 양상을 보인다. 좌파 정부에서는 외국인들의 유입이 증가하지만 우파 정부 아래에서는 외국인들의 유입이 감소한다. 프랑스 이민 정책의 특징을 간략하게 살펴보면 우선 속지주의를 근간으로 한다. 프랑스 속지주의는 기본적으로 대혁명 이후 생겨난 '국가'라는 새로운 개념에 토대를 두고 있다. 외국인이 의사를 표명하고 정해진 조건들을 충족시키면 일정 기간 동안 체류한 후 프랑스 국적을 취득할 수 있다. 그런데 이민은 공동체나 집단 차원의 동화가 아니라 개인 차원의 동화를 전제로 한다. 프랑스의 다문화주의 원칙은 이민정책에도 적용되지만 기본적으로 프랑스 공화국의 기본 원칙을 받아들이고 이를 따르는 것을 전제로 해야만 차이에 대한 권리를 인정하는 공화국 차원의 통합 원칙이 강조된다.

3. 인종갈등의 대두

프랑스에서 인종갈등의 문제는 고비노가 1853년 출간하기 시작한 '인종 불평등에 대한 소고'의 등장으로 공론화되었다. 그러나 이러한 이론이 보편화된 것은 르낭의 '민족이란 무엇인가'에서 비롯되었다고 할 수 있다. 그는 반유대주의라는 용어를 처음으로 프랑스에 도입했으며 인종 사이의 차이를 본격적으로 이론화하였다. 르낭은 백인이 흑인을 지배하는 것이 정당하다는 주장을 저서에서 펼치고 있는데 그의 주장은 당시 프랑스 사회에서 보편화된 담론이었다. 프랑스인들의 인종주의적 태도는 19세기 말에서 20세기를 거치며 드레퓌스 사건을 계기로 유대인들과의 문제에서 표출되었다. 하지만 이민으로 인한 인종주의 문제가 본격적으로 드러나기 시작한 시기는 알제리를 포함한 마그레브인들이 이주한 1970년대 이후부터라고 할 수 있다. 이 시기 전까지 이주 문제의 쟁점은 주로 이민자들을 어떻게 경제활동으로 통합하느냐였다. 이주한 노동력은 당시 프랑스의 경제상황에 꼭 필요한 인력이었기 때문이다. 이민의 규모가 가족으로 확대되면서 점차 사회문제도 대두되기 시작하였다. 알제리에서의 인구폭발과 갑작스러운 8년 동안의 전쟁으로 경제가 피폐해지면서 프랑스에 정착한 알제리인들의 수가 계속 증가하였고 1962년 프랑스와 알제리 사이의 에비앙 협정으로 알제리인들은 두 나라를 자유롭게 왕래할 수 있게 되자 알제리인들이 많이 들어왔다. 비록 이들의 수적인 증가가 인종갈등을 일으키는데 한몫을 하기는 했지만 그보다 알제리 전쟁이 프랑스인과 알제리인 사이에 끼친 영향이 훨씬 컸다. 프랑스에서는 알제리인의 독립에 대해 관대한 감정을 갖는 한편 그와 더불어 이들의 이주를 반대하는 감정도 증가하였다. 설상가상으로 1973년 오일 쇼크가 일어나 프랑스 경제가 내리막길을 걸으며 실업이 증가하자 북아프리카 이민자들의 통합문제가 하나의 갈등의 요소로 부각되었다. 북아프리카 이민자들은 실제로 프랑스 문화에 통합되기 쉽지 않았을 뿐 아니라 오히려 통합되려 애쓰지도 않았다. 바로 이점이 북아프리카 이민자들과 이전에 프랑스에 자리를 잡은 유럽계 이민자들과의 차이였다. 프랑스인들은 이민자들에 의해 프랑스의 국가 정체성이 위협받고 실업도 증가하자 더 이상 톨레랑스를 주장하지 못하는 단계에 이르렀다고 느꼈다. 이러한 새로운 흐름의 등장으로 프랑스 사회에서는 점차 이민자들을 배척하는 분위기가 고조되고 급기야 이민통제 정책을 주장하는 대표적 정치세력이 등장한다.

4. 프랑스 이민사회의 그늘과 인종주의 문제

프랑스에서는 외국인이 국적을 취득해 개인적으로 프랑스 사회에 통합되도록 하는 제도가 발달했지만 또 그만큼 외국인에 대한 적대감도 증가해갔다. 프랑스인들은 공개적으로 자신이 인종주의자라고 말하지는 않는다. 하지만 속으로는 이민 문제와 정책이 심각하다는 점을 모두가 인정한다. 과거의 인종주의는 주로 상류층을 이루고 있는 유대인들에 대한 반유대주의였다. 물론 하층민에 대한 인종주의가 없었던 것은 아니었다. 이탈리아, 벨기에, 폴란드인들이 프랑스 노동자들로부터 경멸을 당하기도 했고 불경기 때 경제 문제와 연관되어 차별을 받기도 했다. 하지만 이들은 나름대로 좋은 이미지를 심으며 프랑스 사회에 동화되었다. 하지만 요즘 마그레브 출신의 이민자들이 경기 침체로 대량실업 상태에 놓이면서 심각한 사회문제를 일으키고 있다. 이들은 특히 프랑스 문화의 기저를 이루는 가톨릭 문화와 달리 대부분 이슬람 문화권을 이루고 있어 문화적 갈등을 불러일으킨다. 이러한 인종주의 현상의 극단을 보여준 예가 바로 2005년 파리에서 1주일 이상 계속된 폭력사태라고 할 수 있다. 사태의 발단은 2005년 10월 27일 클리시-수-브와(Clichy-sous-bois)에서 십대 소년 세 명이 경찰의 추격을 피해 변전소에 들어갔다가 두 명이 감전되어 사망하고 한 명은 심각한 부상을 입은 사건에서 비롯된다. 폭력사태는 두 소년이 경찰로부터 도망치다가 죽게 되었다고 생각한 클리시-수-브와 청년들에 의해 시작된다. 감전 사망 사고 이후 이어진 폭동에서 진압 경찰이 모스크에 최루탄을 발사하고 당시 내무부 장관인 니콜라 사르코지의 강경 발언이 이어지면서 상황은 더욱 악화 되고 프랑스의 유력한 차기 대권주자들 사이의 정쟁과도 맞물린다.

당시 사태는 이슬람 이민자의 자녀로 태어난 젊은이들의 차별과 소외감의 폭발이었다. 그러나 중도우파를 지향하던 시라크 정권의 강화된 이민 및 치안 정책이 화를 불렀고 또 한편으로 내무장관을 맡고 있던 니콜라 사르코지의 보수층들이 도시 민감지역(ZUS)에 거주하는 이민자들과 그 자녀들을 '천민' 취급하며 병적인 존재로 여겼던 점도 이유로 작용했다. '평등한 시민'의 나라 프랑스에 사실상 2등 시민이 존재하는 사실은 프랑스인들의 자문화 중심주의와 소극적인 이민정책을 단적으로 보여주는 부분이다. 이러한 정책의 한계는 장 루이 보를루 사회통합장관이 말했듯이 정부가 지난 수 십 년간 가난한 교외 지역민들의 문제에 제대로 대처하지 못한 결과였다. BBC에 따르면 북아프리카 출신 이민자들이 파리 주변 도시에 입주하기 시작한 것은 1960년대부터였다. 1980년대만 해도 이 지역 인구 구성이 이슬람인 일변도는 아니었다. 정부가 인위적으로 인구 분리를 실시하지 않았음에도 불구하고 백인들이 문화적 차이로 이 지역을 점차 빠져나갔다. 결과적으로 이곳은 이민자들만의 '게토'로 변해갔다. 하지만 정부는 이들을 적극적으로 통합하려 하지 않았다. 서로 불편함을 끼치지 않는 한 따로 사는 것이 모두에게 좋다는 판단에서였다. 프랑스의 이민정책은 2002년 대선에서 극우 성향의 장 마리 르펜 국민전선 당수가 급부상하며 한층 보수화됐다. 다른 유럽국들과 보조를 맞춰 불법난민에 대한 단속을 강화하고 이민자 수용에 대한 요건도 엄격하게 바꿨다. 정교분리라는 이유로 이슬람 학생들에게 히잡 착용을 금지한 것도 이민자들에게는 프랑스가 극우 성향을 보이는 것으로 비춰졌다. 더구나 최근에는 유럽연합(EU) 헌법 비준 국민투표에서 '프랑스의 정체성과 일자리를 위협한다'는 이유로 이슬람국 터키의 EU 가입을 반대하는 목소리도 높아져 상황이 악화되고 있다.

파리 폭력사태를 바라본 프랑스 사회학자 에릭 말리에르는 이 사태의 원인을 실업계 고교 출신의 젊은 실업자가 느끼는 '공동운명체'에서 찾았다. 사건의 발단이 된 2명의 젊은이에게 연대의식을 느꼈다는 것이다. 이 지역은 대부분 이슬람 이민자들의 거주지이며 실업률과 소득 면에서 전국 평균에도 못 미친다. 비록 프랑스 사회가 지금까지 톨레랑스와 솔리다리테라는 양대 사회이념을 축으로 많은 사회통합 정책과 이에 맞춰 도시정책도 부단히 추진해왔지만 그러한 정책들은 오늘날 한계에 봉착했다. 이전 정부가 추진해온 도시정책이 오히려 이번 소요의 원인 중 큰 부분으로 작용했다. 사회당 시절, 프랑스 정부는 도시빈민 문제를 중요한 국정의제로 다루었다. 그래서 방리유 지역에 HLM(아쉬엘엠)이라는 국영 서민임대주택을 대대적으로 건설했고, 서민층을 지원하고자 이 지역에 공공복지시설, 스포츠센터, 상업단지도 많이 지었다. 하지만 이런 대규모 지원은 정책입안자들의 기대와는 달리 문제의 개선보다 방리유의 자급자족 체제를 만들어 이들을 방리유에 가두어버리는 결과를 가져왔다. 거주자들은 대도시 메트로폴리스에서 도심으로 나오지 않은 채 회색의 시멘트 환경에 갇혀 살았다. 소외계층의 지원이 결과적으로 소외지역의 게토화를 불러와 그 지역을 도시민감지역(ZUS)으로 만들어버렸다. 문제는 이 지역거주민이 대부분 아프리카, 아랍 출신으로 이슬람교인들이 많다는 점이다. 그런데 이들은 최근 사회 여러 부분에서 차별을 받았다. 더구나 사회적으로 이들이 범죄자 집단처럼 취급되어 톨레랑스를 부르짖는 프랑스에서 대다수의 국민들이 이들에 대한 추방을 지지하는 목소리를 높이고 있는 현실이다. 실제로 최근 사르코지 대통령은 '집시와의 전쟁'을 선포하며 집시, 외국인 걸인, 도둑까지 법에 따라 모두 추방하겠다는 뜻을 밝혔다. 국제사회의 비난에도 프랑스는 강경한 이민정책을 펼치겠다는 뜻을 굽히지 않고 있다. 이러한 강경대책으로 취업에서 차별과 좌절을 경험한 이민자 2세들은 문화적으로는 어느 정도 프랑스 사회에 동화해왔지만 사회, 경제적으로 프랑스 사회에 통합되지 못하자 본래의 문화로 공격적 회귀 양상을 보인다. 이들은 자신들이 아랍인이며 이슬람교도임을 천명함으로써 본인의 실패를 개인 문제가 아닌 사회 문제로 부각시켜 프랑스 사회에 대한 적개심을 키운다. 이러한 행위를 통해 반복되는 사회적 실패와 부끄러움을 보상받고 문화적 정체성을 되찾고 공동체 집단의 위로와 삶의 의미를 찾고자 한다. 문제는 이민자 2세들 사이에 퍼져나가는 이와 같은 이슬람의 중흥이 프랑스 사회에 경계심과 거부감을 유발하는 악순환을 초래한다는 것이다. 이러한 문제로 고민하는 프랑스 정부는 파리 도심에 최첨단 건축 양식으로 아랍 문화관을 건립하는 등 아랍 문화권을 끌어안고자 노력하고 있다. 프랑스 사회에서 소요나 폭동은 역사적으로 간간히 일어났으며 프랑스인들은 이러한 사태를 통해 프랑스 민주주의의 이념과 가치의 정당성을 실험하며 강화시켜왔다. 톨레랑스의 나라 프랑스가 이들 이민자들의 문제를 어떻게 해결해나갈지 지켜보는 일은 다문화 가정이 증가하는 우리 사회에 큰 교훈을 주리라 생각된다.

5. 프랑스 이민정책의 한계가 주는 교훈

앞서 살펴본 프랑스 이민정책의 변화와 소요사태는 극단적 폭력사태일 뿐 아니라 사회적 모순의 표출이기도 하다. 다문화 가정이 증가하며 다문화 사회를 향해가는 우리나라에 프랑스의 이런 사태는 시사해주는 바가 크다. 사실 프랑스 폭동사태는 빈민문제와 이민문제, 계급갈등과 민족문제, 무슬림문제와 도시정책 등 복잡한 요인들이 얽혀 분출된 사건이다. 또 한편으로 사회통합 정책의 한계와 치안정책의 실패, 그리고 이민정책에 대한 불만 등이 복합적으로 얽혀있다. 그러나 이 소요를 보다 냉정히 분석해보면 정책한계의 결과임을 알 수 있다. 이는 자유, 평등, 박애의 이념을 추구하는 프랑스적 이념정치의 파탄이라기보다는 도시정책과 이민정책의 한계를 드러낸다. 현재까지도 아프리카계와 아랍계 이민자가 끊임없이 프랑스로 밀려들고 있는 현실 속에서 그동안 꾸준히 추진되어온 이민정책이 이제는 '이민세대가 프랑스사회에 통합되는 속도'를 따라잡지 못하는 한계를 드러낸 것이라 볼 수 있다. 사회통합의 관점에서 보면 자유, 평등, 박애의 나라인 프랑스만큼 앞서가는 국가도 드물다. 프랑스는 역사적으로 진보적인 이념과 보편적인 가치들을 선도적으로 만들어온 나라다. 이는 프랑스 사회가 모든 사회적 모순들은 표면으로 드러내고 사회 문제화시키는 역동적인 사회이기 때문에 가능하다. 그 모순의 표출이 때로는 폭력적인 소요로, 때로는 혁명으로 표출되어왔다. 프랑스의 소요사태는 진정한 사회통합의 어려움을 다시금 깨닫게 해주는 소중한 계기이다. 우리나라도 불법노동자 단속, 다문화 가정 자녀들의 탈선문제, 다문화 가정의 언어문제 등 프랑스처럼 이민정책을 새롭게 바라봐야할 시점에 이르렀다. 이런 점에서 프랑스 사회의 소요사태는 우리의 미래사회를 비쳐주는 거울일 수도 있다.

V. 문화의 기반을 이루는 프랑스어

프랑스는 다양성을 지닌 국가이며 상당히 복합적인 요소들로 이루어진 나라이다. 이처럼 다양성을 지닌 국가임에도 불구하고 프랑스는 주변 국가들(독일, 스위스, 벨기에 등)이 정치 체제로 연방제를 채택하고 있는 것과는 달리 1789년 프랑스 대혁명과 공화국 정신을 바탕으로 강력한 중앙 집권제의 전통을 지니고 있다. 프랑스 정치 체제의 중앙집권적인 성격을 보여주는 '통일된 불가분의 공화국'이라는 원칙은 프랑스 민족은 하나이어야 하고 분열될 수 없음을 의미한다. 이러한 원칙은 언어에서도 적용된다. 프랑스에서 강력한 중앙 집권제가 이루어질 수 있는 이유는 단일성과 정체성을 보장해주는 프랑스어라는 문화 기반이 확립되었기 때문이다. 프랑스는 프랑스어를 기반으로 국민들을 결집시켜 하나의 동일한 정치, 문화 공동체로서 존재하고 있다. 프랑스어는 골 지방에서 사용되던 대중 라틴어가 발달하여 형성된 언어이다. 프랑스에서는 4세기경에 라틴어가 사용되는데 라틴어의 영향을 받은 골족의 언어가 라틴어 방언의 한 형태인 '갈로-로망어' 혹은 '로망어'를 형성한다. 프랑스어는 프랑스 수도권 지역에 살던 사람들이 사용하던 일종의 방언이었다. 중세까지 프랑스의 지배계층이 사용한 상급언어는 라틴어였다. 프랑스어는 하층민들이 일상적으로 사용하는 하급언어여서 프랑스 정부는 라틴어에 대한 콤플렉스를 갖고 있었다. 따라서 프랑스어는 이러한 콤플렉스를 극복하고 전국 언어로 형성되기까지 국민의 통합과 정체성 확립을 위해 강력한 언어정책이 펼쳐져야만 했다. 그러나 중세를 거치며 민족과 국가의 개념과 함께 국어에 대한 인식이 형성되면서 프랑스어에 대한 자부심이 표출되어 차츰 상급언어의 위치를 굳혀갔다. 프랑스어에 대한 새로운 인식은 시인 뒤벨레의 '프랑스어의 옹호와 선양'(1549)의 선언으로 이어졌고 학자나 문인들도 문법적인 연구와 문학적 실천을 통해 프랑스어를 발전시켰다. 프랑스가 유럽의 중심으로 부상하면서 확실한 문법체계를 가지고 있던 프랑스어는 유럽 대륙의 상급언어로 라틴어를 대신하였다. 상급언어로 위상이 바뀐 프랑스어는 매우 과학적이고 논리적인 언어가 되기 위하여 정성을 기울였다.

1. 프랑스어 수호 기관, 아카데미 프랑세즈

프랑스의 가장 소중한 국보인 프랑스어를 수호하는 일은 일명 프랑스 학림원이라 불리는 아카데미 프랑세즈가 담당하고 있다. 아카데미 프랑세즈는 1635년에 리슐리외 추기경이 설립하였으며 프랑스 혁명 동안에 잠시 중단되었을 뿐 현재까지 존속되고 있다. 이 기관은 표준이 될 만한 문학적 취향을 유지시키고 문학용어를 확립하는 것을 목적으로 하며 프랑스어가 최초의 순수함을 계속 간직할 수 있도록, 외국어가 밀려들어올 때 프랑스어를 보호하고 지키도록 감시하는 역할을 한다. 그래서 신조어가 생기면 아카데미 프랑세즈가 이를 면밀히 검토한 후 프랑스어에 포함할지를 결정한다. 회원은 모두 40명으로 구성되어 있는데 그들은 문학의 내용과 형식에 있어 보수적인 입장을 취할 뿐 아니라 '불멸의 지성'으로 일컬어진다. 코르네유·라신·볼테르·샤토브리앙·위고·르낭·베르그송 등 프랑스 문학사에서 이름 있는 인물들은 대부분 아카데미 프랑세즈의 회원들이었다. 회원의 임기가 종신형이기 때문에 프랑스에서 아카데미시엥, 즉 학림원 회원이 되는 것은 매우 명예로운 일이다. 아카데미시엥이라고 불리는 회원은 프랑스 국적을 가진 시인, 작가, 철학자, 의사, 과학자 등 각 분야의 권위자 40명으로 구성된다. 아카데미 프랑세즈의 회원을 '불멸(immortel)'이라고 할 정도로 회원에 선발되는 것 자체가 프랑스인으로서 최고의 영광이다. 최근에 와서야 여성에게 그 문호가 개방된 것만 보아도 아카데미시엥의 길이 얼마나 어려운지를 알 수 있다. 지금까지 700명의 아카데미시엥이 있었는데 그중 여성 회원은 5명에 불과했다. 아카데미시엥이 되려면 저술활동도 활발해야 하지만 프랑스어를 정확히 사용하고 문장력도 탁월해야만 한다. 아카데미시엥의 회원 중 한명이 사망해야만 입후보를 하고 경쟁과정을 거쳐 선거로 선출될 수 있다. 이와 같은 전통으로 인해 유럽에 있는 많은 문학 아카데미 가운데 가장 오랜 기간 동안 최고의 명성을 유지하고 있다.

프랑스에서는 프랑스대혁명 이후로 통일된 불가분의 원칙에 따라 아카데미 프랑세즈에서 결정한 표준 프랑스어의 사용이 국민들에게 강요되었다. 아카데미 프랑세즈에서 발행하는 '아카데미 사전'에 따라 새로운 단어의 사용을 결정할 뿐 아니라 프랑스 내의 모든 사전들도 아카데미의 결정을 따른다. 프랑스인들이 이들의 결정을 따르는 이유는 아카데미의 활동에 경외심을 갖고 그들을 존중하기 때문이다. 프랑스어가 전국적으로 보급되기 시작한 것은 19세기 말에 시작된 초등 교육의 대중화 덕분이다. 그래서 통일된 불가분의 공화국에서 모든 프랑스 시민은 프랑스어 구사능력을 갖추는 것이 기본 의무가 되었다. 프랑스어를 제대로 구사하지 못하면 사회의 동등한 구성원으로 인정받지 못했고 프랑스어의 구사 능력에 따라 프랑스인과 동등한 자격을 갖느냐 아니냐가 결정되었다. 이처럼 프랑스어는 통일된 불가분의 공화국의 언어일 뿐 아니라 일종의 시민권의 역할을 하였고 지금도 이러한 부분은 변함이 없다.

2. 이민자들, 그리고 프랑스어

프랑스는 식민제국을 운영하며 프랑스 동화정책으로 프랑스어를 보급했는데 이러한 정책은 프랑스로 이민을 온 이민자들에게도 그대로 적용되었다. 프랑스 식민지의 주민들은 언어를 통해 습득한 프랑스적 가치관과 관습을 따라야 했다. 그런데 프랑스가 공화국으로 변한 뒤 이민을 온 이민자들도 이런 정책을 피할 수 없었다. 프랑스 사회의 원칙은 일단 이민자들이 프랑스인처럼 언어를 사용하고 그들과 동일한 가치관을 지니면 인종, 종교, 성별에 관계없이 평등한 대우를 해준다. 프랑스어를 제대로 구사하지 못하는 이민자들은 지역단체를 통해 프랑스어를 배워야 하며 그 자녀들은 특수반에서 집중적으로 프랑스어를 습득한다. 아이들은 프랑스어의 수준이 어느 정도 기준에 도달해야만 정규반으로 편성된다. 이러한 프랑스화는 초등학교 때부터 시작된다. 프랑스의 모든 교육과 여러 과목들의 교육이 프랑스어를 통해 이루어지기 때문에 프랑스어 교육의 비중은 다른 국가보다 상대적으로 높다. 프랑스에서 태어났거나 프랑스에 이민 온 외국인 중 프랑스어를 제대로 구사하고 프랑스 사회에서 살 수 있을 만큼 프랑스화된 사람은 상대적으로 쉽게 프랑스 국적을 취득할 수 있다. 이들은 이중국적을 유지할 수도 있다. 프랑스가 이러한 혜택을 베푸는 것은 프랑스의 '공화국 정신'이라고 하는 원칙과 믿음에서 비롯된 것이다. 공화국 정신의 원칙은 자유, 평등, 박애이고 이러한 원칙을 실현하는 것이 국가의 존재이유이다. 국가가 외국인에 대한 다양한 차별을 도입하게 되면 그것은 국가의 존재이유 자체를 포기하는 것이 된다. 프랑스는 이성에 의해 합리적 원칙을 세워놓고 정열적으로 이를 추진하는 나라이다. 설사 이러한 원칙을 추진하는 것이 자국에 손해가 되더라도 말이다. 이것은 프랑스의 장점이자 단점이 되기도 한다.

3. 프랑스어 보호정책 - 다언어주의

'제 7대륙'이라 불리는 인터넷의 발달로 전 세계적으로 영어의 영향권이 넓어지고 있는 현대 사회에서 프랑스어는 자국의 언어를 보호하고 나아가 활성화시키기 위해 나름대로 자구책을 마련하려 애를 쓰고 있다. 우선 정책이 펼쳐질 수 있는 확고한 원칙으로 프랑스인들이 내세우는 것은 프랑스 국민의 정체성의 기저에 프랑스어가 자리 잡고 있다는 점이다. 그래서 1992년 프랑스 상하원 의원들은 만장일치로 헌법을 수정하여 "프랑스 공화국의 언어는 프랑스어다"라는 조항을 추가했다. 이를 계기로 영어의 중요성이 증대되고 있는 상황에서 이러한 위기를 극복하기 위해 프랑스 정부는 가장 효과적인 정책으로 다언어주의를 주장했다. 이 정책을 위해 세워진 언어교육방침은 중등교육에서 12개의 외국어 선택권을 부여해 영어를 제1외국어로 의무화하는 나라에 비해 영어의 중요성을 상대적으로 축소시키는 제도이다. 또한 학생들이 2개의 외국어 가운데 한 가지를 지방어로 대체해 선택할 수 있도록 선택의 폭을 넓혀주어 국민의 문화 다원주의에 대한 요구에 부응하고자 했다. 하지만 외국어와 지방어 교육 모두 철저한 프랑스어 교육을 바탕으로 이루어져야 한다는 원칙에는 변함이 없다.

또한 프랑스는 1994년 투봉법(la loi Toubon), 즉 '프랑스어 사용에 관한 법'을 제정하였다. 이 법은 프랑스가 외부 세계를 향해 개방적인 태도를 취하면서 프랑스 내에서 이루어지는 국제적 의사소통의 수단으로 프랑스어의 위상을 보존하고, 프랑스 국민이 일상생활과 직업 활동에서 프랑스어를 사용하는 권리를 보장하는 것을 목적으로 한다. 투봉법의 내용을 요약하면 다음과 같다.

 투봉법의 내용

소비자의 '알 권리' 보장을 위해 반드시 프랑스어 설명서를 첨부해야 하고 다른 외국어 설명서들도 첨부할 수 있다. 고용인들의 권익 보장을 위해 프랑스에서 이루어지는 모든 계약서뿐만 아니라 모든 노동 조건과 지시 사항들은 프랑스어로 써야 한다. 철저한 프랑스어 교육을 바탕으로 2개 외국어를 기본으로 습득하도록 하고 프랑스에서 실시하는 모든 시험과 대회, 논문은 프랑스어로 쓴다. 외국어로 제작된 작품을 원어로 방영할 경우를 제외한 모든 라디오, 텔레비전 프로그램과 광고는 프랑스어로 말해야 한다. 프랑스어권 사람들이 프랑스에서 개최하는 모든 학술 대회와 국제회의, 그리고 각종 행사들에서 프랑스 사람들은 프랑스어를 사용할 권리가 있으며, 그 결과로 출판되는 모든 논문들은 최소한 프랑스어 요약문을 첨부해야 한다. 공공 서비스는 원칙적으로 프랑스어로 하되, 관광객을 위한 안내를 비롯한 몇 가지 공공 서비스는 최소한 2개 외국어로 통·번역 되도록 한다.

'프랑스 하나, 그리고 여럿'에서 발췌함

4. 한국에서 만나는 프랑스어

실생활 속에서 우리가 사용하는 단어들을 살펴보면 프랑스어가 어원인 경우가 많다. 예를 들어 카페(café), 앙상블(ensemble), 쿠데타(coup d'État) 등 일상생활에서 사용하는 단어뿐 아니라 라끄베르(lac vert)나 앙팡(enfant)처럼 상품명으로 사용되는 경우까지 다양하다. 그런데 이러한 프랑스어 단어들 가운데 유독 몇몇 단어들은 프랑스에서 사용되는 의미와는 완전히 다르게 변색되어 우리나라에서 새로운 신조어처럼 새로운 뜻으로 사용되는 경우가 있다. 대표적인 예로 루즈(rouge), 판타롱(pantalon), 살롱(salon), 마담(madame)을 들 수 있는데 루즈나 판타롱은 의미가 변하기는 했지만 긍정적 의미가 부정적 의미로 변한 경우라고 볼 수는 없다. 하지만 살롱과 마담의 경우는 왜 이러한 결과들이 나왔는지 이해하기 힘든 경우에 해당한다. 사실 프랑스어로 살롱은 거실을 의미하며 마담은 부인을 존칭하는 단어이다. 하지만 한국에서는 살롱이 향락적이고 무엇인가 칙칙한 느낌을 주는 장소로, 마담은 이러한 장소에서 퇴폐적인 모습으로 손님들을 대하는 여인의 상징으로 전락해버렸다. 문화의 꽃을 피웠던 장소인 살롱이 한국에 와서 이러한 수모를 당하고 있는 상황을 본다면 프랑스인들은 아마도 놀라움을 금치 못할 것이다. 이러한 현상은 아마도 그 장소에서 남녀가 서로 토론하며 나누었던 지적인 대화들을 제외한 채 외적인 광경만이 잘못 전해진 결과가 아닌가라는 추측을 해본다. 실제로 살롱에서 모임을 주최하는 여주인인 '마담'은 보통 침대에 기대어 누워 있고 그 주위에 손님들이 의자나 스툴에 앉아 이야기를 나누었기 때문이다. 하지만 프랑스에서 살롱은 역사의 산물이며 지성과 문화를 상징하는 곳이다. 살롱 문화는 프랑스가 유럽대륙의 최강대국으로 부상하며 경제적 풍요를 구가하던 17세기에 나타나 18세기에 꽃을 활짝 피운 지성적인 문화이다. 18세기 왕권이 쇠퇴함에 따라, 무너져 내린 궁정에서 활동하던 문학가와 철학가들은 그들이 지금까지 유지해오던 토론 문화를 귀족들의 '살롱'으로 옮겨 계속 이어나간다. 18세기 초엽까지만 해도 살롱은 17세기의 전통이 남아있어 귀족적이고 의례적이었다. 그러나 차츰 새로운 사상들이 보급되며 지성의 권위가 신분의 권위를 대치하게 되었다. 프랑스가 경제적으로 번창하고 사회적인 교류가 활발해지자 새로운 만남의 장소로 '중이층클럽'과 '카페'가 등장하게 되었다. 살롱 문화에서 활발히 이루어지던 토론문화는 이 두 장소를 중심으로 계속 이어져 문학가와 철학가들이 이곳에서 자유로이 시사문제를 토론하고 기탄없이 의견을 교환했다. 이처럼 살롱은 새로운 사상을 보급하는 사상가들의 출현으로 차츰 예술이나 도덕에 관한 문제보다는 과학, 정치, 사상에 관한 여러 문제가 중심 화제로 대두되었다. 그런데 프랑스 살롱 문화의 중심에는 귀족부인 출신의 '마담(Madame)'이 있었다. 그중 이름난 살롱을 주관했던 귀부인들을 '그랑담'이라고 불렀다. 보통 지성과 미모를 겸비한 귀족부인들이 살롱을 주관했다. 살롱은 자유로운 분위기 속에서 철학이나 문학, 예술을 논하는 토론의 장소로, 젊은 학자들이 지배층과 사교를 통해 인맥을 형성하거나 사회적 계급이동을 할 수 있는 통로로서의 역할을 했다. 한 프랑스인은 이렇게 말했다. "글쓰기 이전에 말하기가 있었고, 창작활동 이전에 대화가 있었는데 이것이 바로 살롱이다." 17세기 프랑스 살롱은 바로 그런 곳이었다. 남녀와 신분의 벽을 깨고 하나의 독립적인 지성인으로서 대화와 토론을 나누었던 문화와 지성의 공론장이자 중개소였다. 살롱문화는 훗날 시민 계급의 탄생과 18세기 이성주의 탄생의 기초가 되었으며 문화, 예술, 시사의 담론 교류를 넘어 새로운 문화예술을 탄생시키는 모태가 되었다. 최초의 살롱은 루브르 궁 근처에 있는 랑부이에 호텔로 알려져 있다. 랑부이에 후작 부인인 '카트린 드 비본느'가 주관했으며 그녀가 이탈리아 기사도를 본떠 살롱의 에티켓을 만들어냈다. 그 외에 많은 아카데미 프랑세즈 회원을 배출했던 '랑베르부인'의 살롱이나 계몽운동시기 자연철학자나 수학자들이 주류를 이루었던 백과전서파 사상가들이 자주 드나들어 '백과전서파의 실험실'이라고 불렸던 '레삐나스 부인의 살롱'들이 유명하다.

이러한 살롱 문화는 이후 카페문화로 이어져 그 명맥을 유지해나갔다. 프랑스 카페의 시작은 새로운 음료인 커피가 유행하던 17세기 중반으로 거슬러 올라간다. '커피를 파는 집'들은 이미 영국 등에서 시작되었는데 이러한 문화가 귀족을 중심으로 퍼져나갔으며 집에서 커피를 즐기기 보다는 하나의 문화생활처럼 한 장소에 모여 여러 사람들과 함께 마시기를 즐겼다. 최초의 프랑스 카페인 '카페 프로코프'에는 볼테르나 루소 같은 문학애호가들이 드나들었다. 카페는 구어로 비스트로(bistrot)라고 하는데 그 어원이 재미있다. 비스트로란 러시아어로 '빨리 빨리'라는 뜻이다. 1815년 나폴레옹이 몰락한 뒤 파리에 입성한 연합군 중 성격이 급한 러시아 군인들이 카페에 올려와 목이 말라 '빨리 빨리' 마실 것을 달라고 '비스트로, 비스트로!'라고 외친 것이 오늘날 카페의 어원이다. 혼자만의 시간을 갖기 위해, 혹은 낯선 이들과 어울리기 위해 찾는 사람들은 비스트로를 찾았다. 대부분의 프랑스인들은 자주 가는 카페가 정해져 있었다. 당시 동네 카페들은 작은 공동체를 형성하고 있었기 때문에 사람들은 그 공동체의 일원이 되어 다른 이들과의 커뮤니케이션을 통해 삶의 애환과 괴로움을 달랬다. 카페는 편안함만을 제공했을 뿐 아니라 사람과 사람사이의 정을 나눌 수 있는 진정한 안식처였다. 한편 지식인들과 예술인들은 카페에 모여 연극, 문화 등에 대해 토론을 벌이곤 했다. 이렇게 토론의 장으로서의 역할을 한 카페 덕분에 프랑스는 문학적, 예술적으로 많은 발전을 이루었다. 마네, 드가와 같은 유명한 예술가들이 카페를 통해 배출되었는데 예술가들이 카페를 사랑한 이유는 이곳에서 영감을 얻을 수 있었고 많은 사람들이 모이는 곳인 만큼 자신이 경험해

보지 못한 다양한 삶을 관찰 할 수 있었기 때문이다. 이처럼 자유를 추구하는 예술가들에게는 개방적이고 역동적인 카페가 제격이었다. '뒤 마고(Deux Magot)'는 대표적인 카페로 피카소, 릴케, 발레리 같은 예술가들이 이곳에서 영감을 얻었다. 18세기로 들어서며 카페는 혁명적 사상을 전파하는 역할을 한 정치적인 현장이 되었다. 소설가인 발자크가 카페를 '민중의 의회'라 표현하였을 정도로 많은 정치적, 사회적인 대화들이 카페에서 오고갔다. 이처럼 정치적으로 민감한 문제들이 카페에서 논의될 수 있었던 이유는 카페 내에서는 그만큼 자유가 보장되었기 때문이다. 프랑스 카페는 '철학 카페'라 불릴 정도로 많은 지식인들과 예술인들이 자신들의 생각을 주고받았으며 이런 과정을 통해 예술인들은 영감을 얻기도 했다. 1939년에는 '카페 드 플로르(Café de Flore)'가 예술가나 문학가, 지식인들의 만남의 장소가 되어 장 폴 사르트르와 시몬 드 보부아르가 매일 저녁 이 카페에 와서 글도 쓰고 토론도 했다. 전후, 저항 문학이 탄생한 곳도 바로 '생 제르망 데 프레' 지역의 바로 이런 카페들에서이다. 카페 문화는 물론 긍정적인 측면들이 많기는 하지만 부정적인 측면이 없지는 않았다. 몇몇 카페에서 도박이 성행하여 일반인들뿐 아니라 사회에 악영향을 끼치기도 했다. 이후 많은 이들의 노력으로 프랑스 고유의 카페 모습을 되찾으며 예전처럼 신분의 차이 없이 편히 마시고 쉴 수 있는 공간으로, 자유롭게 토론을 펼칠 수 있는 토론의 장으로, 다양한 음료를 경험해볼 수 있는 공간으로 끊임없이 거듭나고 있다.

Ⅵ. 프랑스인, 그들의 교육

1. 학교의 간략한 역사

프랑스 학교의 역사는 오래전으로 거슬러 올라간다. 골족 시대에는 드리드(druide)라고 불리는 종교 지도자인 사제들이 구어만으로 교육을 담당하였다. 학생들은 교육 내용을 모두 암기해야만 했으며 주로 종교적 역사나 나무를 재배하고 가꾸는 방법을 가르쳤다. 프랑스가 로마의 지배를 받던 시기에는 라틴어와 그리스어를 배워야했고, 이 시기에는 말을 잘하는 것이 중요하게 여겨졌기 때문에 학생들은 자신의 생각을 수사학적으로 멋지게 표현하는 방법을 익히려 노력하였다. 중세로 접어들면서 교육은 주로 신부 같은 종교인들이 맡았다. 그래서 학생들이 배우는 내용들도 대부분 미사에 필요한 단어였으며 교재로 사용된 문서들도 종교적 내용들이 많았다. 그러나 18세기 말 루이 15세와 교황청의 대립으로 예수회 신부들이 추방되면서 이들이 운영하던 학교들이 폐쇄되어 국가 차원의 공교육제도의 필요성이 제기되기 시작하였다. 공교육제도 확립에 큰 관심을 보인 이들은 계몽주의 철학자들이었다. 1789년 프랑스 대혁명 이후 진정한 근대적인 공교육이 성립되었다. 이후 핵심적인 원칙이 헌법으로 '모든 시민에게 공통적이고, 모든 사람들에게 필요한 무상의 공교육을 조직한다.'라고 정하고 교육의 자유, 종교의 중립성, 교육의 의무성을 부여하였다. 1793년 초등, 중등, 고등교육체계로 나누어진 교육 편제가 확립되고 입헌의회의 결정에 따라 중세 때부터 내려오는 조합 형태의 대학이 폐지되었다. 프랑스 혁명 후 온 국민이 교육을 받을 수 있는 권리에 대한 끊임없는 논의와 노력은 제 3공화국이 되어서 그 결실을 보게 된다. 1882년 페리 법의 제정으로 프랑스의 모든 어린이들이 종교색을 띠지 않은 무상. 의무교육을 받을 수 있는 법적 근거가 마련되었다. 6세부터 13세의 어린이를 학교에 보내지 않는 부모는 법적으로 벌금을 내게 하고 가족 수당을 주지 않는 등의 강력한 조처를 취함으로써 어린이들은 들판과 공장에서 해방되어 학교로 향하게 되었다. 이시기에 만들어진 교육의 기본 방침은 오늘날까지도 계속 유지되고 있고 당시 초등교육에만 적용되었던 무상. 의무교육이 1959년부터는 6세에서 16세까지로 확대되어 프랑스의 청소년들은 더욱 깊이 있는 교육의 기회를 갖게 되어 오늘날의 프랑스가 존립할 수 있는 커다란 원동력이 되었다.

2. 프랑스의 학제구조 및 교육제도의 특징

1) 학제구조

프랑스의 교육은 교육부가 주도하는 중앙집권형으로 고등학교까지는 우리나라와 유사한 교육 구조를 가지고 있으나, 대학 교육부터는 매우 복잡한 교육 구조를 갖는다. 학생 중 17%가 사립학교에 다니지만 공립학교와 사립학교간의 구조적인 차이는 없다. 6세에서 16세까지의 10년간의 교육은 의무적이다. 프랑스에서는 학년 호칭이 거꾸로 불리어진다. 즉, 우리나라 중학교 1학년을 6학년(sixième)이라고 부르고, 중학교 3학년을 4학년(quatrième), 고1을 2학년(seconde), 고2를 1학년(première), 고3을 졸업반(terminale)이라고 부른다. 고등학교 학생들은 졸업반(테르미날) 과정에서 고등 교육졸업자격시험인 바칼로레아를 치른다. 바칼로레아의 결과에 따라 대학에 진학하기는 하지만 우리나라보다는 대학을 선택하기가 수월하다. 고등학교를 마친 후 학생들은 기술대학기관인 이유테(IUT)나 일반대학에 진학하며 성적이 우수한 학생들의 경우에는 고등학교 과정 이후 2년간 그랑제콜 준비반에 들어가 그랑제콜에 들어갈 준비를 한다. 프랑스 대학교육의 중요한 특징 중 하나는 고등교육의 이원화인데 고등교육을 담당하는 일반대학과 엘리트 교육을 담당하는 그랑제콜의 분리이다.

한국과 프랑스 학제구조 비교

<table>
<tr><th>구분</th><th colspan="2">한국</th><th>구분</th><th colspan="2">프랑스</th></tr>
<tr><td rowspan="6">초등학교</td><td>1학년</td><td rowspan="6">6년제</td><td rowspan="6">L'École primaire</td><td>CP</td><td rowspan="6">5년제</td></tr>
<tr><td>2학년</td><td>CE1</td></tr>
<tr><td>3학년</td><td>CE2</td></tr>
<tr><td>4학년</td><td>CM1</td></tr>
<tr><td>5학년</td><td>CM2</td></tr>
<tr><td>6학년</td><td></td></tr>
<tr><td rowspan="4">중학교</td><td>1학년</td><td rowspan="4">3년제</td><td rowspan="4">Le College</td><td>6학년(Sixième)</td><td rowspan="4">4년제</td></tr>
<tr><td>2학년</td><td>5학년(Cinquième)</td></tr>
<tr><td rowspan="2">3학년</td><td>4학년(Quatrième)</td></tr>
<tr><td>3학년(Troisième)</td></tr>
<tr><td rowspan="3">고등학교</td><td>1학년</td><td rowspan="3">3년제</td><td rowspan="3">Le Lycée</td><td>2학년(Seconde)</td><td rowspan="3">3년제</td></tr>
<tr><td>2학년</td><td>1학년(Première)</td></tr>
<tr><td>3학년</td><td>테르미날(Terminale)</td></tr>
<tr><td rowspan="4">대학교</td><td>1학년</td><td rowspan="4">4년제</td><td rowspan="4">L'Université</td><td>1학년(DEUG 1)</td><td rowspan="4">3년제</td></tr>
<tr><td>2학년</td><td>2학년(DEUG 2)</td></tr>
<tr><td>3학년</td><td rowspan="2">3학년(Licence)</td></tr>
<tr><td>4학년</td></tr>
</table>

프랑스 학제의 단계

교육단계	교육과정
초등교육	l'École maternelle : 만 3세 - 만 6세 유치원 l'École primaire : 만 6세 - 만 11세 초등학교

중등교육	le Collège : 만 11세 - 만 15세 중학교 le Lycée : 만 15세 - 만 18세 고등학교 l'Enseignement professionnel : 만 15세-만 18세 직업고등학교
고등교육	l'Université : 인문학이나 과학, 법학, 경제학, 의학, 약학 등을 배우는 대학교 DEUG (diplôme d'études universitaires générales) : 대학 교양 과정 2년 수료증 (대학2년) + 1년 licence (대학 3년) + 1년 maîtrise (대학 4학년 석사) DEA (diplôme d'études approfondies) : 1년 (박사 준비 과정) DOCTORAT : 2-3년(박사 과정) DESS (diplôme d'études supérieures spécialisées) : 1년

2) 바칼로레아

프랑스인들이 흔히 줄여서 '박(Bac)'이라 부르는 바칼로레아(Baccalauréat)는 나폴레옹이 1808년에 처음 제정하였다. 2세기 전 첫 바칼로레아에는 31명이 응시했다고 한다. 해마다 6월이면 시험이 실시되는 프랑스 바칼로레아는 중등교육 졸업장의 역할을 할 뿐 아니라 대학으로 진출하는 관문이기도 하다. 바칼로레아는 약 20종류가 있는데 그 중 '박 엘(Bac L)'은 문학 바칼로레아, '박 S(Bac S)'는 과학 바칼로레아이다. 2009년에는 바칼로레아에 188명의 수험생이 '수화'를 시험과목으로 치르기도 했다. 바칼로레아의 시험은 필기, 구두, 실기시험의 3가지로 구성되며 대부분 논술이나 비평문 형태로 작성하여야 한다. 일례로 문과생을 위한 철학 문제로 '사르트르의 도덕을 위한 노트의 한 발췌문에 주석을 달거나 혹은 다음 두 질문에 논술하시오 : 지각은 교육이 될 수 있습니까? 생물의 과학적 인식은 가능합니까?' 같은 문제들이 출제된다. 수준이 상당히 높게 느껴지는 이러한 철학시험은 수업과정을 충실히 이수한 프랑스 학생들에게는 특별히 어려운 것이 아니라고 한다. 프랑스 학생들은 초등학교 시기부터 논리력을 키우는 문제들을 이야기하고 글로 작성하는 훈련이 잘 되어 있고 이러한 훈련을 고등학교 졸업반이 될 때까지 오랜 시간 차근차근 받기 때문이다. 프랑스에서 철학과목처럼 논리적인 사고를 향상시키는 과목을 오랫동안 배우고 시험에서도 이를 평가하는 문제가 출제되는 가장 큰 이유는 민주시민을 양성하고자 하는 프랑스 정부의 취지에서 비롯된다고 할 수 있다. 이를 통해 사회에 첫발을 내딛는 젊은이들이 민주시민으로서 필요한 자주적 판단력과 사고력을 배양하기 위해서이다.

그러나 최근 프랑스는 바칼로레아 시험에 부정행위가 증가하고 있어 고민중이다. (SBS 뉴스, 2011년 6월 20일 참조) 그 이유로는 우리나라와 마찬가지로 심각한 취업난으로 인해 대학에 합격하려는 젊은이들이 늘어나기 때문이라고 보는 견해가 지배적이다. 부정행위의 방법은 우리와 다르지 않은데 필통 안에 깨알 같은 글씨로 주요 주제들을 미리 정리해 놓거나 휴대전화에 내장된 카메라로 정리 노트를 찍어 놓는 부정행위가 주를 이룬다. 그래서 프랑스 시험 당국은 바칼로레아 시험장에서 휴대전화기를 소지할 수 없도록 하고 있다.

3) 한국과 다른 교육적 특징

프랑스의 학급운영위원회와 학부모의 역할

우리나라에서는 학생, 교사, 학부모가 교육활동의 중요한 축을 이루고 있기는 하지만 실제적인 교육현장에서 학부모들의 영향력은 바람직하지 않은 방향으로 흐르거나 교육에 매우 필요한 의견일지라도 여러 결정 과정 속에서 그 의견이 반영되지 않고 참고사항으로 형식적인 취급을 받기가 일수이다. 하지만 프랑스에서는 교사들의 조합과 학부모위원회가 교육제도를 유지하고 발전시키며 실제적인 학교발전과 운영을 위해 보다 많은 일들을 감당하고 있다. 흔히 프랑스 교육제도를 국가주도형이라고 하기는 하는데 교육과정 시행의 측면에서 보면 국가 주도형으로 하향식이지만 형성의 측면에서 보면 완전히 상향식이다. 학교에 관한 운영위원회로는 각 학급운영위원회, 학교 또는 행정위원회, 교사위원회, 훈육위원회, 학부모위원회 등이 있다. 이들 여러 위원회 중에서 학부모들의 역할은 상당하다고 할 수 있다. 이들은 프랑스 교육 개혁뿐 아니라 실제적인 학교 운영과 교육방향에 상당한 영향을 미친다. 이 위원회들은 우리의 경우처럼 육성회비나 학교경비에 관한 이야기를 하기도 하지만 교육학적인 여러 문제들을 다룬다.

감독교사

최근 우리나라는 왕따문제나 폭행으로 인해 자살을 선택하는 학생들이 늘어나면서 학교 내의 상담과 학생관리의 문제가 다시 부각되고 있다. 프랑스에서는 상대적으로 이러한 문제들이 많이 발생하지 않고 있는데, 그 이유는 문화적인 측면에서의 차이점에서 비롯되기도 하지만 프랑스 중·고등학교에 배치되어 있는 '감독교사(Surveillant)'의 역할도 한몫을 한다고 볼 수 있다. 프랑스 고등학교 교사들은 학생들에게 존댓말을 사용함으로써 그들을 인격적으로 대해주며 교사 이외에 감독교사가 있어 쉬는 시간, 학습시간, 자습시간에 학생들의 활동과 학습을 도와주기도 하고 감독하는 역할을 한다. 학생들간에는 감독교사를 '삐옹(pion)'이라는 은어로 부른다.

3. 프랑스 대학 교육과 학문의 풍토

프랑스에서는 대학 입학시험이 따로 없다. 고등학교를 졸업하면서 대학에서 공부할 수 있는 능력을 인정받는 학위의 바칼로레아를 받은 사람은 누구나 대학에 등록 할 수 있는 권리가 있다. 바칼로레아 이후에 이루어지는 모든 교육을 고등교육이라 한다. 위에서도 언급했듯이 프랑스 고등교육 체계는 일반대학과 그랑제콜로 이원화되어 있다. 하지만 일반대학과 그랑제콜 외에 고등교육을 담당하는 기관으로 이유테(IUT)가 있다. 이곳에서 2년 동안 일반 교육과 전공 교육을 받으면 대학기술교육수료증(DUT)을 받을 수 있으며 이 학위를 받은 사람은 일반대학의 학사과정에 등록할 수 있다. 일반대학의 교육을 살펴보면 교양과정(DEUG), 학사(Licence), 석사과정(Maîtrise), 박사준비과정(D.E.A), 박사과정(Doctorat)로 구분된다. 프랑스 대학은 입학은 자유로우나 학사 관리가 매우 엄격하여 1학년에서 2학년으로 진급하는 비율이 50%밖에 되지 않는다. 또한 적성과 능력에 맞는 전공 선택에 실패하여 학업을 지속하지 못하는 학생들도 많다. 대학교 등록금은 국립대학을 기준으로 약 27만원(175€ (등록금) + 4.5€(학교병원비))정도라 공짜나 다름없다고 할 수 있다. 이 등록금마저 부담이 된다고 해서 5분의 1에 해당하는 학생들에게 장학금 혜택을 주는 천국이 프랑스다.

파리에는 파리 I대학부터 파리 XIII대학까지 모두 13개의 대학이 운집해 있는데 각 대학마다 고유의 이름과 특징이 있다. 예를 들어 파리 I 대학은 팡테옹 소르본 대학으로 경제, 경영, 정치 분야가 유명한 대학이다. 전 세계적으로 알려진 소르본 대학은 파리 IV대학인데 1957년 로베르 드 소르본이 세워 신학 연구를 중심으로 라틴어 강의가 유명했던 곳이다. 현재는 신학뿐 아니라 문학, 언어학, 철학 등 다양한 학과들이 있다. 프랑스나 독일 대학은 영미권에 비해 학위 따기가 훨씬 까다롭고 어렵다. 유학생이 힘들어하는 경우는 우선 언어장벽을 들 수도 있지만 이 문제가 학문의 본질적인 문제는 아니다. 오히려 한국 학생들이 중, 고등학교 때 책을 많이 읽지 않고 논리적 사고를 키우지 않아 기초 학문이 부족하여 프랑스 대학에서 수업을 따라가기가 힘든 경우가 언어의 문제보다 훨씬 심각하다고 할 수 있다. 최근 들어 우리나라도 프랑스 대학교육에서 추구하는 논리성의 필요성을 인식하여 각 대학마다 사고와 표현, 논리적 글쓰기 등의 강좌가 개설되어 학생들의 논리적 사고와 표현에 관심을 갖고 있다. 하지만 중, 고등학교 시절 책을 읽고 사고할 시간이 절대적으로 부족한 우리나라 대학생들에게 프랑스식의 대학교육은 결코 쉬운 과정이 아니다.

프랑스 파리 4대학 소르본

프랑스 대학 교육의 특징을 살펴본다면 우선, 수준 높은 내용과 체계에서 그 독특한 학제와 학풍을 찾을 수 있다. 강의 내용의 우수성은 말할 것도 없고 체계에 있어서도 우리나라와는 다른 특징을 보인다. 흔히 프랑스는 개인주의가 발달한 국가이기 때문에 대학교육에서도 개인주의가 만연하여 홀로 공부하는 풍토가 자리를 잡고 있으리라 추측한다. 그래서 학문적 풍토도 개인주의적이고 폐쇄적일 것이라고 미리 짐작을 하는 경우도 있다. 그러나 학문적 개인주의와 지나친 분화는 오히려 미국식 학제의 특징이다. 미국식 학제를 따르는 우리나라는 상대적으로 학문의 분야별 분화와 학문간 분절 현상이 심하다. 그래서 각 학과간의 벽도 높은 편이며 학문 활동도 분야별로 철저히 이루어지는 특징을 지닌다. 물론 이러한 단점을 깨닫고 주제통합형의 강의들이 최근 개설되기도 하며 다각적으로 단점을 보완하려 노력하지만 아직도 이러한 벽을 허물기는 쉽지 않은 것이 현실이다. 반면 프랑스는 개인주의가 강한 사회인 것은 틀림이 없지만, 필요한 경우에는 사회문제나 소외계층에 대한 사회적인 관심과 참여가 두드러진 나라이기도 하다. 솔리다리떼(연대)나 앙가주망(사회참여) 같은 프랑스의 전통적인 가치는 프랑스 사회를 뒷받침하는 중요한 사회적 가치이다. 프랑스는 이러한 가치를 바탕으로 학문간 통합도 수월하게 이루어지며 새로운 학과의 개설도 프랑스 사회의 분방함만큼 자유롭고 다양하다. 나아가 프랑스에서는 전공을 바꾸는 것도 비교적 자유롭고, 학교를 옮기기도 쉬운 편이다. 지방에서 공부를 하던 학생이 자신의 전공을 위해 파리나 대도시로 학교를 옮기기도 한다. 그래서 프랑스에서는 어느 대학 출신이냐 하는 딱지가 취업이나 진학에 결정적인 영향을 주지도 않는다. 본격적인 연구 과정에 접어드는 3단계에서는 학교보다 자신이 연구하고 싶은 분야의 탁월한 교수를 찾아 대학을 결정하고 교수가 다른 곳으로 이동하면 학생들도 함께 따라가는 경우가 빈번하다. 프랑스는 학제간 연구나 통합을 중요시하기 때문에 학제간 연구나 협동과정학위는 대부분 연구소 중심으로 이루어진다. 따라서 연구소는 단과대학과 동등한 위상을 지니며 학위도 대학 연구소 이름으로 나간다. 가령, 파리 8대학의 유럽학 연구소나 파리 1대학의 제3세계 연구소 등은 학제간 통합연구를 주도하는 권위 있는 대학 연구소이다. 이런 연구소의 박사과정 연구자들은 출신전공도 다양하다. 이런 학제간 연구와 체계적인 협동연구야말로 유럽통합의 든든한 이론적 토대를 제공해주는 학문적 저력일 것이다. 둘째로, 프랑스의 전통적인 사회적 가치인 '앙가주망(engagement)'으로 인해 프랑스 대학의 지식인들은 사회적 실천(praxis)을 학자의 도덕적 의무로 여긴다. 그래서 학술논문을 발표하는 일과 마찬가지로 르몽드지에 투고하는 한편의 논단을 매우 가치 있는 행동으로 여긴다. 한국의 대학에서는 사회적 실천과 다소 단절되어 순수학문을 지향하는 경향이 많은데 비해 프랑스의 대학 지성인들은 자신들이 발표한 이론 활동을 이데올로기적 지향이나 사회적 실천과 연계시키려 노력한다. 셋째로, 기초학문의 중요성이다. 철학적 기초나 방법론 훈련은 사회과학, 인문과학에 관계없이 대학원 과정 이상에서는 반드시 철저하게 시키고 있다. 오히려 개인전공영역보다 더 중요시할 정도이다. 프랑스에서는 대학에서 구체적인 내용을 학문하는 훈련을 시킨다기보다는 학문을 하는 본질적 방법과 학문의 근본적인 목적을 우선으로 삼고 교육하고 있다. 이러한 교육과 학풍으로 인해 프랑스에서 여러 유명한 사상가들이 배출되었으며 어느 국가에도 뒤지지 않는 철학적 사고방식과 그들만의 학문적 독창성을 갖게 되었다.

4. 그랑제콜, 영재 선발 전문인력 양성

영국의 시사주간지 이코노미스트는 6월 프랑스 특집호에서 "프랑스는 학연으로 얽혀 있고 소수 엘리트가 지배하는 국가"라며 "학연의 주역은 고위관료를 공급하는 그랑제콜(Grandes Écoles)"이라고 지적했다. 이처럼 그랑제콜은 프랑스 교육의 또 다른 특징을 보여주는 제도라 할 수 있다. 프랑스 고등교육은 대중 고등교육을 담당하는 일반대학과 엘리트 교육을 담당하는 그랑제콜이 분리되어 있다. 프랑스에서는 우수한 학생들은 따로 선발해 그랑제콜에서 엘리트 과정을 밟도록 한다. 프랑스가 자랑하는 독특한 고등교육시스템인 그랑제콜은 '큰 학교'란 뜻을 지니고 있는데 나폴레옹 시절 중앙집권체제를 강화하면서 정부에 필요한 인재를 양성하기 위해 시작됐다. 그랑제콜은 보통 3년 과정으로 바칼로레아 통과 후에 준비반에서 2-3년 동안 공부를 해야만 하고 이를 거쳐 그랑제콜이 요구하는 별도의 선발시험(Concours)을 치러야 한다. 그랑제콜의 시험은 매우 어렵지만 일단 합격을 하고 졸업을 하면 일반대학 출신자들과는 구별되는 대우를 받는다. 그랑제콜에 입학한 학생들은 졸업과 동시에 사회적으로 보장된 직장을 얻을 수 있다. 현재 인문계, 자연계, 예능계 등 분야별로 300개가 넘는 그랑제콜이 있는데 그 가운데 유명한 그랑제콜 몇 곳을 소개해보면 다음과 같다.

에콜 폴리테크니크(École Polytechnique)

1794년 공공분야의 기술 인력을 양성할 목적으로 설립된 학교이다. 후에 나폴레옹에 의해 사관학교로 변모하여 군대의 기술 전문 장교를 양성하게 되었다. 통상적으로 릭스(l'X)라 불린다. 현재는 국방부에 소속되어 있다.

에콜 노르말 쉬페리에르(École Normale Superieure)

프랑스 최고 지성의 전당이라고 할 수 있는 이 학교는 고등사범학교로 중등학교 교원이나 대학교수를 양성할 목적으로 1794년 설립되었다. 학위 과정이 운영되지 않는 특성이 있어 학위를 갖으려면 일반대학에 등록하여 논문을 제출해야만 한다. 이 학교 출신의 엘리트들은 노르말리엥이라고 불리운다. 노르말리엥이라는 칭호는 그 자체가 웬만한 박사학위보다 더 인정받는 일종의 특권이다. 이 학교 출신의 유명한 인물로는 루이 알튀세르, 철학자 미셸 푸코, 자크 데리다, 현 프랑스 사회학의 두 거봉 피에르 부르디외, 알랭 투렌 등이 있다. 이 ENS 출신의 엘리트들이 오늘날 프랑스의 지식인 사회를 이끌어가고 있다.

에콜 나쇼날 다드미니스트라시옹(École Nationale D'Administration)

일명 에나(ENA)라고 하는 국립 행정학교는 고급간부나 경영인, 전문 정치인을 양성하는 특수학교인데, 정치인, 행정관료 연수원과 같은 기능을 가지고 있다. 국가 운영을 담당할 인재를 양성하기 위해 1945년 설립한 총리 직속의 학교이다. 2년 과정으로 실무 위주의 교육이 이루어진다. 프랑스의 대통령인 발레리 지스카르 데스탱, 자크 시라크가 이 학교 출신이다. 또한 사회, 경제 분야에서도 많은 인물들을 배출한 학교이다.

이처럼 명문 그랑제콜에 입학하려면 리쎄 루이 르 그랑, 앙리 까트르 등 파리의 명문고등학교에서 2년 과정의 그랑 제콜 준비반을 거치지만 입학시험에서 떨어지더라도 그랑 제콜 준비반 졸업자는 바로 일반 대학 3학년과정에 편입될 수 있는 특권을 누릴 수 있다. 그랑제콜이 최근 지나친 학연주의와 엘리트 의식으로 사회의 비판을 받기도 하지만 프랑스인의 약 50%정도는 프랑스 엘리트 양성을 위해 그랑제콜이 필요하다고 생각한다.

5. 프랑스 지성이 기대하는 대학의 역할

2010년 7월 프랑스 최고의 교육기관으로 명성이 높은 콜레주 드 프랑스의 피에르 코르볼 총장이 방한하여 국내 언론과 인터뷰를 가졌다. 콜레주 드 프랑스는 미셸 푸코와 피에르 부르디외 등 명망 있는 최고의 학자들이 일반 대중을 위해 강의를 하기도 한 곳으로써 코르볼 총장이 대학의 변화와 의무에 대해 강조한 내용은 우리나라 대학이 귀 기울여 들어야 할 부분이며 대학에 몸담고 있는 우리에게 시사하는 바가 크다. 따라서 그가 강조한 내용을 간략하게 요약하여 소개하도록 하겠다(서울신문 2010년 7월 3일자 기사 내용 발췌).

대학은 서비스이다

> "상아탑 안에 갇힌 엘리트들만이 공유하는 지식은 아무런 의미가 없습니다. 대중을 상대로 소통하고 새로운 지식을 나누는 등 서비스를 제공하는 것이 학문을 연구하는 대학과 교수의 진정한 존재 가치입니다."

프랑스 최고의 지성집단 '콜레주 드 프랑스'의 피에르 코르볼 총장이 인터뷰에서 고등교육 및 연구기관으로서의 대학의 의무에 대해 강조한 내용이다. 그는 국내 대학과 연구소의 연구 열기에 놀라면서 기초 학문을 경시하는 풍토에 대해 아쉬움을 보였다. 그는 "유럽의 대학들은 기초부터 순차적으로 연구단계를 밟아 올라가는 것을 당연하게 여기지만, 한국을 포함한 아시아권 대학에서는 독창적이고 획기적인 아이디어를 더 높이 사는 것 같다."고 지적하고 "이런 대학 문화는 응용과학 분야에서는 두각을 나타낼 수 있지만, 장기적으로는 역효과가 날 수 있다."고 조언했다. 또한 코르볼 총장은 콜레주 드 프랑스의 존재 이유를 '지식의 전파'라고 말했다. 그는 "설립 당시 프랑스에는 소르본대학으로 대표되는, 바깥 세상과 철저히 격리된 '지식인들만의 대학'이 있었다."면서 "이 같은 틀을 깨고 대학과 교수의 새로운 역할 모델을 만들기 위해 학교가 세워졌다."고 설명했다. 1530년 설립된 콜레주 드 프랑스에는 인문학과 자연과학에 걸쳐 모두 52명의 석좌교수가 몸담고 있다. 이들은 시민들에게 자신의 연구에 대해 공개강의를 할 의무를 갖고 있다. 시민이면 누구나 강의를 들을 수 있고, 수업료도 없다. 지난해에만 무려 12만 명의 시민들이 콜레주 드 프랑스에서 하는 강의를 들었다.

교과서의 죽은 학문이 아니라 현재진행형 지식을 가르친다

코르볼 총장은 콜레주 드 프랑스가 프랑스 지성을 상징하게 된 이유로 '융통성과 역동성'을 꼽았다. 연구영역에 대한 제한이 없기 때문에 학문의 변화에 쉽게 적응하고 학계에 활력을 불어넣을 수 있다는 것이다. 특히 대중들과 끊임없이 소통하는 것이 교수들의 연구를 발전시키는 데에도 도움이 된다고 강조했다. 그는 매년 10만 명이 넘는 시민들이 콜레주 드 프랑스의 강의를 듣는 것은 '교과서 안에 있는 죽은 지식'이 아니라 석학들이 직접 연구하고 있는 '현재진행형 지식'을 듣고 싶어 하는 호기심 때문이라고 분석했다. 1530년 콜레주 드 프랑스의 설립당시 소르본 대학을 비롯한 프랑스의 고등교육기관들은 외부로부터 철저히 닫힌 연구를 했다. 이들은 기초과학이나 언어학 등은 학문으로 인정하지도 않았고, 대중을 우매한 존재로 여겼다. 콜레주 드 프랑스는 이런 엘리트들의 인식을 깨기 위해 만들어졌으며 지금도 같은 역할을 하고 있다. 대중을 상대로 완전히 열려 있는 대학, 지식을 나누는 대학의 의미를 잊지 않고 있다. 콜레주 드 프랑스의 강의는 공짜이고, 강의내용에 대한 저작권도 없다. 애플 앱스토어에 올려진 무료강의는 지난 한 해에만 500만 시간 넘게 다운로드됐다. 또한 엘리트의식을 깨기 위해 설립된 학교이기 때문에 이 학교의 교수들은 강의 주제를 정하는데 외부 간섭을 전혀 받지 않는다. 그래서 가능성만 있다면 어떤 접근방식도 용인되어 학문의 변화에 쉽게 적응할 수 있다. 기존 대학과 달리 이 대학은 학위과정이 없어 상대적으로 교수들이 연구에 집중할 수 있는 여건이 마련되어 있다. 그래서 교수들은 시민을 상대로 강의하기 위해 자신의 연구 성과를 정리하고 새로운 시각을 갖는데 더 많은 노력을 기울인다. 이들은 1시간 강의를 위해 최소 2주 이상의 준비과정을 갖는다.

코르볼 총장은 두 가지 측면에서 이 교육기관의 존재 목적을 보여준다. 첫째는 '지식의 전파'에 목적을 두고 있어 모든 시민에게 강좌를 개발하고 저작권도 없다는 점이다. 말 그래도 지식의 '코뮤니즘'이다. 두 번째로는 실제적인 효과인데 연간 12만 명 이상이 강의를 듣고 500만 시간 넘게 다운로드 됐다는 점이다. 이제 우리나라 대학도 앞선 견해들을 선입견 없이 받아들여 대학의 새로운 길을 열어갈 때가 된 듯 하다.

Ⅶ. 유럽 문화의 중심 도시, 파리

1. 파리는 '파리지'에서

파리는 프랑스의 수도이며 유럽 문화의 중심을 이루고 있는 도시이다. 파리에는 많은 예술가들이 자신들의 예술 세계를 선보이기 위해 정착해 생활함으로써 예술이 살아 숨 쉬는 도시로 일컬어진다. 파리는 기원전 3세기 경 골족의 한 부류가 센 강 한복판에 떠 있는 시테섬에 자리를 잡으면서 시작되었다. 시테섬에서 시작된 파리, 그곳에 거주하던 원주민들을 파리지(Parisii)라 불렀고 로마인들은 진창인 이곳을 루테치아(lutecia)라고 불렀다. 파리의 명칭은 '파리지'에서 나온 것이다. 로마인들은 기원전 52년 시테섬을 점령하고 센 강 좌측 일대에 라틴문명의 전통을 심는다. 오늘날 파리에 라틴 구역이라는 유적들이 남은 이유가 바로 이 때문이다. 루테치아는 486년 프랑크족에게 점령을 당한 후 클로비스 왕이 지배하던 508년 왕국의 수도를 시테로 삼고 지금의 일 드 프랑스(Ile-de-France) 지역을 파리라 부르게 된다. 시테는 한동안 바이킹의 침략으로 성 외곽 지역이 초토화되기도 했으나 카페 왕조의 성립과 함께 위그 카페가 987년 파리에 왕궁을 지으며 다시 프랑스 역사의 중심지가 된다. 이때부터 파리는 프랑스의 수도로 자리를 굳게 잡는다. 퐁네프를 완공시킨 앙리 4세를 비롯한 역대 왕들은 샹젤리제와 군신의 광장 그리고 레쟁발리드 등과 여러 광장들을 만들어 점차 파리의 윤곽을 형성해간다. 특히 나폴레옹 3세는 오스만 남작으로 하여금 커다란 대로들을 건설하고 불로뉴

숲과 벵센느 숲을 비롯한 공원들을 만들게 함으로써 지금의 파리 모습을 완성했으며 이때부터 파리는 20개의 구로 나뉜다. 구는 우리의 구청장에 해당하는 시장이 있으며 파리 전체를 대표하는 시장은 별도로 선출된다. 80km² 넓이의 파리, 순환도로로 싸여 있는 행정구역상의 파리는 서울과 비교할 때 605km²인 서울 크기의 1/7.5이다. 그 안에 220만 명 정도의 파리지앵들이 거주하고 있고, 14개의 지하철과 5개의 광역고속철도인 RER, 프랑스 각 지방으로 가는 TGV를 비롯한 기차가 출발하는 6개의 기차역, 남쪽에 일부 개통된 순환 전철이 파리교통의 중추를 이룬다.

 재미있는 문화 이야기

프랑스인들은 20이라는 숫자를 좋아하는 경향이 있다. 프랑스의 수능 시험인 바칼로레아부터 운동경기 성적까지 20등급을 쓰며 70부터 100까지는 20진법을 쓰는 것만 보아도 프랑스인들이 숫자 20을 얼마나 좋아하는지 짐작할 수 있다. 또한 파리는 20개의 자치구로 나뉜다. 연례 마라톤 행사의 거리도 20km이다. '20분'이라는 무료신문이 있을 뿐 아니라 우리의 9시 뉴스와 같은 메인 프랑스 뉴스도 '20시 뉴스'이다.

2. 파리 문화의 축

파리는 역대 왕들과 센 강에 의해 이루어졌다는 말이 있다. 그만큼 역대 왕들과 공화국의 대통령들은 파리에 자신들의 자취를 남기기를 원했고 파리를 하나의 정원처럼 아름답게 가꾸려 했다. 파리는 센 강을 경계로 좌측과 우측으로 나누어진다. 좌측에는 라틴구역이 있어 자유와 지성과 예술의 중심처럼 생각하는 반면 우측은 쇼핑센터나 공연장이 들어서 있어 소비지역이라는 인상을 준다. 12세기에 들어서 교수들과 학생들이

라틴구역이 있는 좌측으로 이동하면서 대학 고유의 문화가 꽃을 피우고 자율성이 생겨난다. 그러다 1252년 교황이 인장을 사용할 권한을 대학에 허락하면서 실제적인 '파리 대학'이 이곳에 탄생한다. 반면 상업이 발달한 우측은 상업의 중심지로서 좌측과는 다른 하나의 세력을 형성한다. 중세 말기까지 파리의 국가 권력은 시테에 중심을 두었고 센 강을 중심으로 좌우로 나뉘는 도시 구도를 유지한다. 센 강은 우리나라의 한강처럼 도시 형성과 발달에서 결정적인 역할을 한다. 노틀담성당과 루브르, 에펠탑 등을 비롯한 많은 문화유적들이 센 강변에 자리 잡은 것만 봐도 파리와 센 강의 밀접한 관계를 짐작할 수 있다. 센 강은 파리 한 가운데를 지나는데 센 강의 한 가운데에 시테섬이 있다. 시테섬은 파리의 모태가 된 곳이며 파리의 발전에 있어서 출발점과 근원지의 역할을 한다. 오늘날까지도 파리를 중심으로 한 거리의 기준점이 시테섬의 노틀담 성당 앞에서 시작되는 것을 보면 잘 알 수 있다. 노틀담 성당을 중심으로 파리의 척추와 같은 문화적 간선도로가 형성되어 파리는 점차적으로, 과거를 품고 미래를 향해 확장되어 갔다. 파리 사람들에게 센 강은 젖줄과 같은 역할을 했다. 이들은 센 강을 통해 식량과 생필품을 공급받았고 여러 행사들을 개최하기도 했다. 겉으로 보면 센 강이 도시를 두 지역으로 분리하는 듯 하지만 여러 교량의 건설로 파리의 문화는 서로 연결되어 있었다. 18세기 중반부터 늘어나는 인구와 위생적이지 못한 센 강 주변을 정리하기 위해 왕과 상인 대표들이 대대적인 재정비를 단행한다. 1785년 다리 위에 있던 집들을 철거하고 배의 운항과 물의 흐름을 방해하는 모든 시설들을 제거한다. 1850년 강변 정리를 마치자 파리 시민들의 식수 문제와 위생문제가 해결된다. 정리를 마친 센 강에는 다리 건설이 활발히 이루어진다.

파리의 비라켕다리 Pont de Bir-Hakeim

센 강의 다리들은 모습이나 흔적이 다리마다 매우 독특하고 다양하다. 파리의 다리들은 우선 소통하는 특성을 보여주지만 한편으로 다양한 디자인으로 다리 본연의 아름다움을 나타내기도 한다. 또한 센 강에서 다리는 파리의 예술 및 역사와 밀접한 관련이 있고 새로운 시작의 관문이 되기도 한다. 30여개의 다리들은 각각 개성이나 사연도 다를 뿐 아니라 파리의 근· 현대사와 파리지엔의 흔적을 담고 있다. 강변 다리들 중 여행자들에게 가장 사랑을 받는 다리는 퐁데자르 다리(Pont des arts)다. '예술의 다리'라는 보행자 전용 다리로서 다리 위에는 거리의 화가와 음악가들이 몰려들고 해질녘이면 병에 담긴 와인을 기울이는 청춘들을 만나게 된다. 1801~1804년에 건설된 퐁데자르 다리는 오랫동안 파리의 예술가들에게 사랑을 받았다. 카뮈, 사르트르, 랭보 등이 즐겨 찾던 곳으로 그들은 다리 위에서 센 강을 바라보며 숱한 작품을 구상했다. 지금도 퐁데자르 다리 위에서는 스케치북과 시집 한 권을 들고 나선 아마추어 예술가들을 만나게 된다. 센 강의 다리는 현재 세계문화유산으로 등재돼 있다. 그 외에도 소르본 대학이 있는 예술가의 거리를 잇는 생미셸 다리(Pont Saint-Michel), 오르세 미술관을 잇는 솔페리노교(passerelle Solférino) 등 각각의 다리는 나름대로의 상징성과 독특함을 자랑한다. 강 서쪽의 미라보 다리는 아폴리네르의 '미라보 다리 아래 센 강은 흐르고'라는 유명한 시 한 편으로 센 강의 대표적인 다리로 급부상했다. 1890년대 장 르살(Jean Resal)의 설계로 지어진 미라보 다리는 다른 다리들과 달리 철제로 건축되었고 파리의 고풍스런 구시가를 연결하기보다는 현대풍의 건물들 사이에 위치해 있다. 에펠탑 인근의 비라켕 다리(비르 아켐교, Pont de Bir-Hakeim)는 2층으로 지하철이 지나며 1층으로는 사람들과 자동차가 오가는 복합적인 구조다. 영화 '파리에서의 마지막 탱고'의 주인공들이 처음 만나는 장면을 찍은 곳이 바로 이 다리이다. 다리 아래로는 인공섬으로 이어지는 산책로가 조성돼 있다. 에펠탑 앞을 가로지르는 웅장한 다리는 이에나 다리(Pont d'Iéna)다. 1806년 프러시안과의 전쟁에 승리하자 나폴레옹이 다리의 건설을 명령했으나 그의 실각과 함께 건축과 파괴의 아픔을 간직한 다리이다. 이에나 다리는 에펠탑과 샤이오 궁전(Palais de Chaillot) 사이를 가로지르고 있다. 다리 밑 교각에 독수리 부조가 새겨져 있다. 알마교(Pont de l'Alma)는 1856년 나폴레옹 3세 때 크림전쟁의 승리를 기념하기 위해 건립됐던 다리로 다이애나 왕세자비가 다리 밑 지하도에서 교통사고로 사망해 더욱 유명해졌다. 크림전쟁 때 공을 세운 군인들의 동상으로 장식된 다리교각이 홍수 수위 측정 용도로 사용됐다는 점은 매우 흥미롭다. 교각 주아브(Zouave) 동상의 발목까지 수위가 오르면 강변도로가 폐쇄됐고 허벅지에 이르면 강 위로 배가 다닐 수 없었다고 한다. 한때 어깨까지 물이 차 센 강 일대에 홍수가 나기도 했었다. 알마교는 센 강을 오가는 유람선 바토무슈(Bateaux Mouches) 승선장으로 알려져 있다.

퐁네프 다리(pont neuf)

'새로운 다리'라는 뜻으로 앙리 3세가 센 강의 양쪽 지역을 연결하기 위해 건설한 다리이다. 1578년 착공되었으나 종교전쟁의 혼란으로 중단되었다가 1608년 앙리 4세 때 완공되었다. 기존 다리와는 달리 석조로 건설하였고 교각 위에 집을 짓지 못하도록 하였다. 산책을 할 수 있도록 일정한 거리마다 반원형의 테라스가 갖추어져 있는 새로운 유형의 다리이다. 파리에서 400년의 가장 오래된 역사를 지닌 다리이다. 퐁네프에서 노숙하는 남자와 시력을 잃어가는 여인의 운명적 사랑을 담고 있는 영화 '퐁네프의 연인들'의 배경이 되기도 했다. 레오 까락스 감독은 영화 촬영을 위해 파리시에 다리 위 교통 통제를 요청했으나 거절당하자 별도의 세트를 지어 촬영을 강행했다고 한다. 퐁네프 다리는 영화 상영 이후 연인들이 사랑을 속삭이기 위해 찾는 명소가 됐다.

3. 파리의 지하세계

혹시 파리를 여행하며 길을 걷다가 도로 위에서 언뜻 무언가 움직이는 모습에 눈길을 빼앗긴 경험이 있는가? 가끔 사람들은 파란색 작업복을 입은 남자가 이마에 전등을 착용한 채 보도에 뚫린 맨홀에서 나오는 광경을 보게 된다. 이 남자는 파리의 또 다른 세계, 즉 지하 세계를 탐험하고 나오는 중이다. 파리는 세상에서 가장 깊고도 기묘하게 지하와 연결되어 있는 도시로, 그 지하세계는 더할 나위 없이 다채롭다. 수천 킬로미터에 이르는 파리의 지하 터널은 세계에서 가장 오래되고 조밀한 지하철망과 하수도망의 일부를 구성하는데 그것은 지하세계의 시작에 불과하다. 파리의 지하에는 수로와 저수지, 지하묘실과 은행 금고실, 그리고 나이트클럽들과 화랑으로 탈바꿈한 포도주 저장고 등 온갖 종류의 공간이 존재한다. 역사적인 측면에서도 파리의 지하세계는 매우 중요한데 미테랑 대통령 시기에 루브르 궁을 새로 단장하기 위해 카루젤 안뜰에 피라미드를 세우려고 지하를 파자 12세기 말에서 13세기 초에 걸쳐 필립 오귀스트가 세운 성곽의 흔적이 발견되었다. 이러한 역사적 측면 이외에도 파리의 지하세계는 엄청나게 길고 복잡한 터널들의 망으로 이루어져 있다. 그런데 이러한 지하의 활용은 역사의 순서를 밟고 있으며 터널에는 지상과 마찬가지로 거리 이름과 방향까지 표시되어 있어 진정 하나의 다른 세계를 이루고 있음을 보여준다.

파리에 지하세계가 이루어진 계기는 도시 건설과 관련 있다. 파리는 초기에 노천 채석장을 사용했는데 지상의 토지를 파손시키지 않고 채석할 수 있는 방법을 연구하다 지하로 굴을 파게 되었다.

파리의 지하세계

1777년 왕이 채석장감독기구IDC를 신설하고 채석작업이 이루어진 굴의 위치 파악과 목록 작성 등 혹시라도 붕괴 위험이 있는 파리의 지하 관리를 지시했다. 이후로 파리는 지속적인 점검으로 채석장 관리를 해오고 있다. 또한 지하 채석장의 동굴을 활용한 공동묘지도 있는데 1792-1794년 대혁명으로 인해 희생되거나 '카루젤' 및 콩코드 광장에서 처형당한 이들의 유해도 지하묘지에 옮겨졌다. 지하 분묘에는 약 600여만 구의 유골들이 쌓여 있다. 제2차 세계대전 동안에는 프랑스의 레지스탕스 전사들이 일부 지하채석장을 은신처로 삼아 지하에서 활동했고 독일군은 다른 채석장에 엄폐호를 구축했다. 오늘날에는 또 다른 은밀한 무리가 이 지하 터널들을 배회한다. 규율도 없고, 우두머리도 없는 이 공동체의 구성원들은 며칠 밤낮을 지하에서 보낼 때도 있다. '지하족'이라 불리는 이들은 파리의 지하세계를 사랑한다.

 카타콩브

카타콩브는 '지하묘지'를 의미한다. 18세기 갈로 로마시대부터 존재했던 이노상(innocents) 묘지가 더 이상 안치할 곳이 없어 시신들이 지상보다 더 높이 쌓이는 현상이 발생한다. 이로 인해 시체에서 심한 악취가 풍겨 주민들의 원성이 높아지자 루이 16세 당시 국사원(Conseil d'Etat)이 법령을 발표 하여 이 묘지에서 뼈를 옮기고 폐쇄하기로 한다. 유골은 로마시대부터 채석장으로 사용되던 곳으로 이전된다. 이후 1804년 파리 시내에 더 이상 묘지를 세우지 못하도록 하는 법령으로 인해 1814년까지 파리 시내의 모든 묘지의 인골이 이곳으로 옮겨진다.

지하터널의 전설적 인물

발드그라스 성당의 문지기인 필리베르 아스페르는 1793년 성당에서 멀지 않은 수도원의 약초 술 저장소를 찾아 몰래 성당 밑 터널로 내려갔다가 길을 잃는다. 11년 후 지하 채석장 점검을 하던 인부에 의해 시신이 발견되어 현재 그의 무덤은 지하 터널에 있다.

4. 파리의 상징, 에펠탑

파리의 에펠탑

파리를 상징하는 기념물로는 여러 가지가 있지만 한국인들에게 파리하면 떠오르는 것은 바로 에펠탑이다. 에펠탑은 1889년 프랑스대혁명 100주년 기념 파리 만국박람회의 기념탑으로 지어졌다. 무게 7,300톤, 18,038개의 금속 부품, 250만 개의 못이 사용된 에펠탑은 파리의 상징물이 되었다. 그러나 에펠탑이 처음부터 대중의 사랑을 받은 것은 아니다. 많은 사람들이 공사 전부터 에펠탑을 비난하였다. 공사가 시작된 지 얼마 되지 않아 예술가들이 정부에 탄원서를 제출하였다. 소설가 레옹 블루아는 '진실로 비극적인 가로등'이라고 했고, 모파상은 '높고 깡마른 철 사다리로 된 피라미드. 퀴클롭스의 거대한 기념물이 올려질 것처럼 세워진 기반 위에 공장 굴뚝처럼 서 있는 우스울 정도로 가는 뼈대'라고 비난했다. 320여 미터 높이의 건축물을 철골로 짓기 위해서 얼마나 육중하고 무거운, 그래서 파리의 미관을 해치는 추한 건축물이 나올 것인지를 사람들은 말했다. 그러나 공사가 끝나자 반대의 목소리는 대부분 찬사로 바뀌었다.

1886년 5월 프랑스 정부는 만국박람회의 볼거리를 위해 300미터 철탑 설계안을 공모했고 많은 경쟁을 뚫고 에펠의 설계안이 채택되지만 공사비가 너무 비싸 망설이자 에펠은 공사비를 스스로 부담하는 대신 향후 20년 동안 입장료나 임대료 등 수익금을 자신의 회사에서 받는 조건을 내세운다. 박람회의 성공으로 에펠은 투자한 비용을 모두 되찾았다. 에펠은 인간의 꿈을 담은 건축물을 세우고 싶었으며 최고의 높이를 구가할 수 있는 재료가 철이라는 사실도 알고 있었다. '320여 미터의 높이에서 비바람을 견뎌내고 지탱하기 위해서는 강해야 하며, 자연의 모든 강한 것은 아름답다' 이것이 에펠의 생각이었다. 그의 상상력과 기술은 당시 세계 최고의 높이를 생산하였다. 시간과 자연의 변화를 견디어 낸 모든 것이 아름다운 모습을 띠는 것처럼 자연이 주는 온갖 악조건을 견디기 위해 에펠탑은 아름다울 수밖에 없었다. 실제로 120여 년간 버티어 온 에펠탑의 모습은 아름답다. 자연의 어떤 것보다 날렵한 곡선 바람의 저항을 줄이기 위해 사용된 철골 구조, 맨 꼭대기가 여전히 바람에 의해 6-7미터 정도 움직이고 있지만 에펠탑은 가장 안정된 모습으로 자태를 뽐내며 파리를 지키고 있다.

Ⅷ. 유럽 연합 속의 프랑스

1. 프랑스의 위상

프랑스는 유럽 뿐 아니라 세계의 다양한 분야에서 미국을 견제하는 세력으로 강력한 힘을 행사해왔다. 프랑스가 스스로 미국을 견제하는 세력으로 자처할 수 있는 이유는 자국 문화에 대한 자부심에서 비롯되었다고 할 수 있다. 실제로 프랑스 대혁명은 미국의 독립 운동에 영향을 주며 전 세계적으로 그 정신이 계승되어 유럽에서 인권 신장 및 사회 발전의 토대가 되었다. 프랑스는 이러한 전통을 이어받아 유럽 통합 과정에서도 주도적인 역할을 해왔다. 수많은 전쟁을 치르며 아픔을 경험한 프랑스는 전쟁의 공포에서 자유로워지고 지속적인 평화를 정착시키기 위해 유럽 국가들 간의 제도적인 장치가 필요하다고 여겼다. 또한 프랑스는 그동안 큰 전쟁을 치르며 실추되었던 그들의 위상을 유럽 연합이라는 새로운 체제를 통해 유럽 내에서 다시 높이고자 했다. 프랑스는 내부적인 이익추구 이외에 유럽을 대표하는 국가로서 미국의 일방주의에 대해 다자주의를 옹호하며 지속적인 견제력을 행사하고자 한다. 프랑스 내에는 다른 국가와 달리 여러 측면에서 반미주의가 자리를 잡고 있는데 이는 사회적 연대, 진보, 보편성을 추구해온 전통과 닿아있다. 초기에는 자국의 이익을 지키기 위해 반미주의를 주장했으나 현재는 전 세계 공공 이익을 위한 사명감에서 이를 계속 주장하며 유럽 내에서 그들의 입지를 견고히 하고 있다. 프랑스는 현재도 끊임없이 미국의 패권주의와 세계화에 대항하여 강력한 견제세력으로 간주되기를 자처한다.

2. 유럽통합 과정 속의 프랑스 역할

유럽연합은 최종적으로 정치적 통합을 이루려는 목표를 갖고 있다. 그래서 단일 경제 통화권을 건설하기 위한 움직임을 가속화하여 12개국이 마스트리히트 조약을 확정하고 각 회원국들이 국내에서 비준 절차를 거쳐 1993년 EU를 출범시켰다. 이후 회원국이 확대되어 2011년 EU 회원국은 27개국에 달한다. 프랑스는 EU 회원국 가운데 여러 측면에서 중심 국가 역할을 담당하고 있다. 우선 실물경제 측면에서 보면, 1993년 1월 1일 실물경제의 통합이 프랑스 이외에 유럽 여러 국가들을 통해 가시화되었다. 이는 회원국 간 관세 장벽을 없애 '국경 없는 유럽'을 만들어 단일시장을 가능하게 하려는 취지에서 비롯되었다. 프랑스는 실물 유통에서 중심지 역할을 하고 있다. 두 번째는 유럽화폐의 통합인데 전 세계 많은 경제학자들의 우려에도 불구하고 공동 화폐를 도입하는 통화정책이 실현되어 1999년부터 EU는 단일 화폐인 유로화를 도입하였다. 이 과정에서 프랑스는 독일에 여러 부분들을 양보하기도 하고 자국의 이익을 보호하기도 하였다. 세 번째로 EU는 회원국 사이에 있는 사회정책들의 차이를 근접시키고 노동 조건을 일원화하며 사회보호의 권한을 통일하고 한다. 이 과정에서 프랑스는 이와 같은 목표에 공감하며 이를 위해 지원하고 있다. 네 번째로는 EU는 정치 통합을 이루고자 하는데 EU의 정치 통합은 회원국들이 일종의 초국가적 연방 정부를 받아들이기를 요구한다. 프랑스는 다른 국가에 비해 이 문제에 유연하게 대체하고 있지만 자국의 주권을 약화시키거나 상실하는 측면에 대해서는 경계하는 입장이다.

유럽연합회원국

1957년 초대 회원국: 네덜란드, 서독, 룩셈부르크, 벨기에, 이탈리아, 프랑스 (6개국)

1973년 : 그린란드를 제외한 덴마크, 아일랜드, 영국 (3개국)

1981년 : 그리스 (1개국)

1986년 : 스페인, 포르투갈 (2개국)

1990년 : 통일 독일

1995년 : 스웨덴, 오스트리아, 핀란드 (3개국)

2004년 5월 1일 : 라트비아, 리투아니아, 몰타, 슬로바키아, 슬로베니아, 에스토니아, 체코, 키프로스, 폴란드, 헝가리 (10개국)

2007년 1월 1일 : 루마니아, 불가리아 (2개국)

2011년 현재 EU 회원국 : 27개국

유로화 사용 유무

- 유로가 사용되는 국가(유로존)
  그리스, 네덜란드, 독일, 룩셈부르크, 몰타, 벨기에, 스페인, 슬로바키아, 슬로베니아, 아일랜드, 에스토니아, 오스트리아, 이탈리아, 키프로스, 포르투갈, 프랑스, 핀란드 (17개국)
- EU회원국이나 유로화를 사용하지 않는 국가
  영국, 스웨덴, 체코, 폴란드, 헝가리, 루마니아, 불가리아, 덴마크, 라트비아, 리투아니아 (10개국)

3. 경제 위기로 분열하는 '유럽연합'

유럽은 현재 유로화에 대한 회의론에 빠져있다. 그리스, 이탈리아, 스페인 등 남유럽 국가의 재정위기로 시작된 경제위기는 유럽이 유럽 연합을 통해 키워왔던 꿈을 물거품으로 만들고 있다. 유로존(유로 사용 17개국) 회원국들은 남과 북, 또는 구제금융 요청국과 지원국으로 나뉘어 삿대질을 하고 책임 공방을 벌이고 있는 실정이다. 이와 같은 재정위기로 긴축의 직격탄을 맞은 유럽 청년들은 기성세대를 향해 분노하고 있다. '관용과 연대'의 전통적 가치가 퇴색하고 전통적 복지국가 모델은 뿌리째 흔들리고 있다. 이제 앞으로 유럽의 운명은 프랑스와 독일을 중심으로 경제적 위기를 어떻게 해결하느냐에 달려있다. 위기에 처한 유럽에서 프랑스의 역할은 상대적으로 높다. 2012년에는 프랑스에서 대선이 치러지며 이 대선에서 어떤 지도자가 당선되느냐에 따라 유럽의 판도는 새로운 국면에 접어들 수도 있다. 프랑스 내부로 보면 사회당 소속 프랑수아 미테랑 전 대통령 퇴임 후 17년 동안 권력을 잡은 우파와 권력을 다시 탈환하려는 좌파와의 대결이지만 유럽 공동체로 보면 운명을 좌우하는 구성원들의 삶의 방식을 근본부터 바꿀 수 있는 사건이기 때문이다. 그간 니콜라 사르코지 대통령과 우파인 독일 기민당 소속 앙겔라 메르켈 독일 총리는 유럽 재정위기 극복에 기조를 맞춰왔다. 하지만 새로운 지도자가 이들이 내세운 '신(新)재정협약'의 합의 내용 (2011년 12월 9일 유럽연합(EU) 정상회의에서 합의한 내용. 재정적자가 3%를 넘으면 제재를 받는다는 협약 내용)을 어떻게 받아들이며 정책적으로 펼쳐나가는지에 따라 유럽은 새로운 국면으로 들어설 수 있다.

4. 프랑스적 가치관의 상실

프랑스는 앞에서도 언급한대로 톨레랑스와 솔리다리테라는 가치관을 바탕으로 사회와 문화가 형성된 국가이다. 그러나 유럽연합을 통해 유럽 내에서 재정위기를 맞이하면서 청년실업률이 지속적으로 증가함으로써 기존에 지켜오던 가치관이 상실되는 현상이 발생하고 있다. 프랑스 파리 18구의 샤토 루주 지하철역 인근은 흑인과 아랍인 등이 밀집한 파리의 대표적인 할렘가다. 해가 지면 거주민을 제외하고 거의 인적이 끊길 정도로 삭막한 곳이다. 최근 들어 이 지역에는 오후부터 서로 모여 빈둥

거리는 청년들이 더욱 늘어나고 있으며 이들 대부분은 실업자들이다. 프랑스는 2010년 11월 실업률이 12년 만에 최고를 기록했다. 유로화의 위기로 더욱 심해진 이러한 현상은 이념과 가치의 분열을 동반하고 있다. 긴축과 복지 축소, 청년 실업과 빈부격차가 확대되면서 유럽의 전통적 다문화주의가 설 자리를 잃고 포퓰리즘과 극우주의가 기승을 부리고 있다. 프랑스 내에서도 극우성향의 장 마리 르펜이 이끄는 국민전선(Front National)이 3위의 지지율을 차지할 정도이며 24세 청년층에서는 지지율이 더욱 높다. 에미네 보즈쿠르트 네덜란드 유럽의회 의원은 가디언에 "우리는 유럽 역사의 교차점에 있다"며 "5년 내 극단적인 민족주의와 외국인 혐오증, 이슬람 공포증 등 증오와 분열의 힘이 압도하는 것을 목격할 것"이라고 말했다. 또한 프랑스 렉스프레스지의 케르들랑 부편집장은 "인플레나 부동산 거품을 만든 뒤 뒤처리는 후손에게 미뤄온 대가를 이제 계산해야 할 시간이 왔다"며 "유럽은 행운의 베이비붐 세대가 은퇴하면서 폐허가 된 대륙을 후손에게 물려줄 것"이라고 비판했다. 위기를 맞은 유럽 내 프랑스가 해야 할 일은 지금까지 지켜오던 소중한 가치관들이 사라지지 않도록 이러한 가치관을 새로운 각도에서 조명하여 다문화주의를 받아들이고 미래지향적인 국가로 만들어가는 것이다. 또한 경제적, 정치적 지향점이 일치하는 국가들이 서로 연합할 수 있도록, 적극적인 방법으로 통합하여 경제적 위기를 극복하도록 돕는 일이다.

5. 에라스무스 프로그램

유럽의 미래가 어둡고 암울한 것만은 아니다. 미래를 꿈꾸는 대학생들에게 EU는 한편으로 더 넓은 배움의 공간을 제공해주고 있다. 프랑스도 예외는 아니어서 프랑스에서 교환학생을 하는 한국학생들은 가끔 유럽각국에서 학부 수업을 듣는 학생들과 마주치게 된다. 이들은 교환학생으로 혹은 유학을 떠난 한국학생들에게는 부러움의 대상이다. 프랑스를 비롯한 유럽 국가에는 에라스무스라는 프로그램이 있다. 예를 들어 한 독일인 여학생은 태어난 곳은 러시아이지만 초·중·고등학교는 독일에서 다녔고 대학교는 네덜란드에서 1학년을, 스페인에서 2학년을, 그리고 3학년은 프랑스에서 경영학을 공부했다. 그녀는 여러 나라를 거치며 그 나라의 언어를 습득하고 다양한 문화적 경험들을 통해 문화, 역사, 사회 등에 대한 해박한 지식을 갖추고 있다. 이는 대학생들이 그 나라에 가서 직접 수업을 듣고 학점을 인정받는 에라스무스(ERASMUS) 프로그램 덕분이다. 에라스무스는 네덜란드의 로테르담에서 태어난 르네상스기의 대표적인 인문주의자로 그리스 고전의 연구에 뜻을 두고 유럽 각지를 여행하였고 만년에는 스위스의 바젤에서 여생을 보내기도 한 인물이다. 그는 15세기 신학과 인문학자인데 1987년부터 시작된 유럽연합 (EU)에서는 그의 이름을 따서 학생교환 프로그램을 만들었다. 일명 유럽연합 교환학생제도라는 이 제도는 현재 2007-2013년 유럽연합평생교육 제도의 중요한 부분을 형성하고 있다. 120만 명이상의 유럽 대학생들을 배출했고, 일반적이고 광범위하게 이뤄지고 있는 유럽 전역의 인적 교류 프로그램이기도 하다. 일단 정부에서 에라스무스 프로그램 학생이면 매달 어느 정도의 장학금을 받고(프랑스 120€, 독일 300€) 공부를 할 수 있다. 또한 인턴쉽도 가능해 최소 3개월 이상의 일과 학업이 외국에서 가능하다. 에라스무스 제도는 단순히 외국에서 공부를 하고 언어를 익힐 수 있는 기회를 주는 기능 이상으로 EU 사회의 문화를 폭넓게 이해하고 더욱 넓은 인적 네트워크를 형성할 수 있도록 해준다. 에스무스 프로그램을 연구한 사회과학자들은 이 제도를 통해 범유럽(PAN EUROPEAN) 정체성을 형성할 수 있을 것으로 예상하기도 한다. 15년 혹은 20년 후, 유럽 사회를 이끌어 나갈 이들이 바로 지금까지 에라스무스 프로그램을 거쳐 간 이들이고, 누구보다 상대방의 나라를 이해하는 주축이 될 것이라 조심스럽게 예상하기도 한다. 하나의 공동체를 위한 끝없는 유럽 연합의 생각의 전환들이 점점 유럽의 힘을 키워가고 있다. 글로벌적 마인드를 강조하는 현 시대에 이러한 프로그램들은 무엇보다 다음 세대에 유럽으로의 힘을 집중 시킬 수 있는 밑바탕이 될 것이다.

Part 2.

프랑스 문화와 예술 그리고 프랑스어

프랑스의 예술

Ⅸ. 프랑스 회화 (제 2의 예술)

프랑스의 현대미술은 그 기원이 서양 현대 미술과 대부분 일치하기 때문에 따로 분리하여 구분하기는 힘들다. 근대 이후의 미술 사조는 프랑스 미술사가 주류를 이룬다고 해도 과언이 아니다. 프랑스인이거나 프랑스에 체류하며 그들만의 독특한 예술적 세계를 선보였던 많은 화가들이 있었다. 이렇듯 프랑스가 현대적 의미의 회화를 탄생시키기까지는 약 100년간의 준비 기간이 있었다. 프랑스 화가들의 활동 영역은 국가를 초월하고 있으며 프랑스 영토 안에서 활동했던 외국인 화가들에게 프랑스는 예술적 영감과 자유로운 표현의 장을 제공하는 구실을 했다. 현대 미술의 출발점은 그 시기가 관점에 따라 다르지만 1863년 낙선전(Salon des refusés) 당시 출품되었던 마네의 '풀밭 위의 점심', 1855년에 완성된 쿠르베의 '화가의 작업실', 그보다 앞선 신고전주의 거장 자크 루이 다비드의 1824년작 '호라티우스의 맹세'를 꼽기도 한다. 프랑스가 주도하던 미술계는 1960년대에 들어 모던 아트에서 컨템퍼러리 아트로 옮겨가던 시기를 기점으로 주도권이 미국으로 넘어간다. 현대에 와서는 미국과 영국에 밀려 미술계의 주도권이 변화하는 경향을 보여준다.

1. 프랑스 미술의 주요 사조

프랑스의 미술 사조는 근대미술사와 매우 연관이 있다. 위에서도 이야기 했듯이 1960년을 기점으로 주도권이 미국으로 넘어가기는 하지만 아직도 미술계에 프랑스의 저력은 강하다고 할 수 있다. 현대 미술은 하나의 사조로 정의하기는 힘들기 때문에 프랑스 뿐 아니라 전세계적으로 미술사에 영향을 미쳤던 프랑스의 몇몇 미술 사조를 중심으로 보도록 하자.

1) 인상주의 impressionisme

'19세기 이전의 미술과는 근본적으로 다른 미술이 나타난다. 그들은 물체의 고유색을 부정하고 광선에 따른 순간적인 색채와 형태의 인상을 표현하여 아름다움을 추구한다.' 미술사에서 실현되었던 수많은 다른 표현들과 마찬가지로 역사적 인상주의는 이전에 산발적으로 흩어졌던 개념이 정점에 도달한 것이고, 그 정점이 19세기 후반 프랑스에서 회화 운동으로 일어난다. 이들은 대체적으로 아카데미의 전통 교육과 낭만주의의 기본 이념에 반대하는 성향을 보인다. 그들은 예술가의 정서상태보다도 오히려 자연 혹은 삶의 편린들을 가능한 객관적이며 과학적인 정신에 의해 기록함을 예술의 제일의 목적으로 삼는 사실주의의 태도에 동조했다. 위대한 인상주의 예술가들의 혁명과 '인상주의'라는 명칭은 회화에 새로운 통찰을 집약시킨 클로드 모네의 「해돋이 :인상」에서 유래한다. 그러나 젊은 인상주의자들이 회화기법의 집단적인 진보를 이루기 시작한 것은 1874년 초에 열린, 소위 '소수의 화가, 조각가, 판화가 들의 모임'이라는 전시회 덕분이었다. 당시 젊은 인상주의 예술가들이 가진 생각은 시간과 빛으로 다시 반복될 수 없는 옥외의 생생한 순간을 포착하는 것이었다. 마네 이전의 작가들은 전통적인 명암법 교육아래 실내작업을 하였다. 하지만 마네는 햇빛 아래의 물체는 고전적 명암법과 다르며 보다 더 빛난다는 사실을 알고 전통적인 명암법을 포기한 것이다. 인상파를 이론적으로 정립한 사람은 모네였다. 모네는「해돋이 :인상」이라는 작품을 전시하였는데, 그 당시 많은 사람들은 그의 작품을 미완성이라는 말과 함께 조롱 어린 말을 내뱉었다. 하지만 그의 신념은「생나자르역」,「짚더미」,「루앙성당」을 시시각각 변하는 빛으로 연작을 그려내면서 시각적 진실을 표출해낸다. 한편 드가는 현장에서의 스케치를 자신의 작업실에 와서야 비로소 그림으로 구성했으며 르노아르는 검은 음영과 윤곽선을 배제하고 색채 분할 기법, 점묘법을 도입하여 풍경화를 재창조하는 행위를 했다. 이외에도 독특한 색의 조화를 견고한 구조와 결합시킨 카미유 피사로, 이미 고안된 기법에만 의존하지 않고 빛을 묘사하는 견고한 드로잉과 색채를 구사한 시슬리 등이 인상주의의 대표적 화가이다.

2) 후기 인상주의 post-impressionisme

인상파의 빛에 대한 집착성과 신인상파의 과학적 표현에 반발하여 작가의 강한 개성과 감정을 솔직하게 표현한 화파로 20세기 미술에 큰 영향을 주었다. 후기 인상주의라는 모호한 용어는 19세기의 마지막 10년간 활약한 프랑스 화가들 고호, 고갱, 세잔, 로트렉과 같은 이들의 작품에 적용된다. 그들은 양식적으로 거의 공통점이 없는 개별적 화가들이었다. 그러나 그들은 각자의 방법으로 인상주의로부터 거리를 두고, 변화를 일으키는 속성을 가진 변함없는 자연의 진실을 포착할 수 있는 새로운 구성주의를 찾았다. 세잔느는 인상주의의 작품이 물체의 형태가 불꽃 속에 용해되어 공간 표현이 애매해지는 것에 만족하지 않고 물체의 실제감과 고전적 작품의 견고한 화면 구성을 구해서 입체파로의 길을 열었다. 고호는 인상파의 작품이 훌륭하기는 하지만, 너무 대상을 과학적으로 파악해 그리다 보니 그림에 감정의 표현이 부족하다고 보았다. 감동의 표현을 중시했던 고호는 마음의 느낌에 따라, 형태나 색채를 과장, 변형하여 표현하여 표현주의의 선구가 되었다. 또한 고갱은 산업문명이 박탈해간 순수하고 예리한 감성과 그것을 솔직하게 표현할 방법을 찾기 위해 원시의 섬, 타이티로 향하고 그곳에서 그는 원시부족의 생활과 미술에서 과학문명에 때 묻지 않은 순수한 감성을 찾아내어 자신의 조형 언어로 다듬었다. 고갱의 위대함은 그가 만들어낸 기법보다 순수한 원시인의 시각으로 사물을 보았다는 것이다. 결국 고갱은 상징주의적 색채를 짙게 띤 인간의 생과 사, 영적인 것 등의 표현을 통해 인상주의를 탈피하여 그 순색의 넓은 색면에 의한 기법을 개발함으로써 야수파에의 길을 열었다. 그리고 어린시절 높은 곳에서 떨어져 불구로 살아가야만 했던 로트렉은 귀족 출신임에도 불구하고 당시 몽마르트의 밤 생활과, 극장, 카페에 거주하던 사람들을 심리학적으로 분석하여 그림으로 표현하면서 자신의 고통을 잊기도 했다. 그는 그래픽의 작품들을 통해 포스터의 삽화를 예술작품의 수준으로 끌어 올렸다. 그가 제작한 석판화 「물랭루즈」는 최초의 뛰어난 포스터이다.

3) 야수파 Fauvism

20세기 초 프랑스에서 일어난 혁신적인 회화운동이다. 1905년 살롱 도톤느(Salon d'automne)에 출품된 한 소녀상 조각을 보고비평가 루이 보셀이 '마치 야수의 우리 속에 갇혀 있는 도나텔로' 같다고 평한 데서부터 유래한 명칭이다. 마티스, 마르케, 블라맹크, 반 동겐 등 일군의 젊은 작가들이 매너리즘에 빠진 이상주의에 반발하여 일어난 예술 사조이지만, 하나의 이론이나 주장에 의한, 다시 말해 엄밀한 의미의 주의나 유파는 아니다. 야수파는 고호나 고갱으로부터 직접적인 영향을 받으면서 전통적인 회화 개념을 부정하고 자연주의적인 묘사를 벗어나 색채 그 자체의 표현을 강조하는 근대 미술의 일대 전환점을 마련했다. 인상주의의 빛에 의한 명암법을 거부하고 원색을 대담하게 사용했으며, 터치가 격렬하고, 형태는 극도로 단순화시켰다. 1907년 입체파 운동 이후 각자 독자적인 화풍으로 분열된다.

4) **입체파** Cubism

1907년부터 1914년 사이에 걸쳐 파리에서 일어나 유럽 전역에 파급된 미술 혁신 운동이다. 큐브(cube)란 정6면체란 뜻으로, 1908년 브라크가 그린「레스타크(L'Estaque)풍경」이라는 연작을 본 당시 심사위원 미티스가 '조그만 입체(큐브) 덩어리' 라고 비평한 데서 유래된 명칭이다. 이 사조가 내세우는 주장을 긍정적으로 받아들여 정식 명칭으로서 '큐비즘' 을 사용하기 시작한 것은 시인 아폴리네르였으며, 그는 또한 이 운동의 이론적인 지주이기도 하다. 큐비즘은 피카소나 1907년, 대담한 색채와 면의 구성을 보여주는「아비뇽의 처녀들」을 제작하면서부터 본격적으로 시작되어, 세잔느풍의 큐비즘 시대(1907-1909), 분석적 큐비즘 시대(1910-1912), 종합적 큐비즘 시대(1913-1914)로 전개된다. 세잔느의 '자연의 형태는 원추·원통·구형으로 나눌 수 있다.'는 주장을 이론적인 근거로 하여, 피카소와 브라크가 이를 발전시킨다. 그 방법은 대상을 해체하여 여러 각도에서 본 것을 동시에 표현하는 것이다. 처음에는 색채를 부정하고 흑색·녹색·갈색 등으로 제한된 색채를 사용했으며, 종합적 큐비즘 시대에 이르러서는 평면적인 색면 구성을 하면서 대상이 사실적으로 그려지게 되었고, 한편으로는 '파피에 꼴레' 방법을 곁들이기도 했다. 피카소는 1925년경까지, 브라크는 1930년경까지 큐비즘 작품을 제작했으며, 들로네,

피카비아, 브랑쿠시, 아르키펜코 등이 이 운동에 가담했다.

5) 다아이즘 dadaïsme

'모든 것에 '아니오'라고 말하는 것, 모든 것에 반항하는 것, 즉 기성의 모든 도덕적·사회적 속박으로부터 정신을 해방시키고 개인의 진정한 근원에 충실하고자 했다.' 다다이즘은 1915-1922년경 스위스, 독일, 프랑스 등의 유럽과 미국에서 일어났던 반문명, 반합리적인 예술운동을 일컫는다. 미술을 포함해서 제1차 세계대전을 낳게 했던 전통적인 문명을 부정하고 기성의 모든 사회적·도덕적 속박에서 정신을 해방, 개인의 진정한 근원적 욕구에 충실하고자 했던 것이 이 운동의 근본정신이다. 그들은 '모든 것을 부정하는' 전적으로 무정부적인 이 운동의 이름을 지을 때, 프랑스어 사전을 펼치고 그들이 본 첫 번째 단어를 선택하기로 하는데, 이 단어가 바로 다다(dada)였다. 1920년대 초기에는 다다운동이 거의 전 유럽과 미국에까지 미쳐 1922년 파리에서 대규모의 국제전이 개최된다. 그러나 1924년 초현실주의가 발족되면서 해체된다. 다다의 가장 대표적인 작가인 뒤샹은 1913년 유화를 걷어치우고 'read made(기성품)' 작품인 「샘(fountain)」을 출품하게 되는데 전시가 거절당한다. 이 「샘」이라는 작품에서 '오브제'를 발견된 오브제라고 명명하고 기존의 일상적 물건에 제목을 달아줌으로써 그 근본의미가 변하는 것을 목표로 했는데, 이 변기가 화랑에 놓임으로써 본래의 기능은 제거되고 화랑이라는 특수한 공간에서 미적 대상이라는 새로운 사물이 된다는 개념의 변화 자체가 현대미술에서 하나의 중요한 주제가 된다는 것을 보여주었다. 이들 작품의 공통적인 경향은 기계같이 잘 짜 맞추어진 이성에 반대하고 우연성을 강조하는 예술을 추구한다는 점이다. 우연적 효과를 극대화하기 위해 그들은 소위 레디메이드의 오브제 또는 움직이는 오브제, 콜라주 또는 앙상블라주로 통하는 메르츠 빌트 등을 시도하게 된다. 특히 다다이스트들은 우연성을 강조하기 위해 해프닝을 즐겨 상연하였는데, 사전 의도 없이 시행되는 해프닝은 예술과 일상의 경계를 허물기 위한 시도로 이러한 다다이스트들의 기이한 방법들은 다다의 강렬한 가치 부정적 관념과 함께 추상미술, 초현실주의 또는 제2차 세계대전 후 60년대 예술 등에도 강한 영향을 주었다. 하지만 다다이즘은 자기모순을 가지고 있었는데 다다이스트들은 모든 것에 대한 부정을 주장했음에도 불구하고, 자기 자신들 마저는 부정할 수 없었으며, '반예술'로서의 예술을 보여줌에도 불구하고 자신들의 신념에 대해서는 리얼리티를 주장했기 때문이다.

6) 초현실주의 surréalisme

이 운동은 1924년, 앙드레 브르통이 조직하고 그 이론을 제기하면서 시작되어 30년대까지 계속되었는데 우리에게 가장 잘 알려진 초현실주의 화가로는 살바도르 달리(Salvador Dali)가 있다. 이들 초현실주의 화가들은 과학적이고 합리적이기보다는 무의식의 정신세계를 탐구하고 설명하는데 관심을 두었으며 실제로 꿈이나 무의식의 상태에서 그림의 영감을 얻었다. 살바도르 달리는 정신 이상자와 똑같은 환각, 환상, 강박관념 등을 지닌 경향이 있었으나, 그들의 환상이 실제라고 믿는 정신이상자와는 다르게, 달리 자신은 상상의 세계와 현실사이의 차이를 잘 알고 있다고 말했다. 그는 그의 환상의 세계를 그림으로 그림으로써 그것이 현실세계와 접촉토록 했는데 이런 방법으로 환상을 실제화 시켰다. 초현실주의 화가로는 달리, 샤갈, 에른스트 등이 있다.

7) 앵포르멜 informel

유럽의 앵포르멜 미술은 제2차 세계대전 후에 유럽에서 일어난 서정적 추상의 한 경향이다. 당시의 정형화되고 아카데미즘화된 기하학적 추상에 대한 반동으로 생겨난 양식으로 격정적이며 주관적인 표현(드리핑 수법, 색채와 재질감 동화)이 특징이다. 1944년부터 등장한 볼스, 포트리에, 뒤뷔페가 대표적인 작가이며 이들은 전쟁의 가혹함과 실존적 고뇌, 전통적 권위에 대한 저항의식을 격정적으로 표현하였다. 1952년 프랑스의 평론가 미셸 타피에가 '앵포르멜의 의미(Singnifiants de l'informel)'라는 전시를 기획하면서 이들의 미술은 '앵포르멜'로 알려지게 된다. 'informel'은 비정형(非定型)을 의미하는 프랑스어로 대상의 재현이나 기하학적 추상미술에 반대하고 내면을 표현하는 유기적이고 추상적인 작품을 일컬으며 넓은 의미에서는 서정적 추상미술에 포함된다. 또한 동시대 미국의 액션 페인팅(action painting)과 추상표현주의 미술에 비견되는 유럽적 양식이다.

2. 프랑스 미술 여행

프랑스 파리에는 세계에서 규모가 가장 큰 루브르 박물관(Musée National de Louvre)이나 인상파 작품을 주로 전시하고 있는 오르세 박물관(Musée d'Orsay), 1905년부터 현대까지의 작품을 소장한 국립현대 미술관(Musée National d'Art Moderne) 일명 퐁피두센터, 오랑쥬리 미술관(Musée National de I'Orangerie des Tuileries) 등 다양한 미술관이 곳곳에 산재해 있다.

1) 루브르 박물관

현존하는 세계의 박물관 중 가장 크고 소장된 미술품의 규모 또한 세계 최대인 루브르 박물관은 원래 박물관으로 만들어진 건물이 아니라 루브르 궁전이었다. 1190년 경 프랑스 왕 필립 오귀스트는 십자군 전쟁에 출전하기 전 센 강 우안에 형성된 지역을 보호할 명목으로 조그마한 성을 쌓아 그 이름을 루브르라고 했는데 이것이 루브르 박물관의 기원이다. 고대부터 19세기에 이르는 많은 그림과 조각품을 소장한 루브르 미술관의 역사는 프랑수아 1세가 레오나르도 다빈치를 아부아즈의 클로 뤼세 성으로 초청하고 이탈리아 화가들의 작품을 모으면서 시작된다. 프랑스 대혁명 이후 1793년 중앙박물관이란 이름이 붙여지고 국왕 소유의 예술품들이 일반인에게 공개되면서 그 규모는 계속 확장되었다. 1980년대에 관람객들의 접근과 편의를 제공하기 위해 개축작업을 한 루브르는 나폴레옹 궁과 카루젤 궁의 중앙 정원 밑으로 주차장과 식당, 사무실, 상점, 전람실 등을 수용하는 거대한 지하단지를 조성하였다. 이 단지로 들어서는 지면 높이의 입구는 나폴레옹 궁 중심에 있으며, 그 위쪽에 중국계 미국 건축가 I.M.페이가 디자인한 강철과 유리로 된 피라미드가 자리잡고 있다. 프랑스 국왕이나 공화정 대통령들은 그 시대에 건축물을 지어 자기 이름을 후대에 남기고자 했다. 루이 14세가 베르사유 궁전을, 퐁피두 대통령이 퐁피두센터를 세웠듯이, 미테랑 대통령은 1981년 궁전 전체를 미술관으로 만들고자 하여 그랑 루브르 계획을 발표한다. 그 계획에 따라 루브르 미술관은 대대적인 공사를 하게 되고 이 때 다량의 유물이 발굴되고 복원되기도 한다. 루브르 미술관은 유리 피라미드를 중심으로 리슐리외관, 쉴리관, 드농관으로 이뤄져 있는데 이 전시관은 서로 연결되어 있다. 고대 그리스, 로마, 고대 이집트, 고대 오리엔트, 중세 르네상스와 근세 등으로 크게 나뉘어 전시되고 있는 루브르 미술관에서는 레오나르도 다빈치의 모나리자, 밀로의 비너스 등을 만날 수 있다.

2) 오르세 미술관

1848년부터 1914년까지의 세계 걸작품을 전시하고 있는 오르세 미술관은 빅토르 라루가 설계한 오르세 역을 개조해서 만든 것이다. 1900년 만국박람회에 맞추어 완공된 이 건물은 원래 파리와 오를레앙을 연결하는 기차역이었다. 이후 세계 2차 대전이 발발할 무렵인 1939년부터 파리 교외선만 오가게 되면서부터 오르세 역은 서서히 황폐해지기 시작하여 1973년에 이르러 최종적으로 폐쇄되었다. 1977년 이곳을 19세기 후반의 예술품들만 따로 전시하는 박물관으로 꾸민다는 계획이 결정되었고, 미술관으로의 개조 작업은 이건물이 지니고 있던 본래의 건축 구조를 거의 그대로 유지하면서 진행되었다. 이곳에 미술관을 만들고 특정 시기의 작품을 전시하기로 한 이유는 오르세 역이 파리 만국박람회를 기념하기 위해 19세기와 20세기를 잇는 1900년에 세워졌기 때문에 고대와 현대를 잇는 작품들을 전시하기 적합하다고 보았기 때문이다. 이곳에 전시된 작품들은 이전에 루브르 미술관이나 퐁피두센터 등에 소장되어 있던 작품들을 이전한 것으로, 시대적으로 고대 예술품부터 19세기 중엽의 예술품을 소장하고 있는 루브르 미술관과 20세기 미술품을 소장하고 있는 퐁피두센터의 국립현대 미술관을 잇는 역할을 하고 있다. 모두 3층으로 이루어진 오르세 미술관에는 밀레의 「만종」이나 「이삭줍기」, 모네의 「까치」, 쿠르베의 「세상의 근원」, 마네의 「올랭피아」나 「풀밭위의 점심식사」 등 제 1회 인상주의 전시회가 열렸던 1874년 이전의 작품이 전시되어 있다. 2층에는 자연주의와 상징주의 작품과 20세기 초기 작품이 3층에는 고호의 「오베르 교회」나 르누아르의 「물랭드라 갈레트에서의 무도회」 등 1874년 이후 인상파 화가들의 작품이 전시되어 있다.

3) 국립현대 미술관-퐁피두센터

오르세, 루브르 미술관과 함께 프랑스 3대 미술관 중의 하나인 국립 현대 미술관이 있는 퐁피두센터는 조르주 퐁피두 대통령이 바랐던 것처럼 미술, 음악, 영화 등이 어우러진 복합적인 문화공간으로 1905년부터 현대에 이르는 작품의 전시공간이 자리 잡고 있다. 퐁피두센터는 미술, 음악, 영화 등 현대 예술에 조예가 깊었던 퐁피두 대통령이 1969년 구상하여 1977년에 보부르 지역의 중심부에 세운 초현대식 건물이다. 퐁피두센터는 국제디자인공모전을 통해 뽑힌 이탈리아의 렌조 삐아노(Renzo Piano)와 영국의 리처드 로저(Richard Loger)의 설계도에 따라 건축되었다. 이 건물은 건물 내부에 있어야 할 것들이 모두 바깥으로 나와 있는 특이한 구조로 파리 시민들의 비판이 많았다. 즉, 에스컬레이터, 엘리베이터, 수도관과 가스관, 심지어 건물의 뼈대인 거대한 철근까지 밖으로 노출되어 있다. 5,000여 점이 넘는 작품을 전시하고 있는 국립 현대 미술관의 모습은 마치 4차원 세계나 우주공간, 초현실적인 공간을 연상시킨다. 현대 미술품 중 60년대 이전의 작품은 5층에 전시되어 있다.

X. 프랑스 영화 (제 7의 예술)

1. 독창적 영화미학

21세기는 우리가 상상하지 못했던 부분에서 새로운 물결들이 몰려올 것이다. 특히 많은 문화학자들이 문화전쟁의 시기가 도래하리라는 예상을 내놓기도 한다. 이러한 문화전쟁은 피 흘리는 전쟁은 아닐지언정 정복과 식민화가 서서히 진행되어 피지배자가 그 사실을 명확히 인식하지 못할 정도로 지난 세기보다 훨씬 지독하고 교묘하게 이루어지는 특징을 지닌다. 문화전쟁의 소용돌이 속에서 만화 및 애니메이션 영역과 영화는 문화전쟁의 선두에 서서 그 영향을 직접적으로 받고 있다. 영화는 예술인 동시에 산업이기 때문에 각국의 관심도 또한 매우 높은 편이다. 영화는 19세기 말에 탄생하여 20세기에 성장한 복합적인 예술 장르이며 문화적 파급력과 파괴력이 가장 큰 미디어 중 하나이다. 이미 전 세계는 할리우드 영화의 무차별적인 침략으로 인해 자국 영화의 고유영역을 상실한 채 몰락하는 경향을 보이고 있다. 특히 후진국과 개도국들은 경제 논리 속에서 할리우드 자본에 희생되기도 한다. 다행히 몇몇 국가들이 스스로의 영역을 지키며 고군분투하고 있지만 상황은 그리 좋지 않다. 그 가운데 자국 영화가 영화 시장 점유율의 35-40%를 차지하고 있는 국가가 바로 프랑스이다. 프랑스는 할리우드에 대항해 스스로 독창적인 영화미학과 산업을 고수하며 나름대로 발전시키고 있다. 하지만 우리나라 사람들에게 프랑스 영화는 '재미없는 영화'라는 이미지가 강하다. 프랑스 영화는 우리에게 익숙하지 않은 문화 코드로 가득 차 있으며 줄거리나 인물들도 생소한 모습을 보일 때가 종종 있다. 그럼에도 불구하고 프랑스 영화를 사랑하는 팬들이 유지되는 이유는 프랑스 영화가 영화사 내내 재미는 없지만 무엇인가 의미를 던져주는 영화라는 이미지를 성공적으로 만들어 놓았기 때문이다.

2. 프랑스 영화의 두 선구자

100년을 뛰어넘는 영화는 바로 프랑스에서 시작되었다. 프랑스 영화의 공식적인 탄생은 1895년 12월 28일 뤼미에르(Luimière) 형제가 파리 시민들에게 씨네마토그라프로 만든 영화를 상영한 날부터이다. 리용에서 태어나 영화를 최초로 상영했던 뤼미에르 형제에 대해 우리가 알고 있는 것은 그들이 만들었던 최초의 영화 '뤼미에르 공장의 퇴근'뿐이다. 영화 탄생 및 발전에 지대한 공헌을 한 루이 뤼미에르(1864-1948)는 형이었던 오귀스트 뤼미에르와 아버지 안트완느 뤼미에르와의 협력으로 오늘의 영화를 탄생시켰다. 물론 그 이전에도 수많은 '영화적'시도들이 있기는 했다. 1894년에 미국에서 에드윈 홀란드 형제가 에디슨의 활동 사진기를 이용하여 영상들을 관람하게 했다는 기록이 있다. 하지만 스크린을 통해서 보는 것도 아니고 또 많은 사람들이 함께 보면서 공감대를 형성할 수 있는, 지금의 영화예술이 주는 요소들을 갖추지 못한 이 사건은 뤼미에르의 업적과는 비교될 수 없다. 가장인 안트완느는 일찍이 사진사업에 뛰어들어 큰돈을 번 사업가였다. 그가 세운 '안트완느 뤼미에르와 그 아들들'이라는 회사는 당시 유럽 최대였으며 300명의 고용인을 가지고 있었던 대단한 규모의 회사였다. 그는 1894년 에디슨의 활동사진이 유럽에 알려지자 이에 관심을 갖게 되어 아들 루이에게 연구를 맡긴다. 연구에 몰두했던 루이가 1초에 16개의 영상을 얻는데 성공함으로써 1895년 2월 13일 리용시에 15년 특허를 요구하는 서류를 제출한다. 루이 뤼미에르는 자신이 고안한 촬영기로 3월 19일 처음으로 '뤼미에르 공장의 퇴근'이라는 영화를 찍는다. 그리고 이어 3월 22일에 드디어 최초의 '영화적 행동'을 시도한다. 그는 파리에 상경하여 파리에 있는 공업 진흥회 건물에서 소수의 관리들 및 아카데미 회원 앞에서 최초로 '뤼미에르 공장의 퇴근'을 상영한다. 그리고 12월 28일 토요일 저녁. 카푸친느 가 14번지 그랑 카페의 한 살롱을 빌려 1프랑의 입장료를 받고 일반인들에게 처음으로 영화를 상영한다. 스크린을 통해 10여 편의 영화를 관람한 관객들의 반응은 엄청났다. 뤼미에르 형제는 1900년까지 주로 다큐멘터리와 뉴스릴이라는 스타일을 고수했다. 뤼미에르 이후에 필름을 창조적으로 다루며 그 안에 생명을 넣을 줄 아는 영화인이 등장한다. 바로 타고난 사업가였던 마법사 조르주 멜리에스(George Mélies)였다. 그는 '스타필름'을 설립하고 자기만의 스튜디오를 지은 후 자신의 특기를 살려서 1896년 첫해에만 80여 편의 영화를 촬영한다. 또한 마술사로서의 재능을 이용해 영화에서 최초의 특수효과를 사용하여 환상적이고 당시로서는 획기적인 작품들을 찍어냄으로서 영화사상 최초의 '시네아스트'로 자리를 잡는다. 뒤이어 같은 해 10월에는 아직까지도 프랑스 영화계를 휘어잡고 있는 고몽 영화사(Gaumont)가 레옹 고몽에 의해 설립되고 다음해에는 샤를르와 에밀 파테가 파테영화사(Pathe)의 역사를 시작한다. 그리고 1902년에 멜리에스는 지금까지도 혁신적인 특수효과와 시도, 그리고 상업성을 지닌 '달세계 여행'을 개봉한다. 30개의 장면으로 구성된 상영시간 21분의 이 영화는 전 세계로 배급되어 폭발적 흥행을 기록하게 된다. 하지만

1900년대로 넘어오면서 영화의 시대는 프랑스에서 미국으로 넘어간다.

3. 프랑스 영화의 역사와 형성과정

영화사 초기에는 프랑스 영화들이 세계 영화 흐름을 주도하면서 성장하였다. 파테와 고몽 영화사가 창립되어 영화 발전에 기여하였다. 그러나 1914년 제 1차 세계대전으로 프랑스 영화산업은 타격을 받고 영화제작사가 대부분 공장으로 바뀌었다. 결국 미국 영화들이 프랑스 영화시장을 장악하게 되었다. 이러한 흐름 속에서 프랑스 영화는 살아남기 위한 자구책을 연구하며 나름대로의 역사를 이루어간다. 이제 프랑스 영화가 발달한 과정들을 중요한 시기별로 나누어 살펴보도록 하자.

1) 1920년대 새로운 접근-예술 영화의 황금시대

1920년대 초에는 영화로 향한 새로운 접근이 시작되었다. 리치오도 까뉴도(Ricciotto Canudo)와 루이 델뤽(Louis Delluc)이라는 두 영화 이론가를 중심으로 영화가 공식적으로 예술로 인정받게 되었으며 영화에 대해 매력을 느끼는 새로운 대중들이 생겨나기 시작했다. 또한 유럽 전역에서 세계 영화시장의 패권을 쥐고 있던 미국의 고전주의 영화에 대한 수용과 전복의 시도가 일어나기 시작하였다. 프랑스에서도 새로운 예술정신을 영화에 접목시키려는 노력이 활발해져 이시기 프랑스의 새로운 영화 운동은 두 가지로 요약된다.

- 기존 가치의 전복과 충격적인 표현 효과라는 초현실주의 운동의 정신을 나타낸 영화이다. 루이스 부뉴엘(Luis Bunuel)의 '안달루시아의 개'와 '황금시대'(1980년대까지 프랑스에서 상연금지 되었음)를 예로 들 수 있다.

∾ 주제와 비판 의식은 약하나 실험 정신이 두드러지는 '아방가르드(avant-garde)'영화의 등장이다. 1920년대에 인상주의자들과 함께 작업을 하면서 아방가르드 영화감독들은 기술적이고 양식적인 실험을 수행했다. 보통 짧고 무성 영화인 아방가르드 계열 영화들은 소설이나 연극, 장편 영화들보다는 현대시나 추상적, 초현실주의적인 회화에 가까운 영상시, 익살이나 꿈 등과 유사하다. 아방가르드 영화 몇 가지 측면에서 영화사에 의미를 주는데 우선 그 작품들이 정적인 시각 예술을 동적인 시각 예술로 확장시켰다는 사실이다. 프랑스에는 적절한 기술을 가진 인물들이 많았기 때문에 아방가르드 영화 제작은 다른 어느 곳보다도 프랑스에서 더욱 활발히 진행되었다. 프랑스에서 아방가르드 영화 운동은 매체의 사용과 재료에 상대적으로 접근하기 쉽다는 것, 그리고 관객이 실험을 잘 받아들인다는 것에 의해 더욱 촉진되었다. 파리에서는 페르낭 레제의 '기계적 발레', 마르셀 뒤샹의 '빈혈 영화', 만 레이의 '귀가' 등이 있다. 두 번째로는 아방가르드 영화가 지그문트 프로이드에 의해 주창된 새로운 심리학으로부터 나왔다는 점이다. 꿈들로 이루어진 환상의 세계를 재현하는 영화의 능력은 실제적 세계의 객관적 현실을 기록하는 능력만큼이나 위대한 것이었다. 앙토냉 아르토와 제르맨 뒬락은 '조개와 성직자'를 만들어 냈다. 세 번째로는 아방가르드가 인상주의의 양식을 활용했다는 점이다. 아방가르드 영화에서의 인상주의는 대개 이런 종류의 영화가 처음으로 등장하기 이전인 1922년 파리에서 출판된 '율리시즈'로부터 유래된 것이다. 파리에 대한 알베르토 카발칸티의 '절박한 시간', 발터 루트만의 '베를린 :대도시 교향악', 암스테르담에 대한 요리스 이벤스Joris Ivens의 '비'(1928) 등이 몇몇 훌륭한 초기 작품들이다. 비록 이 영화들은 사회적인 내용보다는 시간적이고 율동적인 양식에 더 관심이 있었지만, 그것들은 1920년대의 아방가르드에서 1930년대의 기록 영화로 전환하는데 기여했다.

2) 1930년대 시적 리얼리즘과 유성영화

1920년대에 프랑스를 뜨겁게 달구던 실험적 예술영화들의 열기는 1930년대에 들어와 수그러든다. 그 직접적 원인은 유성 영화의 등장이다. 그리고 영화 속에 자기의식이 투입되기 시작하였다. 영화에 대한 호기심이 커진 대중들은 소리를 듣고 싶어 했고 최초의 유성영화인 '재즈싱어'가 성공함으로써 변화하는 관객들의 기호를 충족시키려는 시도들이 이루어졌다. 르네 클레르 감독은 유성영화의 첫 작품인 '파리의 지붕밑'을 선보였고 그 후 영화의 경향은 사회 풍자극과 서민영화로 변화되어 갔다. 영화 기술력의 발전과 탄탄한 자본력, 나아가 영화를 향한 사회분위기의 고조로 프랑스 영화는 발전을 거듭했다. 1930년대 중반은 프랑스 영화사상 가장 풍요로운 시기였으며 여러 인재들도 나타났다. 또 이 시기에는 프로덕션들이 급격하게 늘어나기 시작하였으며 역사극에서부터 싸이코 드라마까지 모든 종류의 영화가 다 만들어졌다. 감동과 서정미를 앞세운 작품들은 전 세계 영화 팬들을 사로잡았는데 이러한 시적 리얼리즘 영화들은 제 2차 세계 대전의 발발로 점차 퇴색의 길에 접어든다. 시적 리얼리즘의 대표적인 영화는 장비고 감독의 '품행제로'이다.

3) 1940년대 이탈리아의 네오레알리스모

제 2차 세계대전 직후 빈곤과 기아로 고통 받는 이탈리아에 일련의 영화 작품이 나타나서 전 세계에 커다란 충격을 주었다. 현실에 접근하는 태도, 새로운 카메라 워크 등 이들 작품들이 가지고 있는 공통된 요소들을 총칭하여 네오레알리스모(neorealismo, 신사실주의) 영화의 탄생이라고 하였다. 로셀리니의 '무방비 도시'과 '자전거 도둑', 잠파의 '평화에 산다'와 비스콘티의 '대지는 흔들린다' 등이 그 대표작이다. 종래의 이탈리아 영화와 달리 현실이라든가 생활이라는 일상성을 테마로 삼았다. 자유와 정의와 민주주의를 지향하고 이탈리아의 후진성과 편견에 맞서 싸우며, 변혁과 근대사회의 건설을 희구하였던 네오레알리스모의 정신은 전후 이탈리아 문화계 전반에 가장 중요한 영향을 끼쳤다. 이들은 기술적인 면에서도 사실적인 다큐멘터리적 요소를 중요시하며 역설적이고 자유스러우며 우발적인 구성, 평범한 사건, 인물, 자연스러운 조명, 야외 셋트, 아마츄어 연기자의 기용, 가난과 사회적 문제에 대한 몰두, 인간적이고 서민적인 이상에 대한 강조, 이러한 사항들은 모두 이탈리아 네오레알리스모 영화 속에 기술적이고 주제적인 경향으로 반영되어 있다. 이러한 특징들은 프랑스의 누벨바그 영화에도 영향을 끼쳤고 그 예로 장뤽 고다르에 의해 시네마 베리테(cinéma vérité)의 기법이 연출 기법으로 사용된 것을 들 수 있다.

4) 전후 프랑스 영화

전쟁은 프랑스 영화계를 여러 측면에서 무너뜨렸다. 특히 영화의 제작편수가 극도로 감소하여 영화의 부흥을 다시금 일으키기 위한 영화원조법이 마련되기도 했다. 그나마 제작된 영화의 대부분은 전쟁과 인류의 운명에 대한 주제를 다루고 있다. 이 시기 대표적인 작품과 감독은 르네 클레망의 '금지된 장난'과 '철로의 싸움', 앙리 조르지 클루조의 '정부 마농', 르네 클레르의 '침묵은 금', 그리고 시인이자 연출가인 장 콕토의 '미녀와 야수' 등이 있다.

5) 1950년대 작가주의

전후부터 1940년대 말까지 이렇다 할 작품을 내놓지 못한 채 부진을 면치 못하던 프랑스 영화계는 1950년대에 들어서야 다시 이 같은 침체기에서 서서히 회복하기 시작한다. 프랑스 영화뿐 아니라 세계 영화 흐름에 지대한 영향을 끼친 작가주의는 누벨바그(Nouvelle Vague)의 감독이기도한 프랑수아 트뤼포가 비평가 시절인 1954년에 영화잡지 '카이에 뒤 시네마(Cahiers du cinéma)에 발표한 글에서 비롯된다. 작가주의란 첫째, 감독을 영화예술의 주도적 존재로 확립시켰고, 둘째, 영화제작에서 '무엇'보다 '어떻게'의 중요성을 부각시켰고 셋째, 대중 영화와 지적 영화의 융합 가능성을 보여주었다. 물론 대중성보다는 감독 개개인의 개성적인 표현을 작가 영화의 원칙으로 삼았지만 미국 영화가 이룩해놓은 장르들을 수용하면서 창조적 실험으로 기존의 장르적 관습을 극복하는 감독들의 숙련된 장인 솜씨를 높이 평가했다. 결국 작가주의 영화 현상은 영화를 자본과 시스템의 원리로부터 어느 정도 자유롭게 만들면서 단순한 대중문화 상품이 아닌 치열한 예술적 작업의 산물로 인식시키는데 크게 기여했다고 볼 수 있다.

6) 1960년대 새로운 물결

1958년 프랑스는 정치 사회적으로 중요한 사건들을 겪는다. 하나는 정치적인 면에서 드골이 다시 권좌에 오른 사건이고 다른 하나는 문화적으로 영화를 다르게 만들려는 새로운 세대의 출현이다. 이런 새로운 흐름을 누벨바그(Nouvelle Vague-새로운 물결'을 뜻하는 프랑스어)라고 하는데 1957년 무렵부터 현재까지 프랑스 영화의 흐름을 이루는 중대한 사건이다. 1958년 1월 영화잡지 '카이에 뒤 시네마'에 트뤼포 감독이 기고한 논문에서 이탈리아의 네오레알리스모의 영향을 받아 카메라가 비추는 일상의 형식을 그대로 담으며, 종래 허구적이고 과장된 형식을 탈피하여 생생한 영상을 추구함으로써 인간의 악, 위선, 모순 등 실체를 있는 그대로 보여준다는 '시네마 베리테'의 성격을 띠는 누벨바그의 기본태도에 대한 내용에서 비롯되었다. 이러한 태도를 기본으로 등장하게 된 누벨바그는 침체에 빠져 있는 기존의 프랑스 영화인들을 질타, 이전 세대 영화와의 단절을 외치고 자유분방한 감수성으로 새로운 스타일의 화면을 만들어낼 것을 주장하며 59-60년 사이에 데뷔한 일련의 감독들(장 뤽 고다르, 프랑수아 트뤼포, 클로드 샤브롤, 에릭 로메르)이 일으킨 운동이다. 그들은 파리의 영화 도서관에서 영화 수업을 함께 했으며, 영화 잡지 '카이에 뒤 시네마'에서 평론가로 활약했다는 공통된 배경을 지니고 있다. 누벨바그 감독들은 자신들이 평론가 시절에 주장하였던 '작가주의 영화론'을 스스로 감독이 되어 실천에 적용하려 하였다. 이들은 동세대인 알랭 레네, 아녜스 바르다 그리고 다음 세대의 베르트랑 타베르니에, 앙드레 테쉬네 등과 함께 70년대까지 왕성한 작품 활동으로 프랑스 영화를 주도하였다. 그러나 60년대의 열혈 영화 청년들이 50-60년대의 노장으로 바뀌어가면서 그들의 영화 대부분은 매너리즘과 노쇠함의 조짐을 어쩔 수 없이 드러내기 시작했다. 그리하여 누벨바그 이후 프랑스 영화계는 오랜 침체기를 겪는다. 그럼에도 불구하고 누벨바그는 프랑스 영화를 부흥시키고 감독이란 작품을 지배하는 예술가라는 새로운 개념을 일으켰고 프랑스인들에게 영화를 최상의 예술로 여기도록 해주었다. 누벨바그는 미학적으로나 스타일에 있어 일치된 하나의 사조가 아니라 경제적, 사회적, 역사적 환경 하에서 뭉쳐진 재능 있는 영화작가들의 집합이다. 대표적인 감독과 작품으로는 장 뤽 고다르의 '네 멋대로 해라', 마르셀 카뮈의 '흑인 오르페' 등이 있다.

7) 1960-1970년대 포스트 누벨바그

60년대 이후 수많은 감독들이 데뷔를 했지만 재능이 모자라는 감독들은 도중에 영화의 길을 떠나갔다. 재미있는 영화와는 거리가 멀었던 누벨바그 영화들이 감소시켜놓은 극장 관객의 수는 1970년대 중반 이후 TV시대의 도래와 함께 극심한 위기의 상황으로 추락한다. 그러나 이러한 침체 상황에서도 코미디 영화와 범죄 영화는 유행을 일으키며 하나의 경향을 만들어 냈다. 1970년대 프랑스 영화를 특징짓는 또 다른 대표적 경향은 바로 정치 영화이다. 고다르도 영상에 관한 개념, 특히 몽타주에 대한 심리주의를 배격하면서 차츰 정치적인 소재를 즐겨 다루다가 이후에는 혁명적 전투영화를 촬영하기도 한다. 68혁명 이후 완화된 검열과 고취된 시민 의식은 다양한 성격의 정치 영화들을 양산하게 만들었다. 이런 와중에 영상파로 자처하는 젊은 클로드 를루슈 감독이 '남과 여'로 칸 영화제에서 그랑프리를 획득하며 흥행 시장에서도 성공을 거둔다. 이를 계기로 그는 영화 제작에 전적으로 몰두한다. 또한 알랭들롱이나 카트린 드뇌브처럼 여러 유명한 배우들의 인기로 프랑스 상업영화 시장은 다시 활기를 띠기 시작한다.

8) 1980년대 누벨 이마주

프랑스 영화는 80년대 이후 20대 초반의 젊은 감독들이 등장하면서 크게 방향 전환을 한다. 1980년 장 자크 베닉스가 '디바'를 내놓았을 때 프랑스에서는 누벨바그가 등장했을 때와 같은 흥분이 일어났고 이어

뤽 베송의 '마지막 전투', 레오 카락스의 '소년, 소녀 만나다' 등을 보며 프랑스 영화계는 새로운 희망에 휩싸인다. 이들의 영화는 새로운 감각과 영화 매체에 대한 참신한 접근 방식 때문에 누벨-누벨 바그(Nouvelle-Nouvelle Vague), 누벨 이마주(Nouvelle Image) 등 여러 이름으로 불렸으나 영화 평론가들이 이들의 영화를 논하는 글 속에서 누벨 이마주라는 단어를 많이 사용하고 TV에서 "영화를 향해 도전해 오는 새로운 매체들, 이것이 누벨 이마주다"라고 이들의 영화를 평가하면서 누벨 이마주로 통용되었다. '누벨 이마주'는 누벨바그의 특성에 반하는 영화 사조로 80년대 이후 데뷔한 프랑스 감독들의 영화를 정의하는 용어라고 할 수 있다. 장 자크 베넥스의 '디바', 뤽 베송의 '마지막 전투', 레오 카락스의 '소년, 소녀를 만나다'가 나오자 '수상한' 흐름이 포착되었다. 이 세 감독의 영화는 주제가 제 각각이었지만 한 가지 공통점이 있었다. 스튜디오 촬영을 무시하고 거리에 나가 영화를 찍은 50년대 말의 누벨바그 영화 이래 한 동안 프랑스 영화계가 잊고 있던 인공광의 세계, 다시 말해 스튜디오에서 잘 통제된 화려한 형식미를 선보였던 것이다. 프랑스 평간은 카메라에 비친 대상을 꾸미는 데 각별한 신경을 쏟는 이 새로운 스타일리스트들에게 주목했다. 베넥스의 '하수구에 뜬 달'에 나온 독특한 인공광의 세계는 기존의 프랑스영화에서는 좀처럼 볼 수 없었던 것이었다. 10대 시절 시네마테크에서 독일 무성영화에 심취했던 레오 카락스는 비상한 시각적 감각으로 무성영화의 몽상적인 분위기를 자기 영화에서 자주 보여주었다. 그러나 처음에 이들을 예의주시하던 프랑스 평간은 차츰 이들을 외면하기 시작한다. 그 이유는 이들이 자신들만의 색체를 빠르게 상실했기 때문이다. 프랑스 평단이 80년대의 세 스타 감독에게 내리는 평가는 가혹한 편이다. '카이에 뒤 시네마'의 편집장이었던 세르주 다네

이는 "80년대는 프랑스영화계에 전혀 의미가 없는 시대였다"고 말했고 세르주 투비아니는 이들의 영화가 겉만 화려하지 실속은 없는 속빈 강정이라고 평가했다.

9) 1990년대

90년대의 프랑스영화계는 80년대의 영화보다 더 화려한 스타일, 아니면 스타일을 버린 무색무취한 스타일의 영화로 양분되는 경향을 보이고 있다. 90년대의 영화계는 신구세대 영화감독이 서로 뒤섞여 활동했다. 80년대와 90년대의 프랑스영화계가 서로 연관되었다고 볼 수 있다. 이때부터 프랑스의 영화인들은 과거의 영화에 칩거하는 전통 수구적 태도에서 벗어나 새로운 시대에 맞는 새로운 영화 스타일을 보다 적극적으로 찾아 나서기 시작한다. 1995년에는 유럽 통합을 상징하는 영화가 제작된다. 크쥐쉬토프 키예슬로브스키가 프랑스 정부의 지원을 받아 제작한 '블루', '화이트', '레드'가 옴니버스 식으로 만들어진다. 프랑스 국기의 세 가지 색을 상징하는 이 영화는 유럽이 사랑을 통해 하나의 공동체로 거듭나야한다는 메시지를 담고 있다. 그러나 90년대는 프랑스 영화사에서 정체기라고 할 수 있다. 프랑스의 젊은 감독들은 오랫동안 프랑스 영화계를 지배해온 시적 사실주의나 누벨바그의 큰 장벽들을 넘어서야만 했다. 그들은 전통을 거부하거나 계승해야만 하는 기로에 섰다. 그래서 카소비츠처럼 프랑스 영화전통을 버리고 미국적 감성으로 영화를 찍는 감독들이 나타나는가 하면 또 한편으로 마뉴엘 푸아리에처럼 프랑스 리얼이즘 전통을 계승하는 감독도 등장했다.

10) 2000년대 이후

2000년을 전후로 프랑스 영화계에는 전혀 예상치 못한 현상이 나타난다. 미국영화의 물량 공세에도 불구하고 프랑스 영화산업이 상당한 호조를 보이기 시작한 것이다. 그런데 이런 호황의 이면에 몇 가지 불길한 조짐들이 불거져 나오고 있다. 우선 가장 심각한 문제는 흥행의 성공을 거둔 영화들이 대부분 프랑스 영화 평균제작비를 훨씬 넘어서는 대규모 오락영화라는 사실이다. 프랑스 영화가 미국의 세계시장 전략에 맞서며 질적 수준을 유지해가는 길은 두 가지로 요약될 수 있다. 우선 주류 영화계에서는 미국식의 물량주의와 스펙터클 위주의 제작관행을 그대로 모방하는 영화보다 '타인의 취향'이나 '아멜리에'처럼 프랑스 고유의 영화적 전통을 바탕으로 독창적으로 참신한 표현을 개발하는 영화들이 많이 나와야한다. 다른 한편으로 비주류 영화계에서는 거의 일방적으로 상업화, 미국화 되어가는 세계 영화의 추세에 커다란 자극을 줄 수 있는 도전적이고 실험적인 영화들이 더 많이 생산되어야 한다. 그렇지만 프랑스 영화는 지속적인 프랑스 정부의 지원으로 인해 영화를 영상산업의 뿌리로, 문화 활동과 문화유산 보존의 기능 뿐 아니라 국제 교류와 협력 증진의 매개체적 기능을 하도록 발전시켜 나가려 노력한다. 나아가 컴퓨터 공학과 기술의 발전으로 제7예술의 혁명적 진보에 결정적 역할을 하고자 한다.

XI. 프랑스의 공연문화 - 뮤지컬

1. 프랑스 뮤지컬의 형성과정

고대의 연극 특히 그리스 연극의 영향을 가장 많이 받았던 17세기에 프랑스 연극에서도 음악성의 접목이 시도된다. 특히 몰리에르 등의 궁정 예술가들이 궁정의 축제를 위한 협력 작업을 통해 코메디-발레(Comédie-ballet)라는 장르를 탄생시킨다. 코메디-발레는 춤과 노래 그리고 연극을 합쳐놓은 것이지만 동시에 발레도, 음악도, 연극도 아니었다. 연극인 코메디-발레에 뿌리를 두고 있는 프랑스 뮤지컬은 오락이 주 기능이었던 영미 뮤지컬과는 근본적 차이가 있다. 그러다가 19세기 말엽 카페 콩세르가 등장한다. 이곳은 수요가 폭등하는 스펙터클 시장에 노래를 비롯한 여러 가지의 오락 요소를 접목시킨 볼거리를 제공하던 장소였다. 19세기 말에 유명한 카바레인 물랑루즈(Moulin Rouge)가 등장하고 다음 해 카지노 드 파리(Casino de Paris)가 문을 연다. 그리고 3년 뒤 올랭피아(Olympia)가 한 차원 높은 단계의 볼거리를 제공하며 대중문화예술의 요람으로 자리 잡는다. 17세기 코메디-발레가 프랑스 뮤지컬의 배아였다면 그 배아에 살을 붙이고 대중적 가치라는 성격을 부여한 것은 카페 콩세르와 뮤직홀이었다. 이후 희가극, 경가극 등으로 번역되는 오페레타가 탄생한다. 초기 오페레타는 작품 전체의 대사를 모두 노래로 표현하지는 않았다. 작품 속에서 음악은 연극적 대사와 교차되어 연주되고 그 대사의 내용 또한 오페라에서 다루고 있는 비극적이거나 장엄한 내용을 다루지 않는다. 이처럼 19세기 말부터 전성기를 구가했던 오페레타는 한 세기의 영화를 끝으로 현재 뮤지컬이라 부르는 새로운 형태의 음악극으로 탄생한다. 뮤지컬은 여러 장르들이 혼합되어 새롭게 탄생한 음악극이고 영국에서 먼저 시작되었기 때문에 프랑스에서 수많은 장르들이 혼합된 뮤지컬이 인정받기는 쉽지 않았다. 그래서 90년대 이전의 프랑스 뮤지컬은 거의 찾아보기 힘들며 그 존재 자체도 미국의 브로드웨이나 영국작품을 그대로 모방한 것에 불과해 작품 수준이나 가치가 상대적으로 낮았다. 하지만 1840년대가 되기 전부터 파리에는 경쾌한 오페라-코미크(Opéra-Comique)의 전통이 있었으며 100여 편의 오페레타를 만든 오펜바하 등이 존재했기 때문에 이미 뮤지컬의 기본을 갖추고 있었다. 과거에 뮤지컬이 프랑스에서 인정받지는 못했지만 종합예술인 뮤지컬이 형성될 수 있는 기반과 소재의 풍부함은 이미 축적되어 왔다. 이렇게 축적되어 온 전통 예술은 '스타마니아'의 성공과 더불어 새로운 국면을 맞는다. 천박하게 여겨졌던 종합예술의 성격을 띠는 뮤지컬이 프랑스 대중에게 인기를 얻으면서 대중의 관심과 함께 인력의 배출이라는 결과를 가져온다. 브로드웨이나 영국 뮤지컬과는 다른 무대형식과 전 세계인들의 감성을 흔들만한 내용 그리고 프랑스어 사용으로 인해 프랑스 뮤지컬은 양적으로 발전하였을 뿐 아니라 질적으로도 발전하는 계기를 마련하게 된다.

2. 프랑스 뮤지컬의 특징

프랑스의 뮤지컬은 미국의 뮤지컬과는 구별되는데 그 이유는 19세기 말 프랑스의 오페레타가 빈 오페레타의 영향을 받아 풍자적 성격보다는 감상적이고 우아함을 강조했기 때문이다. 프랑스 뮤지컬은 극중 인물들의 관계 속에서 드러나는 감정과 이야기에 좀 더 집중한다. 프랑스 뮤지컬의 특징을 크게 다섯 가지로 분류해보면 다음과 같다 .

- 첫째, 관객들을 동화시키기 쉬운 줄거리이지만 감각적이고 철학적인 깊이를 담고 있다. 뮤지컬의 내용은 일상생활에서 쉽게 접하는 것들을 소재로 이루어졌으나 원작에는 없는 내용들을 넣기도 하였다. 예를 들면 '로미오와 줄리엣'에서는 운명의 여인을 창조하여 인간이 벗어날 수 없는 운명의 비극성을 강조했고 '노트르담 드 파리'에서는 자유와 인간 중심이 되는 시대로의 변화를 반영하였다.

- 둘째, 어렵지 않은 노랫말과 쉽게 따라 부를 수 있는 곡조로 이루어져 있다. 프랑스의 뮤지컬은 대부분 노래로만 구성되어 있다. 대사가 아닌 가사로 뮤지컬의 모든 내용들을 전달하기 때문에 대중들이 공감하기 쉽고 곡조 또한 따라 부르기 좋은 경향을 띠고 있다.

- 셋째, 다양한 연출의 아름다움을 느낄 수 있는 무대를 선사한다. 배우는 노래를 부르는 가수와 뒤에서 춤을 추는 무용수로 구분되어 두 영역을 담당하는 배우의 역할이 분리되어 있다. 그래서 음악이나 춤의 완성도가 다른 뮤지컬에 비해 높다.

- 넷째, 샹송풍의 감성적인 색채가 강한 음악이 특징이다. 프랑스의 샹송은 전통적으로 가사에 신경을 많이 쓰는데 이러한 샹송의 특징은 프랑스 뮤지컬에 적합했다. 그래서 내용을 전달하기 위해 샹송풍의 음악들이 상대적으로 많이 사용되었다.

- 다섯째, 준비된 지속적인 광고효과를 대중에게 보여준다. 프랑스 뮤지컬은 기획 측면에서도 계획적인 경우들이 많다. 그 중 작품이 무대에 오르기 전부터 라디오나 TV등을 통해 작품 중 일부가 관객에게 소개되어 뮤지컬을 관람하는 관객들이 더욱 호응할 수 있도록 한다.

3. 프랑스의 3대 뮤지컬

2006년 한불수교 120주년을 맞아 프랑스 뮤지컬이 국내에서 공연되면서 프랑스의 뮤지컬이 대중들에게 널리 알려졌을 뿐 아니라 프랑스 뮤지컬을 사랑하는 팬들의 층도 다양해졌다. '노트르담 드 파리(Notre Dame de Paris)', '로미오와 줄리엣(Roméo et Juliette)', '레 딕스(프랑스어로는 레 디스 코망드망(Les Dix Commandements))는 이미 한국에서도 흥행에 성공한 작품이지만 그 외에도 '벽을 뚫는 남자(Le Passe-Muraille)'나 '레 미제라블(Les Misérables)'등이 한국에 들어와 상연되기도 했다. 그 가운데 한국에서도 호응을 받았고 프랑스 내부적으로도 자부심을 갖고 홍보하고 있는 3편의 뮤지컬을 구체적으로 보도록 하자.

1) 노트르담 드 파리

일반적으로 뮤지컬에서 보여주는 화려한 무대장치나 현란한 춤보다는 장엄함과 애절한 사랑이 담긴 색다른 뮤지컬이라는 평을 받고 있는 작품이다. 이 작품은 빅토르 위고(Victor Hugo)의 '노트르담 드 파리(한국에서는 '노틀담의 꼽추'로 번역되기도 함)라는 소설의 일부만을 발췌해서 편집한 것이 아니라 소설 전반에 걸친 내용을 균형 있게 요약하여 각색했다. 실제로 이 작품의 작사가인 뤽 플라몽동(Luc Plamondon)은 작사를 하기 위해 이 작품을 100번 이상 읽고 새로운 작품을 탄생시켰다고 한다. 작품성과 흥행성의 조화를 이루어낸 프랑스 대표 뮤지컬 '노트르담 드 파리'는 종합예술의 면모를 보여준 뮤지컬이다. 우리가 지금까지 접해왔던 뮤지컬에서 보여주는 화려한 무대나 현란한 조명, 웅장한 규모의 회전무대

노트르담 드 파리의 한장면

도 없다.

무대의 세트는 무척이나 단조롭다. 또한 빅토르 위고(Victor Hugo)의 '노틀담의 꼽추'라는 유명한 원작 때문에 다른 뮤지컬에 비해 스토리에 대한 설명도 다소 빈약한 편이다. 대신 주요 등장인물들의 노래를 통해 극을 이끌어가는 과감한 형식을 취하고 있다. 이 뮤지컬의 가장 큰 매력은 한번 들으면 머리에 각인되는 아름답고 강렬한 선율이라고 할 수 있다. 이 뮤지컬이 성공한 가장 큰 요인은 바로 음악이다. 이 작품은 뮤지컬의 생명이 음악이며 이 음악을 받쳐주는 배우들의 가창력이 얼마나 중요한지를 보여준다. 이 작품에서 한곡 한곡의 노래와 가사는 연극의 막을 구성하는 장의 역할을 한다. 배우들이 부르는 노래는 모두 가슴을 울리는 감성적인 곡들로 등장인물간의 숨 막히는 갈등과 감정의 폭을 섬세하게 전달해준다. 특히 공연의 마지막에 콰지모도가 죽은 에스메랄다를 품에 안고 부르는 노래 'Danse Mon Esmeralda(춤추어라 나의 에스메랄다여)'는 그 애절함에 전율을 느끼게 만든다. 또 한편으로 코러스의 무용 또한 배우들의 뒤에서 극의 효과를 극대화시켜준다. 그들이 몸짓을 통해 전해주는 연기는 등장인물의 노래로는 다 담을 수 없는 격정과 번민과 사랑을 느끼게 해준다. 작품은 요소마다 아름다움을 만들어내며 배우들의 노래와 춤이 하나의 조화로운 앙상블을 이룬다. 극의 효과를 돋보이게 만드는 데는 세련된 세트와 감각적인 무대장치도 한몫을 한다. 단순한 무대장치에서 조명과 소품들이 빚어내는 색다른 모습들은 관객이 그 시대로 돌아간 듯한 착각을 하도록 해준다. 대성당과 카바레, 석상, 감옥과 바리케이드 그리고 콰지모도의 상징인 종에 이르기까지 세트는 그냥 서있는 물건이 아니라 극의 상징이며 춤의 일부가 된다. 그중에서도 대성당을 상징하는 커다란 회색 벽은 다채로운 시선으로 극 전체를 관망하는 주된 배경이 된다. 에스메랄다를 향한 흠모와 욕망의 시선, 불법 체류자들의 자유정신을 담아내는 저항의 시선 그리고 끝내는 극복할 수 없는 현실 앞에서 안타깝게 절규하는 콰지모도의 슬픈 시선까지 모든 것들이 상상을 초월하는 벅찬 감격을 선사해준다. 노트르담 드 파리는 너무 오랫동안 브로드웨이식이나 웨스트엔드식의 뮤지컬에 길들여진 한국인들에게 낯설게 느껴지지만 오랫동안 잊고 지냈던 샹송의 선율과 음악과 장르를 넘나드는 멋진 안무와 창조적인 무대 장치로 종합예술의 진수를 보여주는 뮤지컬이라고 할 수 있다. 요란한 치장으로 관객의 눈을 자극하지 않아도 감성을 뒤흔드는 순수한 아름다움이 넘치는 작품이다.

2) 로미오와 줄리엣

'로미오와 줄리엣'은 2001년 이후 줄곧 많은 관객을 동원시킨 프랑스 뮤지컬의 자존심이다. 또한 탄탄한 원작과 감미로운 음악, 노래를 위주로 한 극의 진행으로 인해 프랑스 뮤지컬 특유의 구성방식을 보여줌으로써 전 세계 관객들을 사로잡으며 대대적인 흥행열풍을 이어가고 있다. 그러나 로미오와 줄리엣은 '노트르담 드 파리'만큼 프랑스적이지는 않다. 셰익스피어의 원작을 뮤지컬로 구성한 작품이라는 한계가 있기도 하다. 프랑스에서 셰익스피어가 알려지고 그의 작품들이 무대에 오르기 시작한 것은 19세기가 되고 나서부터였다. 로미오와 줄리엣이 사랑을 받는 이유는 이미 오래전에 뮤지컬화로 시도되어 전설적인 뮤지컬의 레퍼토리로 인식되고 있기 때문이다. 클래식 발레에서 사교춤을 거쳐 서커스의 아크로바트적 움직임까지 이들의 동작은 무질서하게 보이지만 그 안에는 축제와 갈등 그리고 사랑이라는 주제가 부여하는 내적 통일성이 있다. 모든 명작들을 영화나 뮤지컬로 각색하는 과정에서 작가의 의도는 작품의 또 다른 해석자인 연출자의 의도에 따라 다소간 변형되기도 하다. 이 작품에서도 셰익스피어의 원작과 비교해보면 등장인물과 상황에 대한 독자적인 해석이 보인다. 이 뮤지컬은 감미로운 프렌치 샹송을 기본으로 강력한 비트의 록 음악을 변주하여 클래식하면서도 모던한 선율을 자랑하는 것이 특징이다. 특히 몬테규와 케플렛의 대립과 증오를 극단적으로 보여주는 공연의 첫 곡인 '베로나(Vérone)'는 관객들이 작품 초기부터 몰입할 수 있도록 극적 효과를 더해준다. '로미오와 줄리엣'은 2005년 오스트리아 비엔나에서 '베스트 뮤지컬'로 선정되는 영예를 누리기도 했다.

3) 십계

십계는 이스라엘 백성이 이집트로부터 탈출하는 과정을 그린 이야기이다. 성경 속 출애굽기에 등장하는 모세의 이야기를 모티브로 하여 사랑, 자유, 형제애를 담아낸 대서사시라 할 수 있다. 특히 웅장하고 화려한 무대를 배경으로 하고 있으며 심금을 울리는 멜로디와 스펙터클한 전개방식으로 세계 관객들의 시선을 사로잡았다. 십계도 다른 프랑스 뮤지컬에서와 마찬가지로 정통 발레와 현대무용 그리고 브레이크 댄스까지 접목한 안무와 이집트의 벽화들이 3차원 그래픽 기술을 만나 다시 살아난 듯한 착각을 불러일으키게 할 만큼 환상적인 무대를 보여준다.

4. 프랑스어권 뮤지컬의 전망

지금까지 뮤지컬의 영역은 미국의 브로드웨이나 영국 런던이 주를 이루었다. 하지만 이미 한국과 다른 여러 국가에서 성공적인 공연을 보여준 프랑스 뮤지컬은 뮤지컬계의 새로운 경쟁자로 자리를 차지하고 있으며 이들의 행보는 새로운 길을 개척하려는 한국 뮤지컬계에 좋은 자극제 역할을 하고 있다. 보통 프랑스어를 사용하는 뮤지컬 작품들을 '프랑스 뮤지컬'이라 부르지만 이는 적절치 못한 표현이다. 프랑스어를 쓰는 지역은 프랑스 뿐 만이 아니라 캐나다 퀘벡, 스위스, 벨기에 등 여러 국가가 있으며 이들은 이른바 '프랑코폰(Francophone-프랑스어를 사용하는 지역)'이라는 문화권으로 다양한 교류를 하고 있다. 따라서 앞으로는 '프랑스어권 뮤지컬'이라 부르는 것이 더 적합할지 모른다.

프랑스어권 뮤지컬이 세계 뮤지컬 시장에 등장한 것은 불과 7-8년 전에 불과하다. 이미 '레 미제라블(Les Misérables)'이나 '미스 사이공(Miss Saigon)'처럼 프랑스어권 출신의 제작진이 만들어 세계적으로 흥행한 작품들이 있기는 하지만 제작진이나 배우가 모두 프랑스어권 출신들로 구성된 뮤지컬의 역사는 상대적으로 짧다고 할 수 있다. 뮤지컬에 대해 불모지와 같았던 프랑스에서 대중적 인지도를 넓히며 프랑스어권 뮤지컬의 성공을 가져온 작품은 '노트르담 드 파리'이다. 덕분에 프랑스인들에게 이 뮤지컬은 '국민 뮤지컬'로 사랑을 받고 있다. 이 작품의 성공은 프랑스어권 뮤지컬의 르네상스를 가져왔으며 이후 프랑스어권 뮤지컬 시장의 확대를 불러왔다. 프랑스어권 뮤지컬이 보여준 문화와 자국어에 대한 자부심과 자긍심은 창작 뮤지컬 시장의 발전에 큰 역할을 했다. 따라서 미국 문화에 물들어있는 여러 국가에 프랑스어권 뮤지컬의 보급은 다양하고 다면적인 세계 문화시장의 변화를 간접적으로 체험해보도록 해 줄 것이다.

XII. 프랑스의 공연문화 - 서커스

"우리 쇼를 처음 본 사람들은 '이것은 서커스도 아니고, 춤도 아니고, 음악도 아니다. 이 모든 것이다.'라고 말한다. 우리는 이것을 '태양의 서커스'라고 부른다.

-태양의 서커스 대니얼 라마르 최고경영자-

프랑스의 공연문화는 이미 세계적으로 인정을 받고 있지만 그 가운데 최근 한국 등 전 세계적으로 사랑을 받는 공연 가운데 하나가 바로 서커스이다. 프랑스의 서커스단은 아니지만 프랑스어권인 캐나다의 퀘벡에서 탄생한 '태양의 서커스단'은 기 랄리베르테(Guy Laliberté)라는 한 청년의 꿈과 이상이 사향산업으로 간주되던 서커스를 새로운 예술로 거듭나게 해준 대표적인 경우이다. 물론 현실적인 측면을 무시할 수 없지만 '태양의 서커스'가 보여준 성공에서 알 수 있듯이 예술을 바라보는 시각의 변화가 얼마나 중요한지를 다시금 깨닫게 해준다.

1. 태양의 서커스의 탄생과 성장

1984년 캐나다 퀘벡주 근교 베-생-폴(Baie-Saint-Paul)이라는 작은 마을에서 12명의 젊은이가 모여 길거리 공연을 시작한다. 마을을 활기차게 만들기 위한 문화적 이벤트가 예상외로 사람들의 주목을 받게 되자 이들은 궤벡주를 대표할 만한 서커스단을 만들어 전 세계를 돌며 공연할 꿈을 키운다. 그 중 '하이힐 클럽'의 단원이었던 기 랄리베르테는 1984년

'태양의 서커스'를 창단하여 2년 만에 미국으로 진출해 성공을 거둔다. 기 랄리베르테는 뉴욕 브로드웨이에서 연극과 뮤지컬 등의 공연을 즐기는 관객들을 서커스로 모으기 위해 이들이 원하는 가치를 공연 내용에 담는다. 그래서 지금까지 서커스에는 없었던 스토리를 도입하고 새로운 음악들을 직접 라이브로 연주하여 서커스에 예술성과 독창성을 가미한다. 서커스라는 기본 틀은 유지하면서 연극, 발레, 아크로바틱, 뮤지컬, 오페라 등 다양한 장르들을 결합하여 새로운 개념의 서커스를 선보인다.

1987년 태양의 서커스는 '우리는 서커스를 재발명한다(We Reinvent the Circus)'라는 제목으로 미국 로스엔젤러스, 샌디에고, 산타모니카 등에서 공연하여 성공을 거둔다. 이들의 공연은 항상 매진이었고 언론의 반응도 뜨거웠다. 1990년에는 캐나다 몬트리올에서 '새로운 경험(Nouvelle Expérience)'을 올려 성공함으로써 유럽으로 진출할 수 있는 길을 열게 된다. 1992년 아시아 대륙의 일본에서 과거 공연했던 여러 쇼 가운데 명장면을 모은 '매혹(Fascination)'을 선보이고 그 후 북미의 공연을 거쳐 라스베거스 미라지 호텔에서 상주공연을 하기 시작한다. 창립 10주년을 맞은 1994년에는 신작 '알레그리아(Alegria)'를 내놓고 이후 '퀴담(Quidam)', '바레카이(Varekai) 등을 선보임으로써 세계를 누비는 세계 최고의 서커스로 자리를 잡는다.

2. 혁명적인 서커스

태양의 서커스는 지금까지 서커스 업계에서 관행처럼 내려오던 스타급 곡예사의 공연이나 동물들이 등장하는 묘기쇼 등을 서커스의 프로그램에서 제거한다. 서커스하면 떠오르는 허술한 천막이나 불편한 의자도 개선하여 마치 브로드웨이 뮤지컬을 볼 때처럼 편안한 환경을 조성해주었다. 또한 레퍼토리에 항상 인간중심의 줄거리를 삽입함으로써 완전히 새로운 장르를 탄생시켰다. 태양의 서커스는 기존 공연예술을 해체하여 누구도 상상하지 못한 내용으로 재구성함으로써 서커스의 새로운 장을 열었다. 공연은 '상설공연'과 '순회공연'으로 나누어지며 공연주제에 따라 공연단이 모두 다르게 구성된다. 캐나다 몬트리올에 본사를 두고 있는 태양의 서커스는 연기자들에게 최상의 서비스를 제공하며 연기자 자녀나 어린 연기자들이 학교를 다닐 수 있도록 학교를 비롯한 부대시설을 갖추고 있다.

태양의 서커스는 서커스를 기존의 단순한 형식에서 벗어나 다양한 장르의 음악과 무용, 곡예, 연극, 마임 등이 어우러진 종합예술의 경지로 끌어올렸다. 이런 태양의 서커스가 중요하게 여기는 가치를 몇 가지 들어보도록 하자.

- 첫째, 국적에 상관없이 실력위주로 선발되는 모집 방식이다. 태양의 서커스에서 연기를 담당하게 되는 배우들을 선발할 때 그들의 국적에 상관없이 실력이 갖춰진 사람은 누구나 오디션을 통해 선발된다. 현재 공연단은 40개국에서 온 25개 언어를 쓰는 '세계 시민'들로 이루어져 있다. 주로 올림픽 선수 출신들이 많이 선발되는데 그들은 특별한 훈련을 받아서 공연의 특징을 설명하면 즉시 공연에 투입될 수 있는 장점이 있기 때문이다. 최근 우리나라의 '홍연진'이라는 수영선수가 선발되어 공연을 하기도 했다.
- 둘째, 스토리 뿐 아니라 안무에도 정성을 기울인다. 관객들이 서커스라기보다는 한 편의 발레나 뮤지컬을 보는 듯 한 기분을 느끼도록 서커스의 내용을 구성한다. 그래서 공연을 통해 유명한 안무가가 탄생하기도 한다. 또한 서커스의 기본기에 기발한 기술력을 더해 관객들의 감탄을 자아내도록 한다.

- 셋째, 콘텐츠를 끊임없이 개발한다. 태양의 서커스가 강조하며 이를 통해 성공할 수 있었던 비결은 바로 새로운 콘텐츠의 개발이다. 한 프로그램이 15년이 지나면 이를 폐기하고 계속 새 프로그램을 쏟아내어 획기적인 프로그램들을 탄생시킨다.
- 넷째, 공연단보다 대규모의 지원부서를 만들어 공연을 돕는다. 태양의 서커스는 출연진을 지원하는 지원부서의 인원이 훨씬 많다. 의상제작, 공연기구 제작, 조명설치 등 공연에 분위기를 돋보이게 하기 위해 뒤에서 도와주는 사람들이 훨씬 많아 그들의 도움은 무대에서 연기를 펀치는 연기자들의 공연을 빛나게 해준다.
- 다섯째, 창조적인 기업분위기를 지니고 있다. 직원 모두가 편안한 환경에서 아이디어를 낼 수 있도록 배려하고 서로 소통하는 분위기를 조성한다. 태양의 서커스에는 창조적 아이디어만을 내기 위한 연구원들이 많이 배치되어 있어 이들이 다방면에서 트렌드를 읽고 창조해나간다. 이로 인해 공연은 더욱 안정적이고 독창적인 모습을 보여준다.

3. 태양의 서커스의 주요 작품들

1) 퀴담 Quidam

'퀴담'은 라틴어로 '익명의 행인'이라는 뜻으로 지금까지 경험해왔던 '곡예 서커스'와 차별화된 '이야기'가 담긴 서커스이다. 특히 그 내용이 우리의 현대사회 모습을 그려주는데 익명성의 현대사회를 비판하고 따스함이 있는 사회로의 변화를 꿈꾼다는 의미를 담고 있다. 1996년 몬트리올에서 초연한 이래 지금까지 캐나다, 미국, 유럽, 일본 등 19개국을 비롯한 여러 국가에서 공연되었고 태양의 서커스 작품 가운데 가장 예술적인 작품으로 평가받고 있다.

2) 알레그리아 Alegria

'알레그리아'는 스페인어로 '환희, 희망, 기쁨'을 뜻하는 말이다. 서커스의 내용도 인생의 즐거움과 희망을 찬미하고 있다. 노인이 젊음을 되찾고 왕이 광대가 되는 환상의 세계를 그린 '알레그리아'는 독재자의 폭력과 권력의 오용을 통해서 역설적으로 인생의 즐거움과 미래에 대한 희망을 담아낸다. 1994년 초연된 공연으로 쇼에 삽입된 음악은 태양의 서커스 역사상 최고의 성공작으로 1996년에 그래미 어워드 '최우수 기악 편곡 & 가창' 부분에 노미네이트 되기도 했다.

3) 오 쇼 O Show

1988년 10월부터 공연하고 있는 라스베가스 상설공연이다. '오 쇼'는 물을 테마로 하는 공연인데 'O'는 프랑스어 발음으로 'eau(물)'이라는 뜻이다. 이 공연은 물이 가득 찬 수조, 공중연기, 그라운드 연기등과 함께 수중발레의 연기가 더해져 그 묘미를 한층 돋구어준다.

4) 바레카이 Varekai

'바레카이'는 '어디든지'란 뜻의 집시 언어로, 바람이 이끄는 어느 곳, 어디든지 삶의 터전이 될 수 있다는 메시지를 담고 있다. '바레카이'는 탄탄한 스토리와 아크로바틱이 환상적으로 조화된 작품이다. 2002년 캐나다 몬트리올에서 초연한 이후 지금까지 전 세계 12개국 60개 도시에서 5600만명이 관람한 흥행작이다 '바레카이'에선 '태양의 서커스' 전속 아티스트들이 인간 저글링, 발레, 곡예를 현대적으로 재해석한 역동적인 서커스를 선보인다. 인상적인 드라마와 현란한 아크로바틱, 화려한 의상이 더해져 볼거리는 풍요롭다.

5) 자이아 Zaia

'자이아'는 그리스어로 '삶'이라는 뜻이며 생명의 신 '가이아(Gaia)'에서 유래되었다고 한다. 태양의 서커스가 아시아 상설 공연으로 선보인 첫 작품이기도 한 '자이아'는 마카오 베네시안 마카오 리조트 호텔 상설 공연장에서만 볼 수 있는 특별한 공연이다. 복잡한 도시에 지친 소녀가 자아발견을 위해 우주로 여행을 하면서 되찾은 인류의 아름다움을 지구에 사는 이들에게 전하고 나눠주기 위해 지상으로 가져온다는 내용이다. 소녀의 시선으로 멋지고 무한한 우주 공간을 그려주며 인간이 아름다운 이유는 바로 '사랑'이라는 메시지를 남긴다.

XIII. 프랑스의 연극 (제 1의 예술)

1. 코메디 프랑세즈와 프랑스 연극

강력한 권력을 행사하던 루이 14세는 1680년 파리에 있던 두 극단인 '테아트르 드 게네고'와 '오텔 드 부르고뉴'를 통합하여 '코메디 프랑세즈(Comédie Française)'를 세우도록 하였다. 세계에서 가장 유명한 극장으로 호평을 받는 코메디 프랑세즈는 팔레 루와얄과 조화를 이루는 양식으로 지어진 이탈리아풍의 극장이다. 이 극장은 프랑스 다섯 개의 국립극장 가운데 하나로 파리에 3개의 공연장을 갖추고 있다. 프랑스에서는 각각의 국립극장들이 각자 다른 역할을 부여받고 있다. 그 중에서 코메디 프랑세즈는 몰리에르가 이끌던 극단의 단원들이 대부분을 차지하고 있었기 때문에 초기에는 대부분의 공연 작품들이 몰리에르의 작품들이었다. 그래서 한 때 코메디 프랑세즈가 '몰리에르의 집'이라 불리기도 했다. 코메디 프랑세즈는 상설극단과 정식단원을 갖고 있는 국립극단으로 프랑스 연극 전통의 보존을 목표로 한다. 몰리에르, 라신, 코르네유, 빅토르 위고 등의 작품을 주로 공연하여 자국민들에게 연극이 보여주는 문화적 유산을 실제적으로 접하도록 해주며 대외적으로 프랑스 연극을 알리는데 주력한다. 몰리에르의 작품이 주로 공연되었던 코메디 프랑세즈에서는 매년 몰리에르의 탄생일인 1월 15일에 공연이 끝난 뒤 단원들이 영원한 사랑을 받는 몰리에르의 작품과 몰리에르에 대한 경의를 표하는 의례를 갖는 특징이 있다. 1799년 코메디 프랑세즈는 혁명기에 파리의 팔레 루와얄가에 있는 리슐리유관으로 들어선다.

2. 사랑을 갈구하던 극작가 몰리에르

17세기 프랑스의 대표적인 극작가인 몰리에르의 본명은 장 밥티스트 포클랭(Jean-Baptiste Poquelin)이다. 파리의 부유한 가정에서 태어난 몰리에르는 가업을 계승하든가 아니면 법률 공부를 하라는 아버지의 요구에 반항하며 자유사상가들과 만남을 지속한다. 하지만 결국 아버지의 뜻대로 대학에서 법률을 배워 1640년 오를레앙에서 법학사의 자격을 취한다. 이즈음 연상의 여인인 배우 마들렌 베자르와 교제하며 아버지의 반대에도 불구하고 연극계로 뛰어든다. 1643년 '일뤼스트르 테아트르(l'Illustre Théâtre, 유명극단)'을 결성하여 애인인 베자르를 중심으로 활동하지만 번번이 실패하여 빚에 쪼들리다가 베자르 자매와 함께 리옹을 비롯해 남프랑스 각지를 12년 동안 돌며 순회공연을 한다. 파리를 떠난 몰리에르 일행은 에페르농 공작의 후원을 받아 뒤프렌(Dufresne)의 극단과 합류한다. 그의 초기 연극 활동은 주로 지방에서 이루어졌다. 희극에 재능을 발휘했던 몰리에르는 리옹에 본거지를 삼고 작가 겸 극단장으로 명성을 날리게 된다.

사랑에 관한 명언과 대사를 수도 없이 쏟아낸 몰리에르의 창작열에 도화선 역할을 한 인물은 바로 연상의 연극배우였던 마들렌 베자르와 몰리에르의 부인 아르망드 베자르이다. 이들의 로맨스는 실제로 몰리에르의 작품과 매우 밀접한 연관이 있으며 때로는 그 작품의 소재가 되기도 한다. 마들렌 베자르는 육감적인 매력의 소유자로 이미 사교계에서 널리 알려진 인물이었다. 그녀는 부유한 실내장식업자의 장남으로 최고의 교육을 받은 몰리에르가 연극에 발을 들여놓도록 한다. 마들렌 베자르는 초기에는 주로 비극의 여주인공 연기를 했으나 이후 몰리에르 극에서는 희극적인 인물을 연기했다. 가족들은 안정적인 직업을 버리고 연극에 뛰어든 몰리에르를 못마땅하게 생각하였고 몰리에르는 가족들의 눈을 피하고 자신의 신분을 감추기 위해 그때부터 본명을 버리고 '몰리에르'라는 예명을 사용한다. 루앙 공연에서 루이 14세의 동생 필립 도를레앙 공이 그의 진가를 알아보고 원조의 손길을 줌으로써 몰리에르는 왕제전하의 극단으로 이름을 날리며 파리로 돌아온다. 1658년 파리로 돌아온 몰리에르와 마들렌 베자르는 루이 14세 앞에서 '사랑에 빠진 의사'를 상연하면서 성공을 거둔다. 공연장에 있던 태양왕 루이 14세는 몰리에르의 독특한 희극적 요소에 찬사를 보낸다. 이어 몰리에르는 '덤벙거리는 사나이'와 '사랑의 원한'으로 다시 큰 성공을 거두고 '재치를 뽐내는 아가씨들'로 유명세를 탄다. 하지만 루이 14세의 총애를 독차지하던 몰리에르의 작품이 악의에 찬 비방들로 인해 상연금지를 당한다. 파리에서의 인기와 영광은 확고해졌지만, 몰리에르는 극도로 쇠약해지면 작가뿐만 아니라 배우, 연출가를 병행한 몰리에르의 건강에 적신호가 켜지게 된다. 결국 몰리에르는 연인 마들렌 베자르와도 결별하고 몰리에르와 마들렌 베자르는 서로의 벗으로 우정을 유지하며 연극에 몸을 담은 동료 배우이자 예술인으로서 인연을 이어간다. 1662년 몰리에르는 20세 연하인 아르망드 베자르와 결혼을 하는데 그녀 역시 바람기 많고 경솔하여 결혼은 실패로 돌아간다. 고통스러운 나날을 보내던 몰리에르는 불행한 가정생활을 만회하기 위해 더욱 연극에 몰두하게 된다. 급기야 건강이 극도로 악화된 몰리에르는 자신의 죽음을 예견이라도 한 듯 '상상으로 아픈 사나이'라는 작품을 무대에 올린 뒤 가까스로 공연을 마친 후 쓰러진다. 몰리에르는 생의 마지막 순간에 전부인이었던 아르망드 베자르를 찾는다. 아르망드 베자르와 불행한 결혼생활을 보냈지만, 몰리에르는 그녀를 사랑했던 것이다. 몰리에르가 죽은 뒤 미망인 아르망드 베자르는 배우들을 이끌고 파리의 테아트르 게네고 극장으로 옮긴다.

사랑 없이 사는 것은 사는 것이 아니라고 말했던 극작가 몰리에르는 스스로 작품 속의 인물처럼 사랑하고 고민하고 아파했던 당대 최고의 희극 작가이자 열정적인 인물이었다. 몰리에르는 코르네유, 라신느 등과 함께 3대 고전 극작가로 일컬어진다. 몰리에르는 17세기 프랑스 상류사회에 파고든 가짜 신앙, 귀족들의 퇴폐상 등을 풍자하는 '타르튀프', '돈 주앙'과 같은 작품을 창작하며 가벼운 풍속극을 넘어서서 인간과 사회에 대한 탁월한 심리를 묘사하고 현실을 반영하는 상징적인 인물 창조로 당시 비극보다 한 단계 낮게 취급되었던 희극을 격상시킨 프랑스의 자랑스러운 극작가이다. 몰리에르의 극은 기교와 과장으로 일관된 당시 희극의 부자연스러움을 날카롭게 통찰하여 사회를 풍자하고 보편적인 인간 심리를 전개하는 등 자기만의 독특한 희극 세계를 구축해 놓았다. 특히 몰리에르는 성격희극에 열정을 쏟았다. 몰리에르에게 등장인물은 단일하고 고정된 성격을 드러내지 않는다. 복잡한 현실이 그렇듯이 인물의 성격은 다양한 측면을 드러낸다. 그리고 인물은 극이 전개됨에 따라 변화한다. 희극의 전통적 개념에 대한 몰리에르의 혁신은 개념과 관습에 충실한 당대 극작가들의 비판을 받았다. 몰리에르를 통해 희극은 비판적인 눈으로 사회를 바라보게 되었고 이제까지 자신의 영역 밖이라 간주되었던 문제들과 연관되었다.

3. 프랑스의 현대극단 - 태양극단

아리안느 므뉴슈킨은 1964년 5월 '공동작업과 공동분배'라는 취지를 내걸고 파리에서 태양극단(Le Théâtre du Soleil)을 설립하고 1970년 벵센느 숲의 버려진 옛 탄약 창고로 들어가 작품을 무대에 올린다. 나폴레옹 3세 때 만들어진 탄약 창고는 쓸모없는 폐허였지만 태양극단과 더불어 새로운 명소로 거듭난다. 태양극단은 다문화적 공연예술을 선도하는 프랑스의 대표적인 극단이다. 오랜 연습 기간을 거쳐 몇 년마다 작품들을 선보이지만 40년 이상의 전통이 축적되어 있어 작품의 수는 상당하다. 이 극단은 다양한 소재를 선택하여 작품을 선보이고 있을 뿐 아니라 이들이 공연하는 작품의 문화적 배경 또한 천차만별이다. 캄보디아의 삶의 현장을 생생하게 그려준 '캄보디아왕: 미완의 끔찍한 이야기'(1985), 영국에서 해방된 인도의 종파 간 분규를 다룬 '앵디아드'(1987), 그리고 1999년 한국에서도 공연되었던 '제방의 북소리'(1999)까지 작품마다 사회적 문제나 인간의 추악함 등 철학적 메시지를 담고 있다.

태양극단, 제방의 북소리

태양극단은 작품 속에서 다양한 형태로 다문화주의를 포용한다. 동양의 연극 형식을 빌려 그리스 비극과 동양의 연극이 서로 만나도록 시도했던 '아트레우스'는 일본과 인도 문화를 작품 속에 담았으며 최근 작품인 '오디세이'(2003)에서는 망명자들의 문제를 심도 있게 다루기도 했다. 특히 한국에서 공연되어 큰 호응을 얻었던 '제방의 북소리'를 무대에 올리기 위해 전 단원이 아시아 문화를 익히고 사물놀이 연주자를 파리로 초청해 7개월간 연주법을 익히기도 했다. 태양극단은 다문화적 메시지를 전 세계인들에게 전하기 위해 '카르투슈리' 뿐 아니라 동서양을 막론하고 순회공연을 다닌다. 태양극단이 주목을 받는 이유는 다문화사회로 변해가는 사회문화적 배경을 무대에 올려 관객들이 객관적으로 이를 평가하고 다문화를 편견없이 받아들일 수 있도록 더 나아가 기존의 연극 형식을 뛰어넘어 새로운 장을 열도록 해주기 때문이다. 태양극단의 현장에서는 동양과 서양을 넘어서서 전 인류가 서로 더불어 살아가는 새로운 연극의 가능성이 빛을 발한다. 인종을 넘어서고 지역과 문화를 넘어서는 새로운 '다문화' 연극은 대등한 시선으로 다양한 문화와 다양한 인종의 삶을 받아들임으로써 보편성과 진정한 세계화의 모습을 보여준다.

태양극단이 보여주려는 연극은 '관객으로 하여금 여가나 기분전환용이 아닌 현실공간에서 전개되는 실제적인 생활의 연장선으로 연극을 대하도록 하고 이를 통해 작품 이면의 의식의 긴장상태를 느끼게 만드는 것이다'. 그래서 이들은 생활이 곧 공연임을 강조하기 위해 연극무대라는 선입견을 주는 프로시니엄무대(객석으로 튀어나온 아치형 무대)를 지양하고 객석이 구별되지 않는 무대를 주로 사용한다. 나아가 연극이 마치 마을행사나 축제처럼 가깝게 여겨지도록 연출자가 공연시작 한시간전부터(관객들에게 언제나 한시간전에 극장에 올 것을 당부한다) 극장 문 앞에 서서 일일이 손님을 맞고 배우들은 자신들이 직접 만든 음식을 관객들이 맛보도록 한다. 그 뿐 아니라 관객들이 극장 곳곳을 둘러볼 수 있도록 배려하고 배우들의 분장장면도 보여주는 등 관객과의 거리감를 없애려 노력한다.

XIV. 프랑스의 만화(제 9의 예술)

미래의 대중들은 과연 어떤 언어를 사용하게 될까? 세계적으로 그 사용 범위를 넓혀가고 있는 영어일까? 아니면 인구수로 언어 지배력을 높여가고 있는 중국어일까? 어느 특정한 국가의 언어가 전 세계적인 공용어로 사용될 것이라는 추측을 내리기는 힘들지만 분명한 사실 가운데 하나는 사람들은 앞으로 그림을 통해 자신들의 의사를 표현하는 기호적 언어를 차츰 더욱 많이 활용하게 될 것이라는 점이다. 그런 점에서 만화는 문자 언어와 그림의 중간 단계로 무한한 상상력을 발휘하며 그 범위를 한없이 넓혀 나갈 수 있는 매력적인 장르이다. 만화는 글과 그림의 결합이라는 특성상 영상의 시대로 일컬어지는 21세기에 더욱 중요성이 부각되고 있다. 더구나 지금까지 문자중심으로 이루어지던 문화가 과학기술의 발달로 모든 분야에서 이미지의 비율이 높아지는 현상을 나타내고 있다. 최근 들어 여러 국제 애니메이션 축제에서 우리나라 애니메이션이 수상을 하거나 지면만화가 인터넷을 통해 해외로 보급되면서 한국에서 만화에 대한 기대심리가 상승하고 있다. 하지만 아직도 만화는 한국에서 문학의 하위 부류로 간주되어 그 진가를 충분히 발휘하지 못하고 있는 현실이다. 가장 큰 이유는 만화가 어린아이들이 보는 것이라는 인식이 지배적이기 때문이다. 프랑스에서 만화에 대한 시각은 우리나라와는 매우 다르다. 유명서점이나 시립도서관에 진열되어 있는 만화들의 양만 보아도 알 수 있지만 실제적으로 프랑스에서 만화는 제 9의 예술로 이미 예술의 자리를 차지하고 있다. 프랑스에서 만화는 어린아이부터 노인까지 당당하게 읽을 수 있는 텍스트일 뿐 아니라 독자들이 소장하고 싶어하는 작품이기도 하기 때문에 선호하는 작가의 작품 가운데 앨범형식으로 제작된 만화들을 구입하여 간직할 정도이다. 프랑스 만화는 다양한 색채감과 구조의 배치 그리고 철학적 스토리까지 우리가 생각하는 만화의 영역을 뛰어넘는다.

1. 프랑스 만화의 역사

1) 만화의 기원 - 1960년대 (태동기)

프랑스에서 만화를 최초로 그린 사람은 오노레 도미에(Honoré Daumier)로 보고 있다. 도미에의 작품은 많은 사람들에게 웃음과 통쾌함을 선사했다. 그는 대혁명 이후 격동의 시기를 겪던 파리와 그 시대상을 솔직히 그려낸 예술가이다. 시사풍자만화의 아버지라 불리는 도미에는 루이 필립을 풍자한 여러 판화들로 공화정에 대한 열정을 표현하였다. 도미에는 평생 사회와 인간의 모습을 그려 감동을 준 대작가이다. 그러나 도미에의 작품은 지금과 같은 만화의 형식을 지니지는 않았다. 그의 만화는 재료의 특성상 하나의 그림으로 된 일종의 작품과 같았기 때문이다. 간혹 도미에의 그림을 만화의 정의에 비춰 풍자화로 분류하는 학자들도 있다.

1880년경까지 미국의 삽화와 만화는 유럽에 뒤쳐져 있었다. 그러나 1938년 이후 슈퍼맨, 베트맨, 원더 우먼과 같은 초 영웅들의 등장과 찰스 슐츠의 피너츠의 성공으로 빠른 속

가르강튀아, 오노레 도미에, 1832년

도로 변화하였다. 1930년대 만화로는 모리스 랑그로가 글을 쓰고 장 피에르 팽숑이 그림을 그린 '베카신(Bécassine)', 루이 포르통이 쓴 '니켈 도금된 발들(Les pieds nickelés)' 등이 있었다. 그러나 이들 역시 현대의 만화와는 동떨어져 있었다. 만일 만화의 정의를 스콧 맥클루드가 말한 대로 '의도된 순서로 병렬된 그림 및 기타 형상들'로 보고, 일본의 만화가인 데츠카 오사무가 강조했듯이 만화의 가장 중요한 요소가 아이러니, 풍자, 경고, 비판이라고 본다면 프랑스 만화의 진정한 창시자는 알랭 생토강(Alain Saint-Ogan)이라 할 수 있다. 1925년 '지그와 퓌스'로 1926년에는 '알프레드'를 탄생시켰고 프랑스 만화로는 처음으로 대사를 담는 '풍선'을 사용하였다. 그런 프랑스 만화의 위상을 세계적으로 가장 올려준 작가는 벨기에 출신의 조르주 레미(George Remi)이다. 그는 에르제(Hergé)라는 필명으로 덜렁이 순찰대의 토토라는 인물을 창조했는데 이것이 탱탱(Tintin)의 전신이다. 탱탱은 시리즈로 나와 모두 27권이 출간되었다. 탱탱이 전 세계를 일주하며 갖가지 사건을 해결하는 이야기가 줄거리를 이루는 이 작품은 세계 역사와 문화의 백과사전이라 불릴 만하다. 현재는 아이와 어른이 함께 읽는 프랑스 대표 고전 만화로 자리를 잡았다. '탱탱의 모험'은 세계 여러 나라의 역사와 문화의 깊이를 보여주고 정의에 대한 성찰을 해주고 있으며 유럽 만화의 명료한 선이라는 작풍의 시초를 보여준다. 제 2차 세계대전 이후 만화계에서는 처음으로 학문적으로 연구되었으며 체계적인 성공을 거두었다. 2011년에는 스티븐 스필버그 감독이 3D 영화로 선을 보이기도 했다.

탱탱의 모험, 유니콘의 비밀, 에르제

1945년 이후 프랑스어권 만화는 세 유파로 나누어진다. 첫째, 마르시넬이라고 하는 샤를루아파인데 이들은 해학적인 문체가 특징이며 대표적인 작가로 앙드레 프랑캥을 들 수 있다. '스피루(Spirou)'를 재창조하였고 그 후 엉뚱한 상상과 발견에 힘쓰는 '가스통 라가프'와 '행운아 뤼크'를 창조하였다. 둘째, '주르날 탱탱'지를 중심으로 조직된 브뤼셀파이다. 에르제와 자콥스를 대표로 들 수 있다. 셋째, 파리파는 1950년대 말 '필로트(Pilote)'지를 중심으로 생겼으며 대표적인 작품으로 우데르조와 고시니가 만들 '아스테릭스(Astérix)'를 들 수 있다. '아스테릭스'는 '탱탱의 모험'보다 30년이 지나 등장한 만화로 프랑스인들의 기질과 유머를 잘 드러내고 있다. 또한 국민적 자존심을 반영하고 있기도 하다.

아스테릭스, 우데르조 & 고시니

1959년에 탄생한 '아스테릭스'는 1966년 '프랑스인의 새로운 영웅, 아스테릭스 현상'이라는 기사가 실릴 정도로 관심이 끊이지 않았고 대학에서 연구가 이루어지기도 했다. 배경은 로마 제국의 지배를 받는 프랑스인의 조상인 골족의 갈리아 마을이다. 아스테릭스는 이 마을에 사는 작은 영웅인데 마법의 물약으로 괴력을 발휘해 로마군으로부터 마을을 지켜낸다. 영화로도 제작되어 흥행을 거두었고 파리 인근에 '아스테릭스 월드'라는 테마파크도 있어 미국 문화에 대응하려는 프랑스인들의 자존심을 보여주는 작품이다. 이렇게 형성된 프랑스어권 만화는 제 2차 세계대전 이후 비약적으로 발전했고, 오늘날은 하나의 독자적인 장르로 자리를 잡았다.

2) 1960년대 말-1980년대(프랑스 만화의 르네상스)

이 시기는 프랑스 만화의 황금기로서 만화에 새로운 시도들이 나타난 때이기도 하다. SF 만화의 거장인 뫼비우스(Moebius), 엥키 빌랄(Enki Bilal), 레제르(Reiser) 등 프랑스 만화계 뿐 아니라 세계적인 작가들이 많이 탄생한 시기이다. 뫼비우스 만화의 특징은 사실주의적인 그림과 시점의 자유로운 변화이며 데생이 정밀하여 그림이 언어보다 강력한 서사의 도구처럼 사용된다. 뫼비우스는 만화가로서의 필명이며 본명은 장 지로(Jean Giraud)이다. 그는 프랑스 그래픽 노블의 자존심이자 세계 영화계에서 많은 존경을 받는 예술가이기도 하다. 뫼비우스는 1975년 동료작가들과 함께 현재 미국의 헤비메탈(Heavy Metal)지의 전신인 메탈 위를랑(Metal Hurlant)을 창간한다. 그는 현실을 있는 그대로 묘사하는 대신 그 안에 잠재한 균열과 변화의 가능성에 더욱 관심을 갖는다. 1973년 '지르(Gir)'라는 필명으로 자전적인 작품 '일탈(La déviation)'을 발표한다. 이는 장 지로가 '블루베리'의 사실주의에서 벗어나 보다 자유롭고 즉흥적인 상상력을 펼치는 계기가 된다. 장 지로는 이때부터 '뫼비우스'라는 이름으로 활동하며 SF 만화에 본격적으로 뛰어든다. 이후 영화 '에일리언' 제작에 합류하며 헐리우드 영화에 관심을 갖는다. 1982년 뫼비우스는 '타임 마스터'라는 만화영화를 제작하면서 자신의 개성을 발휘하고 독창적인 상상력을 보여준다.

타임 마스트, 뫼비우스

뫼비우스는 만화가로서의 경력을 웨스턴 만화로 시작하여 '블루베리' 라는 웨스턴 시리즈로 이름을 날렸지만 탁월한 재능을 발휘한 것은 웨스턴물보다 SF 만화를 통해서이다. 이를 계기로 뫼비우스는 여러 종류의 비주얼 아트영역에서 활동하며 국제적인 명성을 얻는다.

뫼비우스 외에 레제르는 '빨간 귀'에 등장인물들을 검은 선으로 대충 그리면서 주인공을 통해 모든 사회제도 안의 학대와 불의를 풍자하고 있다. SF 계열의 다른 대가인 엥키 빌랄은 좀 더 정치적이고 무거운 소재들을 다룬다. 핵전쟁으로 인해 파괴된 지구와 극심한 사회분열로 불안한 사회 속에서 살아가는 인간의 고통을 그리고 있다. 이 시기의 만화는 웃음을 제공하기 보다는 사회에서 발생하는 여러 문제들에 대해 경고하거나 비판하는 작가들의 메시지를 담고 있다.

3) 1980년대 말-현재까지 (쇠퇴기)

프랑스 만화의 역사를 통해 보면 태동기에는 아동을 대상으로 하는 만화 작품이 활발하였고 르네상스 시기에는 성인을 대상으로 하는 사회적이거나 에로틱한 만화들이 주를 이루었다. 90년대로 접어들면서 프랑스의 만화 시장이 활성화되어 보다 다양한 작품들이 선을 보인다. 하지만 점차 만화잡지들이 합병되거나 폐업하면서 쇠퇴기로 접어들기 시작한다. 그러자 기존에 갖고 있던 프랑스 만화의 틀에서 벗어나지 못한 출판사를 대신하여 창조적인 에너지를 지닌 젊은 작가들이 아소시아시옹(Association)이라는 출판사를 세워 다양한 형식의 만화를 선보인다. 또한 일본 만화가 점차 유입되면서 아시아권 만화들이 지속적으로 소개되어 좋은 반응을 얻고 그 기회를 타서 한국의 '뽀로로'가 프랑스에 수출되기도 한다.

2. 프랑스어권 만화의 특징

프랑스의 만화는 아시아권 만화와는 많은 차이가 있다. 우선 출판 방식부터 다른데 아시아권 만화들은 대부분 만화 잡지에 일정 기간 연재를 한 후 그것들을 묶어서 만화책으로 출판하는 반면 프랑스에서는 소설과 마찬가지로 작가가 스토리를 정한 후 한권의 작품을 완성해서 출판하는 형식을 취한다. 따라서 스토리가 훨씬 탄탄하고 구성이 치밀한 특징을 지닌다. 그러나 가장 큰 특징은 그림이라 할 수 있다. 배경이 사실적이고 상세하게 그려져 있어 마치 여러 편의 그림을 보는 것 같은 느낌을 준다. 색상의 조화나 배경을 이루는 인물이나 사물들의 조합과 균형이 완벽해서 그것을 위한 치밀한 기획과 준비과정을 짐작할 수 있다. 작풍의 내용도 단순하지 않다. 스토리 구성이 치밀하며 사회 풍자, 내면 고찰, 제도 비판 등 전하려는 대사의 양이 많고 내용도 상당히 무겁다. 물론 유머러스한 작품도 있지만 대부분 만화에도 철학적 주제를 잃지 않는다. 이러한 측면을 비판하는 이들도 있다. 프랑스 만화의 특징을 크게 보면 다음과 같다.

- 만화와 유머: 유머를 만들어내는 기본적인 기법은 작품의 흐름 속에서 틈새를 찾아내어 거기에 비틀림을 제공하는 것이다. 작품 속에 나타나는 유머는 극의 흐름을 방해하지 않는 정도에서 틈새를 비집고 들어와야 한다.
- 글과 그림의 비중 및 역할: 시각적인 요소가 풍부하며 그림의 비중이 크다.
- 그림의 완성도: 한 컷 한 컷의 그림이 빈곳을 찾아볼 수 없을 정도로 섬세하게

색칠되어 있다. 이런 다양한 색채의 조화, 구성의 과감한 시도 등은 만화에 회화적 완성도를 높여준다.

- 유머의 구성: 만화에서 유머는 다양한 주제로 구성된다. 일상적인 사고체계로부터 이탈하여 사람들을 당혹스럽게 만드는 것이 유머의 대상이 될 수 있다.

프랑스 최대 사회학자인 피에르 부르디외는 현대사회에서 가장 큰 자본은 경제자본이 아니라 문화자본이라고 역설하며 문화의 구별 짓기 이론을 펴고 있다. 만화 하나에도 나름대로의 구별 짓기를 통해 예술적 가치를 부여하면서 프랑스 만화는 예술적이라는 관념을 심어주는 프랑스인들의 문화관, 이것이 프랑스 만화와 예술을 더욱 돋보이게 하는 근본적인 힘이다.

3. 만화와 관련된 축제

1) 앙굴렘 만화 페스티벌

프랑스는 100년이 넘는 역사를 자랑하는 만화의 메카이다. 프랑스에서 만화는 이미 '제9의 예술'이라고 인정받을 정도의 위상을 확립하고 있으며, 이를 인정하는 대중들의 지지 또한 대단하다. 만화에 대한 열기를 느낄 수 있는 가장 생생한 현장은 매년 1월 프랑스 앙굴렘(Angoulème)에서 열리는 앙굴렘 만화페스티벌(Festival de la Bande Desinée)

앙굴렘 만화페스티벌 포스터

이다. 앙굴렘은 파리 서남쪽에 있는 소도시로, 앙굴렘 만화박물관에서 열리는 만화축제는 1974년에 창설되었다. 프랑스 정부가 지원하는 세계 최대의 만화축제로 도시 중앙의 옛 성을 중심으로 축제가 열린다. 1972년 몇 명의 만화가와 출판사 등이 모여 '천만 개의 영상'이라는 발표회를 열었는데, 이것이 만화 축제의 토대가 되었다. 한 해 한해 모인 작품들은 상당한 수준에 이르게 되었고 유럽 만화가 미국에 수출되는 다리 역할을 하기도 했다. 축제장소는 센터 내의 만화 박물관, 만화 학교 아틀리에, 시청 등 도심 곳곳에 위치한 8개의 구역으로 분산되어 다채롭게 열린다. 앙굴렘이라는 도시는 그 자체가 워낙 작은 규모이기에 주요 전시장들이 가깝고, 축제기간동안 각 장소를 연결하는 무료버스가 15분 간격으로 운행돼 관람에는 큰 무리가 없다. 오히려 도심 곳곳으로 전시가 분산됨으로써, 도시 전체가 하나의 전시장과 같은 인상을 준다. 교회, 박물관 등 평소 다른 용도로 쓰이는 건물을 잠시 빌려 전시장으로 사용한 경우는 본래의 장소를 홍보하는 효과까지 얻을 수 있는 장점도 있다. 행사 내용은 크게 두 가지로 나누어진다. 출판사들을 중심으로 만화책 전시와 판매가 주를 이루는데 판매를 위한 '북페어'와 만화가들의 작품을 보여주는 전시회가 주축이 된다. 북페어 한쪽에 '아시아 망가(Magasie)관이 마련되어 있어 일본, 중국, 타이완, 한국의 만화들이 소개되고 있다. 만화책과 만화 영화상영이 주된 테마이지만, 만화가의 습작, 만화작가들의 사진, 만화캐릭터를 이용한 작품 전시 등도 볼만한 행사거리이다. 특히 판매에 있어서는 책뿐만 아니라 포스터, 티셔츠, 인형, 열쇠고리 등, 만화를 이용한 다양한 부스에서 상품들을 준비한다.

앙굴렘 만화축제는 일반적인 축제일 뿐 아니라 커다란 시장이기도 하다. 따라서 일반 관객을 위한 전시 외에도 작가, 출판사, 기획자, 기자, 교육자 등, 만화를 매개로 모인 전 세계 만화 관계자들을 위해 각종 세미나와 국제시장이 별도로 준비된다. 이곳을 찾은 수많은 관계자들과 행사의 규모를 볼 때, 앙굴렘 국제만화시장은 점차 큰 영향력을 행사할 것이며 연쇄적으로 그 힘은 다시 앙굴렘 만화축제를 세계적인 축제로 이끌어내는 저력이 될 것이다. 주요 행사는 CNBDI(Centre National de la Bande Dessinée et de l'Image)라는 3층 건물에 밀집된다. 이 건물은 '만화와 이미지의 국제회관'인데, 만화전용 상설전시장인 셈이다. 그 옆의 20세기 만화박물관(Le Musée de la Bande Dessinée du XXème siècle)은 만화책, 각종 캐릭터, 이미지 등 그야말로 만화에 대한 모든 것을 볼 수 있는 전시장이다. 프랑스에서 만화책의 형식은 크게 양질의 종이에 칼라그림이 인쇄된 앨범(Album)형식, 그리고 싸구려 종이에 흑백 잉크로 대량인쇄 된 망가(Manga)형식의 두 가지로 구분된다. 이곳에 전시된 책들은 전통적인 앨범 형식을 따르는 것들이 다수를 차지하지만, 일부 망가 형식을 따르는 일본만화들도 구비되어 있다. 그 외에도 곳곳에서 비공식적으로 개최되는 여러 행사가 본 축제의 흥취를 만끽할 수 있게 한다. '만화의 밤'이라 해서, 평소 보기 드문 만화영화를 모아 심야상영하거나, 만화주인공 캐릭터처럼 꾸미고 가장행렬을 벌이는 코스플레이(Cosplay) 등이 눈길을 끈다(Cosplay란 영어의 Costume과 Play가 섞인 말로, 불어권에서도 코스플레이란 용어를 그대로 사용하고 있다. 한국에서도 Cosplay를 전문으로 하는 소규모 동호회 등이 결성되어있고, 대학로 등에서 그 행사를 열기도 한다). 최근 열린 앙굴렘 만화페스티벌에서 한 콘서트가 주목을 받았다. 바로 데생 콘서트로 연극적 방식의 종합예술을 보여주는 콘서트였다. 완전한 침묵 속의 어두운 무대 백지 위를 움직이는 손과 손이 지난 자리에 남겨진 그림에 맞추어 오케스트라가 연주된다. 만화가가 그림을 그리는 테이블 위의 종이를 카메라가 잡아 그것을 실시간으로 정면의 대형 스크린에 전송하여 음악을 덧붙이는 색다른 형식의 콘서트였다.

2) 앙시 애니메이션 페스티벌

프랑스는 현재 일본과 미국의 뒤를 잇는 세계 애니메이션계의 3대 시장으로 성장하였다. 일본과 미국이 애니메이션의 상업성과 양으로 승부를 한다면 프랑스는 예술성과 질로 승부를 한다고 할 수 있다. 한 때 프랑스도 애니메이션에서 침체기를 겪었지만 2000년대에 들어서며 여러 국가들과의 합작 투자로 다시 회생하여 앞으로의 전망도 밝은 편이다. 프랑스의 애니메이션은 뿌리 깊은 작가주의 전통과 프랑스 영화협회(CNC)로 대표되는 정부 차원의 체계적인 지원, 그리고 관객들의 폭넓은 관심에 힘입어 그 위상을 강화해 나가고 있다. 이러한 프랑스 애니메이션의 위상을 높여주는 계기가 된 것이 바로 앙시 애니메이션 페스티벌이다. 1956년 칸 영화제에 신설된 앙시 애니메이션 페스티벌은 경쟁 애니메이션 부문을 소도시 앙시로 가져와 독립된 페스티벌로 키워냈다. 앙시 페스티벌은 당초 홀수 연도에 열렸으나 98년부터 매년 열리는 것으로 바뀌었다. 앙시 페스티벌은 국제 애니메이션필름협회가 인정하는 세계 4대 애니메이션 페스티벌(히로시마, 자그레브, 오타와, 모스크바) 중 최고의 권위를 인정받고 있다. 한국 작품 진출은 1994년 이용배 감독의 단편 '와불'을 시작으로 본격화되어 2002년에 '마리 이야기', 2004년에는

'오세암'이 장편 부분에서 대상을 받은 전력이 있다. 앙시 애니메이션 페스티벌은 행사 규모면에서 다른 페스티벌에 비해 엄청난 위용을 자랑한다. 앙시 페스티벌은 세미나에서 공개상영, 전시회 등 온갖 행사가 벌어져 작은 도시가 행사기간 내내 북적거렸지만 앙시 페스티벌은 번잡스럽고 수선스럽기보다는 애니메이션을 좋아하는 이들이 각종 작품 속에 푹 젖어있을 수 있는 흥겨움을 지니고 있다.

4. 프랑스 속의 한국만화

❶ '자장면'의 여주인공. 사인회에서 가장 인기가 많았던 그림이다.
❷ '자장면'의 프랑스어판 표지.
❸ '달려라 봉구야'의 프랑스어판 표지.
❹ 사진 왼쪽부터 시계 반대방향으로 변병중·최규석·변기형, 프랑스 시나리오 작가 코르베랑.

2006년 2월 1일 중앙일보 기사 참조

우리나라 어린이들이 사랑하는 대표적인 만화인 '뽀로로'가 프랑스에 수출되어 2004년 프랑스 최대 지상파 채널인 TFI에서 57%의 평균 시청률을 기록하였다. 뿐만 아니라 지면만화 또한 인터넷 웹툰과 더불어 유럽 시장에 진출하고 있다. 이미 변병준, 최규석, 변기현 등 젊은 만화가들이 프랑스의 유명한 만화출판사인 카나(KANA)의 초청을 받았고 변병준의 '달려라 봉구야'와 '최규석, 변기현의 '자장면'이 각각 'Cours, Bong-gu!'와 'Nouille Tchajang'으로 출판되기도 했다.

유럽에 한국만화가 본격적으로 알려지기 시작한 것은 2003년 앙굴렘 페스티벌부터이다. 이후 많은 만화가들이 프랑스를 방문하였고 프랑스의 유명한 출판사인 카스테르만(Casterman)과 독일의 에그몬트(Egmont VGS)에서 한국의 젊은 만화가를 향해 구애를 하고 있는 상황이다. 카스테르만은 현재 한국의 웹만화를 소개하려고 기획하고 있다. 카스테르만 편집자 디디에 보르그(Didier Borg)는 만화규장각과의 인터뷰를 통해 일본이나 한국처럼 핸드폰(모바일)을 통한 만화서비스를 받는 형태를 도입하려 하고 있다고 했다. 출판사로서 카스테르만은 두 가지 창조의 매체인 모바일과 인터넷을 활성화하여 한국의 웹툰과 같은 방식으로 프랑스에 만화를 소개하는 것도 고려하고 있다. 또한 한국 출판사들과의 협력 관계를 통해 프랑스 독자가 한국만화를 발견하게 하려 한다. 한국 웹툰을 소개하는 것은 프랑스 작가들이 그 포멧에 익숙해지게 함으로써 그들이 이후에 이 매체(인터넷)를 통해 창작할 수 있도록 하려는 목적도 있다. 최근 5년간 프랑스 만화의 큰 변화중의 하나는 블로그 만화의 출현이다. 카스테르만 출판사는 블로그 만화가의 작가들이 웹툰의 시스템에 적응하도록 하기 위해 한국의 웹툰에 대해 적극적인 관심을 갖고 있다. 프랑스 출판계가 보는 한국만화의 유럽 진출에는 몇 가지 준비가 필요하다. 우선적으로 프랑스 독자들에 대한 교육이다. 아시아에서 온 것이 전부다 망가는 아니라는 것, 한국에도 다이나믹한 만화의 움직임이 있고 그래픽적인 면이나 시나리오 면에서 훌륭한 작가들이 많다는 것을 알려야 한다고 전제한다. 그 외에 유일하고 가장 큰 문제는 경제적인 것이다. 한국만화는 힘과 야망이 넘쳐 250페이지가 넘는 칼라만화를 많이 볼 수 있는데, 만화제작비가 비싼 프랑스에서는 이런 만화책이 서점에 나왔을 때 무척 비싸진다는 것이다. 만화책을 사려는 프랑스 독자에겐 이것이 아주 민감한 문제가 될 수 있다. 한권에 25유로씩이나 하는 잘 알려지지 않은 한국작가의 만화를 선뜻 살 사람은 많지 않을 것이기 때문이다. 만화가격의 문제와 교육의 문제(한국만화의 인지도에 관한)를 해결한다면 프랑스 만화 시장에서 한국만화의 활약은 더욱 커질 것으로 기대된다.

XV. 느림의 미학을 보여주는 프랑스 요리

프랑스에서는 식탁과 관련된 즐거움의 전통이 수세기 동안 이어져왔고, 그것은 지금도 여전히 특별한 의미를 갖는다. 프랑스 요리의 역사를 이해하기 위해서는 역사적 배경과 함께 미식가와 요리의 발전에 대하여 알아보아야 한다. 프랑스 요리는 크게 오트 퀴진(Haute cuisine)과 퀴진 레지오날(Cusine régionale)로 나눌 수 있다. 전자는 고도로 숙련된 요리사에 의하여 섬세하게 만들어지고 아름답게 장식된 최고급요리를 말한다. 후자는 각 지방마다 생산되는 신선한 재료를 이용하여 독특하고 전통적인 방법으로 만들어지는 요리를 말한다.

1. 프랑스 미식의 역사

프랑스는 전형적인 농업 국가이다. 오랜 옛날 프랑스인들의 조상인 '골족'은 귀리, 호밀, 벼 등을 이용해서 죽 같은 음식이나 빵과 비슷한 형태의 음식을 먹었고 또한 평지가 많은 관계로 사냥을 해서 잡은 산짐승들로 육류를 섭취했다. 유럽에서의 식문화의 발전은 평민의 식생활보다는 귀족의 식생활 변천에 의해 이루어졌다. 또 한 가지, 프랑스의 중세 식문화에서는 수도원의 역할도 빠트릴 수 없다. 수도원은 자급자족형의 공동체이므로 외부의 영향을 받지 않고 자신들만의 농작물과 식품을 생산하고 새로운 야채 품종을 개발하는 등의 여러 가지 일들을 담당했다. 지금까지도 명맥을 이어오는 치즈나 와인, 약, 사탕 제품들은 모두 수도원을 거쳐 개발된 것들이다. 또한 종교적으로 육류를 금하는 날이 많았기 때문에, 민물생선이나 심해 생선 등을 이용한 식문화가 발전했다. 생선들을 보존하기 위해서 염장법이나 건조법 등의 식품저장법이 발달했고 어류 양식 기술도 더불어 개발되었다. 십자군 전쟁으로 인해, 지중해에 면한 나라와의 교역으로 다양한 향신료들과 새로운 식재료들이 들어와 새로운 요리의 발달을 가져왔다. 밋밋했던 음식에 맛을 돋우기 위해서 혹은 식품을 더 오랫동안 보존하기 위해서 사용하게 된 향신료들은 프랑스 요리의 발전에 큰 영향을 미쳤다. 이 시기에 빵이나 육류를 전담하는 협회도 만들어졌고 제빵사, 도살업자도 안정된 직업으로 자리를 잡았다. 프랑스 요리가 결정적으로 발전하기 시작한 시기는 르네상스시대로 이탈리아 피렌체의 카트린 드 메디치가 앙리 2세의 부인이 되면서부터이다. 당시 음식문화는 프랑스보다 이탈리아가 훨씬 더 앞서 있었다. 카트린 드 메디치는 시집을 오면서 자신의 요리사들을 데려왔고 그들은 새로운 식재료와 새로운 기술로 프랑스 궁중사회를 매료시켰으며 식사문화나 테이블 장식에서도 새로운 스타일을 선보여 프랑스의 식문화 발전에 결정적인 기여를 했다. 그 후 이탈리아인들이 프랑스인들에게 셔벳이나 아이스크림 기술을 전수해주기도 했다. 루이 14세에 이르러 프랑스의 식문화는 한층 더 발전을 하는데, 대식가이자 미식가였던 루이 14세는 식사 때마다 엄격한 예절을 갖추어 장대한 스펙터클을 연출했다고 한다. 루이 15세에 이르러서는 루이 14세 때부터 이어져 내려온 식사문화가 왕궁뿐 아니라 일반 귀족들에까지 전해져서 '요리 또는 미식'을 의미하는 '가스트로노미(gastronomie)' 라는 단어가 생겨나는데 가스트로노미는 고급문화로 격상된다. 나아가 여러 가지 소스의 기본이 되는 스톡을 만드는 방법이 생겨나고 마요네즈나 프와 그라(거위간)를 이용한 요리, 뜨거운 전체요리 등의 다양한 장르의 요리가 이 시기에 등장했다. 한편, 일반 국민들에게 새로운 식생활을 열어준 사람은 루이 16세였다. 파르망티에라는 사람을 통해서 그때까지만 해도 생소한 재료였던 '감자'를 심도록 하여 다양한 조리법을 개발해 국민들의 배고픔을 면하게 해주었다. 프랑스 혁명은 고급 식문화 발전에 다소 후퇴를 가져 왔지만, 귀족들의 음식이 대중적으로 퍼지게 된 계기였다. 귀족의 몰락으로 일자리를 잃게 된 요리사들은 생계를 위해서 거리로 나왔고 좀 더 대중화된 음식으로 레스토랑을 열었다. 이 시대에는 앙트완 카렘(Marie-Antoine Carême) 같은 요리사나 통조림의 기술을 발견한 아뻬르(Nicholas Appert) 같은 과학자, 브리아 사바렝(Brillat-Savarin) 같이 문학과 식문화를 접목시킨 미식가 등 다양한 분야의 사람들이 음식문화를 다양한 각도에서 발전시켰다.

브리아 사바렝

산업화이후 교통수단의 발달로 각지의 식재료들에 대한 접근이 한결 용이해지고, 대량축산업의 발전으로 양질의 고기를 먹을 수 있게 되면서 프랑스의 대도시에서는 큰 거리마다 독창적인 레스토랑들이 우후죽순처럼 생겨나 외식산업이 번창하게 되었다. 20세기 들어서는 프랑스 요리사들의 활약이 두드러져 영국왕실이나 러시아의 황실에서도 프랑스 요리사들이 왕성한 활동을 했다. 오귀스트 에스코피에(Auguste Escoffier)의 출현으로 지금까지의 프랑스 요리가 체계적으로 정리되었다. 오늘날 우리가 접하고 있는 주방 시스템 창시자도 그였고, 부분화 되어 있던 프랑스 식당의 운영을 통합 조정하여 성공한 것도 그의 아이디어다. 이후 프랑스에 뒤부아의 러시아 음식 서비스 방법을 도입하여 현재의 음식 서브 순서를 창안한 사람도 그였다. 그는 프랑스 정부로부터 1920년 레지옹 도뇌르 훈장을 수여 받았다. 요리사들의 역할 이외에 현대에는 미식 안내서가 대중의 미각을 주도하는 역할을 담당하기도 한다. 1900년에 출간된 '기드 미슐랭(Guide Michelin)이라는 책은 신문기자, 자동차 운전자 등 아마추어 미식가들의 모임인 100인 클럽과 더불어 탄생했다. 이 클럽의 회원들은 각 지방 고유의 전통 요리를 내놓는 여인숙과 레스토랑을 찾아 지방을 누비고 다녔으며 그렇게 해서 얻어진 정보는 미슐랭 회사의 광고용 소책자에 실렸다. 요리에 대한 평가를 표기하는 방법으로 별을 빼거나 더하는 방식은 이 안내서를 대중적인 잡지로 만들어주었으며, 이 방식은 곧 국제적인 기준이 되었다. 이 잡지는 프랑스에서 가장 많이 팔린 여행 안내서일 뿐 아니라 전 세계 미각과 고급 레스토랑을 주도하는 안내서 역할을 한다. 이처럼 오랜 역사의 과정을 통해 세계 각국의 요리들이 프랑스에 도입되면서 프랑스는 명실공이 세계 미식의 중심지로 떠오르게 되었다.

2. 음식에 대한 프랑스인들의 문화적 접근

프랑스인들에게 요리는 예술 작품을 감상하는 행위와 비교된다. 유명한 요리를 먹고 평하는 프랑스인들의 모습은 여느 예술 작품을 대하는 이들의 모습과 흡사하다. 프랑스인들은 세계 제일의 식도락가이며 미식가이다. 그래서 요리에 대해 정통한 미식가는 대접을 받는 반면 요리에 무관심한 사람은 문화적이지 않은 비사교적인 사람으로 간주된다. 프랑스인들은 식사문화에서도 우리와 매우 다른 가치관을 지니고 있다. 우리에게 식사란 한자어 식사(食事)로도 알 수 있듯이 '먹는 일'이다. 넉넉하지 않은 식사로 허기를 채우던 시대를 살았던 한국인들에게 식사는 무엇인가 고민을 해결해야하는 일이었을 것이다. 요즘 들어 한국에도 식도락의 문화가 차츰 자리를 잡아가고 있지만 아직도 사회 전반에 걸쳐 식사는 빨리 해결해야만 하는 일처럼 간주되고 있다. 이는 프랑스인들과 우리가 갖고 있는 문화의 차이를 단적으로 보여주는 부분이라고 할 수 있다. 사실 문화라는 단어처럼 아름답고 세련된 말은 드물다. 문화는 인간이 사회를 형성하여 살면서 만들어 낸 모든 정신적, 육체적 산물을 총칭하는 개념이다. 분명 식당이나 식사 없는 인간의 삶이란 생각할 수 없을 것이다. 그만큼 필요 불가결한 것은 틀림이 없다.

19세기에 유럽에서 노동운동이 싹틀 무렵 노동자들은 8시간 일하고 8시간 잠자고 8시간 인간다운 삶을 누리고 싶다는 이상을 꿈꾸었는데, 그 꿈은 이미 오래전에 실현되었다. 이제 생활 전반에 걸쳐 여유가 생겼으며 산업화와 기계문명의 발달로 인간은 과거보다 많은 시간적 여유를 누리며 생활하고 있다. 그래서 인간다운 삶을 누리는 이 8시간은 이제 전적으로 여가와 문화를 향유하는 시간이 되었다. 프랑스인들은 함께 맛있는 음식을 나누어 먹으며 그 음식을 음미하고 서로 이야기를 나누는 식탁문화가 발달했고 이러한 문화가 일상에서 가질 수 있는 최대의 즐거움 가운데 하나라고 생각한다. 이들이 갖고 있는 음식에 대한 취향과 함께 프랑스의 비옥한 토지에서 생산되는 풍부한 식재료들과 오랜 시간 동안 여러 요리사들의 손을 거치며 전수되어온 양조와 향신료 기술, 그리고 경제적인 여유로 인해 프랑스는 세계 제 2의 요리 강국이 되었다. 요리사들은 우리나라와는 달리 굉장한 자부심을 갖고 있으며 전문적인 분야로 모든 이들의 사랑을 받는 직업이 되었다. 프랑스인들이 요리사에 대해 갖고 있는 인식은 한 제빵업자의 죽음을 통해 읽을 수 있다. 얼마 전 푸알레라는 제빵업자가 사망하자 프랑스의 주요언론들은 추모 특집 기사를 실었고 총리는 '푸알레가 프랑스 빵에 명품의 이미지를 더해준 정열적인 휴머니스트였고 그의 작품은 식탁의 미술이었다'라는 찬사와 함께 그를 애도했다.

프랑스인들이 요리에 대해 갖고 있는 인식은 그들이 요리코스에서 사용하는 용어들만 보더라도 알 수 있다. 전식에 해당하는 오르되브르(hors-d'oeuvre)라는 단어를 풀어 해석하면 '작품 외에, 혹은 작품 밖에'라는 뜻으로 요리사가 선보이는 요리를 작품으로 간주하고 있음을 읽을 수 있다. 또한 식당도 식사라는 '일'을 하는 곳이 아니라 여유 있게 먹는 즐거움을 누리는 곳으로 여긴다. 프랑스인들에게 '레스토랑(restaurant)'은 그 기원에서 알 수 있듯이 원기를 회복하고 즐거움을 얻어가는 곳이다. 이런 문화적인 공간인 식당에서는 문화인으로서 행동해야 한다. 말하자면 문화를 향유한다는 자세로 식당을 이용해야 한다는 것이다. 직업에는 귀천이 없다고 하지만 사실 우리사회처럼 직업에 차별을 두는 사회도 드물 것이다. 요식업에 종사하는 사람들, 그 중에서도 식당종업원들에 대해서는 노골적으로 하대하는 경우를 우리는 주위에서 쉽게 찾아 볼 수 있다. 식당 예절에서도 프랑스와 한국은 서로 다른 점이 많은데 우리나라 식당에서 '손님은 왕'이지만 문화강대국 프랑스에서는 손님은 요리사의 요리를 즐기러온 관객인 것이다. 그래서 고급 레스토랑의 쉐프들이 나와 자신이 선보인 요리에 대한 평가를 원할 때는 작품을 감상한 관객처럼 솔직하게, 그러나 멋진 평을 해주어야 한다. 프랑스 식당에서는 손님들이 종업원들을 최대한 존중하며 에티켓을 지킨다. 이는 식당공간을 하나의 문화공간으로 여기기 때문이다. 그래서 식당종업원을 인격적으로 존중하고 그들의 통제에 따라야만 한다. 격조 있는 프렌치 레스토랑 같은 경우는 웨이터가 지정해줄 때까지 문 앞에 서서 기다려야 하며 손님 마음대로 테이블에 앉는 것은 큰 결례이다. 물론 문화는 상대적이기 때문에 프랑스인들의 식당문화가 우위에 있다고 할 수는 없지만 적어도 식당이라는 공간에서 작품을 감상하듯 문화를 향유하는 프랑스인들의 여유로움은 배워야할 부분이다.

3. 음식과 관련된 반-미국주의 감정

릭 판타지아(Rick Fantasia)의 1995년 논문인 「Fast in France」에는 프랑스에서의 맥도날드의 위상에 대한 재미있는 글이 실려 있다. 프랑스인들이 갖고 있는 맥도날드에 대한 이미지와 상징들은 세계 각국에서 보여주고 있는 것과는 다른 양상을 보인다. 미식가의 나라, 음식을 예술로 여기며, 식사를 하는 예절에 대한 서적이 꾸준히 출판되는 나라 프랑스. 프랑스인들에게 패스트푸드는 음식일까 아니면 단지 음식문화의 침략자일까? 프랑스인들은 패스트푸드점인 맥도날드가 세계화의 상징이라 생각한다. 프랑스 내에서 맥도날드는 1972년 파리에 최초로 문을 열었다. 맥도날드 측에서도 파리 1호점을 시작으로 세계화 경영전략의 시작을 알리려 했다. 하지만 90년대 중반 이후 프랑스 내에서 맥도날드 점포 수는 감소하고 있다. 프랑스 사회학자인 미셸 크로지에(Michel Crozier)는 프랑스인의 미식가적 관습은 패스트푸드가 제시하는 신속성, 규격성 그리고 균질성과는 직접으로 대치된다고 주장한다. 따라서 프랑스인은 패스트푸드의 영향으로부터 자유롭고 안전하며, 프랑스에서는 패스트푸드의 확산이 제한적이다. 많은 프랑스인들이 프랑스 음식은 좋은 것이고, 패스트푸드는 미국과 외국의 것, 나쁜 것으로 인식하고 있음을 시사한다.

실제적으로 프랑스 내에서는 음식과 관련하여 반-미국주의 감정이 고조되고 있으며 프랑스인들이 미국을 상징하는 코카콜라나 맥도날드를 배척하거나 거부하는 현상들도 일시적으로 발생한다. 2000년 4월 프랑스 남서부의 소도시 생-마리시는 코카콜라를 미국 패권주의의 상징이라 주장하며 코카콜라와의 전쟁을 선포했고, 이 지역 내 코카콜라의 가격을 3배로 인상하는 조치를 취했다. 또한 4월 19일에는 프랑스 북서부 한 도시의 맥도널드 레스토랑에서 사제 폭탄이 터져 여종업원 한 명이 숨지는 사건까지 발생했다. 이런 코카콜라나 맥도널드와의 전쟁은 1999년 4월 미국이 프랑스산 치즈에 대한 관세를 올리면서 촉발된 프랑스 농민들의 대규모 반미시위와 맥을 같이 하고 있다. 그런데 반미공세의 대상이 미국 대사관이 아니라 코카콜라나 맥도널드라는 것은 나름대로 의미가 있다. 왜냐하면 프랑스인에게 코카콜라나 맥도널드는 다름 아닌 미국문화의 상징이자 제국주의적 문화침투의 첨병으로 인식되고 있기 때문이다. 프랑스인들은 구호를 외치며 정치적 대응을 하는 대신 일상생활을 잠식하고 있는 미국식 문화에 대한 거부를 실제적으로 보여주고 실행한다. 프랑스에서 반-미국주의 문화는 단순한 정서적 거부감이 아니라 일상적인 저항이 생활화된 하나의 문화라 할 수 있다. 현재 빠른 속도로 진행되고 있는 세계화가 미국화라는 내용으로 이루어지고 있음을 직시할 때, 반-미국주의 문화란 이런 미국화에 저항하는 또 하나의 대항문화(counter culture)를 형성하고 있다고 할 수 있다.

프랑스에서 반-미국주의가 광범하게 뿌리내리기 시작한 것은 어제 오늘의 일은 아니다. 프랑스인의 반-미국주의의 시작은 미국독립혁명 때로 올라간다. 유럽 대륙으로부터의 독립으로 본 프랑스 엘리트 그룹 사이에서 미국대륙인들은 경멸의 대상이었고, 열등한 민족이었다. 당시에 미국으로 이민을 간 계층이 대부분 하층민이었기 때문이다. 또한 이러한 감정은 세계 1차 대전 이후 미국의 대중문화 유입으로 미국의 문화는 프랑스 내에서 저급하고 속물적인 것으로 여겨졌다. 거기다 세계화 물결을 타고 미국의 문화와 기업들이 공간적 영역을 넓혀나감으로써 이에 대한 세계인의 시선이 곱지만은 않았다. 프랑스 내에서도 90년대에 반세계화를 외치는 사회운동이 노동운동과 함께 일어나 반세계화의 타깃을 미국으로 설정함으로서 반-미국주의를 키웠다. 특히 프랑스는 냉전시절 미국을 추종했던 영국이나 독일과는 달리 반미 자주외교노선을 주장해왔다. 이는 물론 프랑스가 드골주의의 유산이기 때문이지만 그 이전에 사회적 연대, 진보, 보편성을 추구해온 전통과 닿아있다고 할 수 있다. '반-미국주의'라는 용어는 프랑스어 사전에 표제어로 수록될 정도로 프랑스인들에게는 하나의 문화로 자리를 잡았다. '그랑 라루스 불어사전에 나오는 32개의 안티(anti) 항목 중에 나라와 관계되는 것은 반-미국주의(anti-américanisme)밖에 없다'는 역사학자 앙드레 카스피의 지적은 의미심장하다. 적어도 프랑스에서는 반미주의가 감정적인 차원을 넘어 문화로 정착했다는 이야기다.

프랑스의 반-미국주의문화는 대중적인 운동에 기반하고 있기에 조직적이고도 포괄적이다. 드골 대통령은 미국의 패권주의적 본질을 꿰뚫어보았다. 그래서 양분 되었던 냉전시절에 제 3세계 비동맹 운동과의 결속을 통한 독자 노선을 추구했다. 이후로 프랑스는 끊임없이 미국의 세계 정책에 태클을 걸어왔다. 이는 '세계를 교란하는 훼방꾼이 되어 미국에게 과감히 NO라고 말할 수 있는 나라가 되라'는 드골주의의 가르침 때문에 가능했던 것이다. 그래서 미국에게 이런 프랑스는 눈엣가시 같은 존재이다. 프랑스는 오늘날 반미담론의 중심지가 되고 있다. 문화운동으로 자리 잡고 있는 반미주의를 지탱하는 두 개의 지주는 지식인들의 비판적인 태도와 프랑스 국민들의 반-미국주의의식이다. 사회의 여론을 이끌고 있는 지식인들이 미국 패권주의 비판에 앞장서고 있는 것은 또 하나의 프랑스적인 현상이라 할 수 있다.

4. 세계적인 요리학교 '르 코르동 블루(Le Cordon Bleu)'

'르 코르동 블루'는 요리와 제과제빵에 있어 110년이 넘는 오랜 역사와 전통을 자랑하는 명문 사립학교다. 비록 일종의 학원이기는 하지만 체계적인 교육프로그램과 권위로 인해 학교에 버금가는 인상을 준다. 우리나라에서도 숙명여대가 이 학교를 유치해 '꼬르동 블루-숙명 아카데미'가 설립되어 있다. '르 코르동 블루'는 푸른 리본이라는 뜻으로 그 연원은 16세기로 거슬러 올라간다. 1578년 프랑스 국왕 앙리 3세는 '성령 기사단(L'Ordre des Chevaliers du Saint Esprit)'을 창단한다. 성령 기사단은 그 어마어마한 권세에 맞게 매우 화려한 예법으로도 유명했다. 기사단원들은 성령을 상징하는 비둘기와 프랑스 왕가를 상징하는 백합으로 장식된 훈장을 착용했으며, 여기에 일반적으로 '하늘'을 상징하는 '파란색 리본(le Cordon Bleu: 물론 파란색 리본 이외에도 프랑스 왕가를 상징하는 목걸이도 존재한다)'을 이용하여 목에 걸거나, 길게 늘어뜨려 어깨에 메었다. 성령 기사단

영화 '사브리나'에서의 르 코르동 블루

의 이 심플하고도 고상한 상징은 많은 이들에게 시각적으로 큰 인상을 주었으며, 결국 '르 코르동 블루'라는 단어는 성령 기사단 그 자체를 나타내는 어휘로 사용되기 시작했다. 그런데 성령 기사단의 예법 중 최고의 것은 성대한 만찬이었다. 회합이 있는 날이면 기사단의 최고 요리사들이 깜짝 놀랄 만한 맛과 양의 음식을 제공했다. 최고의 요리나 음료 뿐 아니라 아름답고 정교하게 장식된 음식들이 줄을 지었다. 기사단 만찬의 명성은 나날이 높아졌고, 급기야 '최고의 요리'라는 명성을 얻게 되었다.

19세기말경 언론인이던 마르뜨 디스텔 여사(Mme Marthe Distel)는 '라 퀴지니에르 코르동 블루(코르동 블루 요리사)'라는 주간지를 발간하여 큰 성공을 거두고 70여년에 걸쳐 세계 최고의 요리 레시피를 집대성한다. 그리고 1896년 1월 14일, 잡지에 소개된 요리들을 가르치고, 프랑스 요리의 발전과 전파를 목적으로 'Le Cordon Bleu' 학교가 파리에 문을 연다. 설립과 함께 세계적인 관심을 불러 모았던 '르 코르동 블루'는 1897년 첫 러시아 유학생이 입학한 후 차츰 세계적인 요리학교로 발돋움한다. 결정적으로 '르 코르동 블루'가 국제적인 유명세를 타게 된 것은 1954년 오드리 헵번이 주연한 영화 '사브리나' 때문이다. 헵번이 영화 속에서 파리의 '르 코르동 블루'에서 요리수업을 받자 많은 여성들이 관심을 갖게 되었고 '르 코르동 블루'에서는 '사브리나' 요리 시리즈를 발간하기도 했다. 1984년에 코냑을 생산하는 크앵트로(Cointreau)가문이 이 학교를 인수한 후 굴지의 국제요리학교로서의 입지를 확고히 다지고 있다. 현재 세계 각국에 분교를 두고 있으며 많은 유학생들이 이 학교를 거쳐 유명한 쉐프로 자국에서 자리를 잡고 있다.

5. 문화적 구별짓기

미각의 생리학에 유독 민감한 프랑스인들에게 포도주는 삶의 일부를 이루고 있다. 포도주는 인간이 희로애락을 표현할 때 좋은 벗이 되어주고 불행한 자들에게는 기쁨의 원천이 되며 정신적인 안정과 휴식을 제공해주기도 한다. 포도주는 프랑스인들에게 좋은 벗의 역할을 하기도 하지만 또 한편으로 경제적 유익을 선사하는 하나의 산업이 되기도 한다. 전 세계적으로 명성을 날리고 있는 프랑스의 포도주는 프랑스가 주로 수출하는 주요 수출품이기도 하다. 그런데 이러한 포도주를 판매할 때도 프랑스는 나름대로의 문화 가치를 덧붙여 다른 나라 사람들이 무엇인가 특별한 와인을 선택한다는 느낌을 갖도록 하는 일명 '문화적 구별짓기'를 활용한다. 가끔 우리는 고도로 계획된 상술로 인해 새로운 기념일들이 등장하는 경우를 보게 된다. '발렌타인 데이'나 '화이트 데이' 등 외국의 풍습에서 유래한 기념일 뿐 아니라 최근에는 '빼빼로 데이' 혹은 '젓가락 데이' 등 젊은이들 간의 새로운 풍속도가 생겨나고 있다. 이러한 심리를 누구보다 먼저 활용한 국가가 프랑스이다. 프랑스인들의 상술가운데 하나가 바로 '보졸레누보 출시일'이다. 해마다 11월 셋째 주 자정을 기해 전 세계적으로 프랑스산 대표와인 '보졸레누보'가 출시되는데, 언제부터인지 이날은 전 세계의 와인애호가들이 한결같이 손꼽아 기다리는 날이 되어 버렸다. 본고장인 프랑스에서도 '보졸레누보' 출시를 기다리기는 하지만 11월 셋째 주 목요일이 되면 프랑스인 뿐 아니라 전 세계 애주가들이 보졸레 출시를 기다린다. 이날 프랑스 내의 가게나 슈퍼에서는 일제히 '보졸레누보 에 따리베(Beaujolais Nouveau est arrivé; 보졸레누보 도착)라는 안내간판을 걸어놓고 일제히 판매를 시작한다.

프랑스는 다른 어느 국가보다 포주주로 유명한 곳이다. 보통 우리가 알고 있는 와인은 오래 묵혀둘수록 깊은 맛이 난다. 하지만 '보졸레누보'만은 예외이다. '보졸레누보'로 잘 알려진 보졸레는 햇포도로 담근 와인을 프랑스 내에서 가장 먼저 선보이는 곳으로 알려져 있다. 보졸레는 프랑스 부르고뉴 지방 가장 남쪽에 자리 잡고 있고, 면적이 2만2000㏊에 달하는 와인 생산지이다. 이곳에서 포도를 경작하기 시작한 것은 8세기 경으로 알려져 있다. '보졸레누보'의 유래는 2차 대전 직후 와인에 굶주린 보졸레 지방 사람들이 그해 수확된 포도로 즉석에서 만들어 마신데서 시작되었다. 보졸레 와인은 여타 와인과 다른 특별한 점이 몇 가지 있다. 일반적으로 와인은 줄기에서 떼어낸 포도만을 발효시켜 만든다. 하지만 보졸레 방식은 다르다. 포도알만 쓰는 게 아니라 줄기까지 함께 넣어 발효시킨다. 그렇게 해야 보졸레 와인만의 독특한 탄닌 향을 낼 수 있기 때문이다. 또 다른 특징은 바로 탄산이다. 보졸레에서는 포도를 발효시킬 때 인위적으로 탄산을 넣는다. 탄산 공기방울이 위로 올라오면서 포도 알갱이를 두드려주도록 하여 포도 내에 있던 성분이 빠져나오며 신선한 맛을 내고 과일향도 더욱 풍부해지도록 한다. 보졸레 하면 '보졸레누보'부터 떠오르기 때문에 항상 그 해에 수확한 와인만 있다는 편견을 갖기 쉽다. 하지만 그해 수확한 와인을 바로 내놓는 '보졸레누보'가 갓난아기라 한다면, 보졸레의 크뤼급 와인은 사춘기 소년 · 소녀의 감성을 표현하는 와인이라 할 수 있다. 프랑스의 유명한 사회학자인 피에르 부르디외는 문화적 취향과 기호의 중요성에 대해 역설하며 개인의 취향이라는 것이 단순한 사적 선택의 결과가 아니라 계급적 이데올로기적 의미로 가득 차 있다는 점을 보여주었다. 전 세계인이 출시를 기다릴 만큼 새로운 문화 풍속을 만들어낸 프랑스인들은 문화적인 구별짓기로 새로운 이데올로기를 전해준 국가라 할 수 있다.

XVI. 시적 아름다움을 지닌 프랑스의 음악

1. 프랑스 음악의 기원과 일반적 특징

피레네 산맥 기슭에 숨어 있는 동굴 속 벽에는 순록의 무리들 사이에서 악기를 연주하고 있는 사람이 그려져 있다. 기원전 15,000년 전의 그 벽화는 지금까지 프랑스에서 발견된 음악에 관한 기록 가운데 최고의 것이다. 하지만 프랑스 지방 민속음악에서는 그보다 더 오래된 자취를 찾아볼 수 있다. 지금도 주요한 절기 때나 결혼식 같은 통과의식에서 손뼉을 치거나 발을 굴러 박자를 맞추어 부르는 노래를 들을 수 있다. 인간의 목소리, 손과 발은 소리를 반복하면서 어느새 음악이 되고, 그 음악은 인간이 연주했던 어떤 악기들보다도 더 오래된 음악을 들려준다. 인간의 생이 시작되는 곳에, 인간과 함께 음악도 그렇게 시작된다. 프랑스 음악의 기원부터 현재까지의 흐름을 모두 살펴보는 일은 너무나 방대한 작업이 될 것이다. 따라서 이 장에서는 프랑스 클래식 음악가들 가운데 현대에 와서 가장 주목을 끌고 있는 두 명의 작곡가들을 중심으로 살펴보도록 하겠다.

20세기 프랑스 내에서 중요한 활약을 한 작곡가는 바로 올리비에 메시앙과 에릭 사티이다. 제 1차 세계대전 이후 프랑스 음악은 '새로운 단순함'을 추구하였는데 에릭 사티(Erik Satie)는 새로운 음악의 모범으로 간주되었다. 사티는 유머감각을 지녔으며 부조리에 대한 의식과 비순응주의로 유명하다. 그는 샤 누와르(Chat Noir)라는 몽마르트의 카바레에서 피아니스트로 경력을 쌓기도 하다가 드뷔시를 만나 친구가 된다. 사티는 카페에서 작은 음악공책에 작곡을 하며 곡을 만들었다. 그의 곡은 매우 독창적이며 감성이 풍부한 음악을 선보이고 있다. 사티의 대표곡으로는 '짐노페디(Gymnopédie)'가 있는데 이 곡은 현대 배경음악(BGM)의 시초가 되었다. 일정한 리듬이 반복되어 단순한 것처럼 들리는 짐노페디는 현란한 기술 없이 잔잔하게 가슴을 울리는 곡이다. 사티가 작곡한 곡 가운데 '나는 너를 원해(Je te veux)는 사티가 사랑한 수잔이라는 여인을 위해 작곡한 곡이다. 수잔은 험난한 과거를 지닌 여인으로 사티와 잠시 동거를 하기도 했지만 르느와르, 로트렉, 드가의 모델로 활동하며 남성 편력을 지녔던 여인이었다. 수잔과 사티는 결국 헤어지게 되고 사티는 그 후 25년 동안 두문불출하며 혼자 지냈다고 한다. 사티 이외에 유명한 현대 프랑스 작곡가로 올리비에 메시앙이 있는데 음악을 인간과의 깊은 관계 속에서 찾으려는 공통된 목적에 따라 작곡활동을 하였던 인물이다. 1942년 교수가 되고, 1944년에는 자신의 작곡법을 종합하여 '나의 음악 어법'을 펴내 작곡계에 큰 영향을 주었다. 이 책은 오늘날까지 현대 음악 어법에의 귀중한 길잡이가 되고 있다. 그 창작의 근원은 가톨리즘에 있는데, 오르간곡 '세상의 종말을 위한 4중주곡'(1941), 피아노곡 '아멘의 환영'(1943) 등에 그 경향이 뚜렷하다. 제2차 세계대전 후에는 이교적 엑조티시즘을 소재로 한 가곡집 '아라위, 사랑과 죽음의 노래'(12곡, 1945) 새소리를 악보에 채택한 피아노의 오케스트라 '새들의 눈뜸'(1952), 피아노곡 '새의 카탈로그'(1956~1958) 등을 작곡하였다. 그의 피아노 모음곡집인 '새들의 카탈로그'는 새의 다양한 울음소리들을 채록하여 악보에 옮겨놓은 것이다. 짐승의 울음소리에서 음악을 탄생시키는, 소리와 박자와 침묵의 반복을 읽었던 메시앙은, 음악의 최고 기록을 간직하고 있는 곳은 피레네 산맥의 동굴이 아니라 모든 '생각하는 자'들의 내부에 간직되어 있는 음의 '동굴'임을 가르쳐주고 있다. 프랑스 음악의 전체적인 특징은 내성적이지도 외향적이지도 않은 균형감과 구상감을 가졌다는 점이다. 또한 형이상학적 감각과 시적인 감각을 동시에 수용해서 일반적으로 우아하고 유려한 면을 지닌다. 또한 노래마다 그것이 생겨나고 불리게 된 사연이 있다.

2. 샹송의 정의

샹송(chanson)이란 프랑스어로 '노래'라는 말이다. 샹송이라는 프랑스 말은 스페인의 칸시온이나 이탈리아의 칸초네와 같은 어원을 갖고 있어, 가요라든가 노래를 의미한다. 샹송은 프랑스에서 만들어진 노래를 일컫는 말로 다른 나라에서 만들어진 노래들과 구별된다. 샹송이란 프랑스를 비롯하여 프랑스어를 사용하는 캐나다의 퀘벡, 스위스 등에서 프랑스어로 불리고 있는 유행가까지 포함하는 것이 일반적인 샹송의 정의이다. 프랑스 샹송과 다른 나라의 샹송과의 차이를 말한다면 프랑스 샹송은 멜로디보다 가사를 더욱 중요시하는 전통을 가지고 있다는 점이다. 흔히 샹송은 한 편의 드라마라고 일컬어지듯, 가사가 이야기로 되어 있는 것이 많다. 곡은 쿠플레(couplet)라는 스토리 부분과 르프랭(refrain)이라는 반복 부분으로 이루어져 있다. 그리고 일상 대화에서 사용되는 것과 같은 알기 쉬운 말을 쓰고 때로는 은어를 섞어서 엮는다. 세계 각 국의 대중가요와 차별화되는 측면이라면 샹송이 특히 가사를 중요시 한다는 점이다. 따라서 샹송 가수는 단지 멜로디를 노래하는 것이 아니라, 그 가사의 내용을 전하는 데 중점을 둘 필요가 있다. 프랑스에서는 대부분의 가수가 음악 학교는 나오지 않았더라도 대개 화법 공부를 하는데 이는 바로 이런 이유 때문이다.

또한 소리가 아름답다든가 음악적으로 정확하다든가 하는 것보다 오히려 그 곡을 어떻게 해석하여 개성적인 표현으로 듣는 이에게 전하는가 하는 점을 평가받는다. 그래서 어떤 샹송을 처음으로 불러 성공시키는 것을 크레아시옹(création)이라 한다. 이것은 창조라는 의미로서 보통 초연이라고 번역된다. 샹송에서는 특히 이 크레아시옹이 존중된다. 가수는 자기의 개성으로 샹송을 연기하고 부름으로써 작사, 작곡가와 공동으로 그 노래에 생명을 주는 역할을 한다고 여겨진다. 제 2차 세계 대전 전까지는 크레아시옹 된 샹송이 초연자 이외의 가수에 의해 다루어지는 일은 거의 없었다. 그러나 오늘날에는 샹송도 외국의 노래와 같은 경향이 되어 크레아시옹의 의의는 약해지고 말았다.

3. 샹송의 역사

어느 나라에서나 노래는 사람과 함께 태어난다. 샹송의 역사도 아주 오래되어서 2,000년도 훨씬 더 된 옛날부터 프랑스인은 그들 자신의 노래를 부르고 있었다. 그 후 진보적인 교회의 수도사나 사제들은 사람들이 좋아하는 popular song의 형식을 사용하여 보다 친해지기 위한 전도가를 만드는 데 착안했다. 이리하여 성자의 업적을 이야기하고, 신의 은총을 설명한 종교적인 노래가 태어났다. 그 외의 세속적인 노래도 있었지만 전해 오지는 않은 채 그늘 속으로 사라지고 말았다. 오늘날에 전해지는 가장 오래된 샹송은 '성녀 우라리의 이야기'로 알려져 있는데. 이것은 881년 바랑센의 수도사에 의해 만들어졌다고 한다. 중세 무렵이 되면서 순례자나 음유 시인들이 샹송을 만들어 퍼뜨리는 역할을 했다. 중세 음유시인들의 노래는 '샹송 드 제스트(Chanson de geste)'라고 하는데 중세 프랑스 서사시를 가리키는 말로 '무공(武功)의 노래'라는 뜻이다. 11세기 '롤랑의 노래'가 대표적인 작품이다. 음유시인으로는 투르바두르와 쿠르베르가 있었는데 투르바두르라 불리는 음유 시인은 남부 프랑스를 중심으로 10세기말부터 13세기경까지 많은 활약을 했다. 투르베르는 이보다 조금 늦게 북부 프랑스에 나타난 음유 시인인데, 주된 레퍼토리는 투르바두르와 같았다. 두 부류 모두 작가 겸 가수로서 반드시 자기가 작사, 작곡한 노래를 불렀으며, 고귀한 집안 태생이 많아 성주들도 이들을 기사로서 대우하는 경우가 많았다. 이에 비해 종글레르(jongleur)는 떠돌이 가수로서 반드시 자신이 만든 노래를 부를 필요는 없었고, 시장이라든가 예배당 등 사람이 모여 있는 곳을 찾아 노래하며 다녔다. 때로는 영주에게 고용되는 경우도 있었다. 가사와 후렴으로 이루어지는 샹송의 원칙적인 형태가 완성된 것도 음유 시인의 시대이며, 12세기로 거슬러 올라간다고 한다. '샹송 드 제스트'가 남성들의 노래라면 '샹송 드 트왈르(Chanson de toile)'는 여성들의 노래이다. 집안에서 여자들이 물레를 돌려 실을 잣고 옷감을 짜면서 부르는 노래인데 남편의 괴롭힘이나 무관심 속에 불행한 아내의 한탄이나 사랑에 빠져 힘들어하는 처녀가 주소재가 되었다.

이윽고 중세 시대가 끝나고 르네상스가 되자 파리는 명실공이 프랑스의 중심으로 번영하기 시작하였고, 샹송의 주도권은 완전히 민중의 손으로 옮겨졌다. 샹송의 형식이 자유로워지면서 서민적으로 변모하고 평범한 사람들의 일상이나 사랑 이야기를 대담하고 도발적인 언어로 그린 노래가 많아지고 자연이나 동물, 일상생활의 사건을 다룬 '표제 샹송'이 생겨났다. 1600년대 초엔 센 강에 놓인 퐁네프가 샹송의 중심지가 되었다. 이 다리 위나 그 주변으로 가게가 늘어서 있어, 모여든 사람들 앞에서 거리의 가수가 노래를 불렀다. 이전의 음유 시인들은 여행을 하는 것이 목적이었으며 노래는 그 수단에 불과했으므로, 그들이야말로 노래를 직업으로 하는 최초의 샹송 가수였다고 할 수 있다. 이 거리의 가수들의 레퍼토리는 주로 시사 풍자의 노래였다. 그들은 당시의 정부 고관이나 귀족들을 신랄하게 비꼬아서 우레와 같은 갈채를 받았다. 이처럼 노래로 풍자하는 것을 샹소네(chansonner)라 한다. 이 경우, 옛날부터 전해오는 멜로디나 남의 곡을 빌어도 상관없지만 가사는 반드시 자기가 지어야 하며, 더구나 날카로운 풍자를 내포하고 재치 있는 정신을 갖춰야 할 필요가 있다. 이러한 전통은 현대의 샹송계에도 맥박치고 있으며, 조르주 브라상스는 그 계통의 위대한 아티스트라는 최고의 평을 받고 있었다. 다만 풍자가수(chansonnier)의 정의는 최근 상당히 허술해져서, 작가 겸 가수를 똑같은 이름으로 부르는 사람도 많다. 또한 오래된 샹송의 작품집이나, 샹송을 들려주는 무대 중 어떤 것들은 샹소니에라고 불리기도 한다.

근대에서부터 라벨 에포크(la belle époque, 1900년 전후)에 걸쳐 샹송의 온상이 된 것은 캬바레나 카페콩세르였다. 이들 업소는 거리의 가수들에게 고정된 직장을 제공해줌으로써 가수들은 거리를 방황할 필요도 없고 안정된 수입을 얻어 노래의 길에 전념할 수 있었다. 그리고 창법을 연구하여 청중을 동원하고 인기를 모았다. 당연히 샹송도 그 형식이 정돈되었고 뚜렷한 발달을 이룩하였다. 그러나 당시의 카바레는 우리나라와는 분위기가 달랐으며, 좀 더 예술적인 면이 강했다. 1878년 샹소니에인 에밀 구도(1849-1906)가 파리의 칼체 다탱에 '물 치료 요양자 클럽'이란 색다른 이름의 클럽을 설립하는데 그 멤버로는 부근의 시인을 비롯해서, 음악가, 화가, 배우, 학생 그리고 청중까지도 참가시켰다. 결과는 대성공이었고 1879년에는 그들에 의한 일간 신문까지 발간되었다. 이것이 최초의 예술적인 캬바레이다. 1881년 에밀 구도의 도움을 받아서 루돌프 사리스가 포우의 소설에서 딴 제목으로 몽마르트에 '검은고양이(Chat Noir)'라는 카바레를 열었다. 카바레의 멤버로 '근대 샹송의 원조'라 일컬어지는 아리스티드 브뤼앙(Aristid Bruant)이 이름을 떨치기 시작했다. 멤버가 순식간에 늘어나 가게가 좁아지자 1885년 5월에 스티븐스라는 화가가 살던 낡은 호텔을 빌어 이전하는데 이후 일반 손님에게도 카바레를 개방하였다. 이후 브뤼앙이 그 자리를 사들여 '밀리통'이란 이름의 카바레를 만들고 1895년까지 이곳을 근거로 활약했다. 카페 꽁세르(café concert)는 '음악을 들려주는 음식점'으로써 카바레와 더불어 샹송의 발달에 공헌하였다. 17세기 후반 최초로 카페가 생겨 커피가 널리 보급되면서 민중들이 하나 둘 모이는 장소가 되었다. 동업자가 늘어 서로의 경쟁이 심해지자 손님을 끌어 모으는 방법이 필요했다. 1759년에 파바르라는 작가가 카페 앞의 거리에 놓인 탁자 앞에서 노래와 춤과 곡예를 보여 준 것을 시작으로 1770년경에 가게 안에서 노래를 들려주는 카페가 나타나는데, 이것이 카페 콩세르의 시초이다. 19세기 후반에 이런 종류의 카페가 크게 유행했다. 가수들은 계약을 맺고 업소에 출현하고 그 속에서 인기 스타가 탄생하기도 했다. 현재와 같은 직업적인 샹송 가수가 나타나게 된 것도 이

시기였다.

카페콩세르가 배출한 대스타는 바로 이베트 길베르이다. 그녀는 근대 샹송의 창법을 확립한 위대한 아티스트였다. 가사의 내용을 존중하고, 말의 리듬을 살려 풍부한 시정을 자아내면서 '노래함'과 동시에 '이야기'하는 현대풍의 창법, 나아가 화법(diction)을 확립하여 후배 가수들에게 영향을 주었다. 길베르가 1928년에 쓴「샹송을 부르는 법」은 현대 샹송의 기초이며, 샹송 가수의 필수적인 지도책이 되고 있다. 따라서 과거의 샹송은 길베르에 의해 집약되고, 그녀를 통해 현대적인 형태로 발전했다고 말할 수 있을 것 같다. 제1차 세계대전 전에는 '카지노 드 파리', '물랭 루주' 등의 뮤직홀에서의 공연이 인기를 모았다. 또 30년에는 영화음악 시대로 접어들어 '파리의 지붕 밑'(1930) '파리제(祭)'(1933) 등 영화의 주제가인 샹송이 유행하였다. 제1·2차 세계대전 사이는 현대 샹송의 개화기였다고 하나, 화려한 노래와 함께 세태를 반영한 어두운 노래도 많이 나왔고 리나 케티의 '기다리겠어요'가 평화에의 기대를 담아 크게 히트했다. 제2차 세계대전 중에는 반전감정을 담은 감상적인 노래가 유행했다. 전쟁기간중 등장한 에디트 피아프는 종전과 함께 '장미빛 인생'(44) '사랑의 찬가'(49)를 자작하여 노래함으로써 샹송계의 디바로 자리를 잡았다. 자크 프레베르와 조지프 코스마의 '고엽(枯葉)'을 이브 몽탕이 불러 전성기를 이룩하였다. 쥘리에트 그레코, 레코드에서 활약한 이베트 지로, '파리의 아가씨'를 부른 자크린 프랑수아 등 새로운 스타들이 배출되었다. 50년 전후의 샹송계는 공전의 성황을 보였다. 50년대 후반에는 로크조(調)의 노래가 유행하기 시작하였는데, 이 무렵부터 전통적인 샹송은 그 기운이 꺾이기 시작하고 조니 아리디, 실비 바르탕 같은 가수들이 로

크조의 노래를 불러 인기를 모았다. 60년대에 접어들자 로크조를 소화한 내용 위주의 것이 만들어졌으며 이 무렵에는 아즈나블, 아다모, 앙리코 마시아스 등이 활약하였다. 그 후 아메리칸 포퓰러 음악과 록 음악의 영향을 받아 프렌치 팝과 누벨 샹송의 젊은 가수들이 등장함으로써 시와 이야기를 중요시하던 문학적 샹송의 전통은 점차 사라지고 있다. 1990년대에는 프렌치 팝이라고 하는 영미의 영향을 받은 샹송이 사랑을 받았다. 여기에 속하는 대표적인 가수는 엘자(Elsa)가 있다. 엘자의 노래는 부드럽고 달콤하며 편안한 느낌을 준다. 그녀는 가수뿐 아니라 영화배우로도 활동했다. 이러한 영미권 프렌치 팝 가수들은 세 가지 유형, 즉 뮤직비디오형 샹송가수, 전통적 샹송을 벗어난 새로운 샹송가수, 누벨 샹송 운동 가수로 나눌 수가 있다. 우선 뮤직비디오형 샹송가수들은 뮤직비디오의 영향으로 노래뿐 아니라 연기력에도 초점이 맞추어지게 되었다. 대표적인 가수로는 밀렌느 파르메가 있다. 둘째로 전통적 샹송을 벗어난 새로운 샹송은 전통적인 발드뿐 아니라 재즈나 브루스적 느낌을 주는 샹송을 말한다. 이렇듯 모든 장르의 노래를 뛰어난 가창력으로 소화해 내는 가수로 파트리시아 카스를 들 수 있다. 또한 바네사 파라디도 이러한 부류의 가수라고 할 수 있다. 셋째로 누벨 샹송운동 가수로는 프랑스 갈을 들 수 있는데 그녀는 유러비전 송 콘테스트에서 대상을 수상하면서 유명해지기 시작했다.

1990년대로 접어들며 프랑스도 미국 랩의 영향을 받아 프랑스 나름대로의 랩이 등장한다. 프랑스의 랩은 프랑스 대중음악이 지니고 있는 프랑스적 특징을 유지하면서 새로운 주류시장에 선을 보이는 계기를 마련하였다. 프랑스의 랩도 미국이나 다른 국가의 랩과 마찬가지로 가사자체가 주는 리듬감이 강조되는 음악이다. 텍스트의 사회적 의미가 중요하게 여겨진다는 점에서 샹송의 전통에서 크게 벗어나지 않는다고 할 수 있다. 프랑스의 랩은 다른 국가보다 사회적인 내용들을 많이 다루고 있는 특징이 있다. 특히 다인종, 다문화로 인해 최근 많은 사회문제를 겪었던 프랑스 사회는 미국에서 랩이 탄생했던 시기와 비슷한 사회 현상들을 보여주고 있다. 프랑스의 랩의 가사는 주로 도시 주변지역, 특히 방리유 지역에 사는 소외된 이방인들의 고통과 차별들에 대해 고발하는 내용을 담고 있다. NTM이라는 그룹은 세네갈 출신의 랩퍼들로 구성되어 있는데 절묘한 음악적 결합으로 프랑스 대중음악의 주류시장으로 진출한 대표적인 그룹이다.

4. 사랑과 저항을 노래하는 샹송

샹송은 아름다운 선율과 더불어 가사가 지닌 깊은 매력을 알아야 감상하는 묘미가 두 배로 증가하는 음악이다. 샹송은 가사를 매우 중요시하기 때문에 프랑스어를 이해하지 못하는 대중들은 샹송을 듣다가 지루해하기도 한다. 샹송은 두 가지 매력을 지니고 있다. 대부분의 샹송들이 주로 사랑을 노래하고 있는데 샹송 한 곡은 마치 한편의 드라마를 감상하는 듯 한 느낌을 준다. 또한 샹송은 사랑만을 노래하는 것이 아니라 가사의 내용 중에 사회적인 문제를 다루는 경우들도 많다. 그래서 샹송은 저항문화를 대표하는 장르로 여겨지기도 한다. 이처럼 샹송은 가사의 내용이 매우 중요하고 곡을 이해하는데 결정적인 역할을 하기 때문에 프랑스어권을 벗어나면 대중들에게 사랑을 받기 쉽지 않은 음악이다.

1) 한편의 드라마를 보는 듯한 샹송

샹송은 프랑스인들의 사랑과 낭만 나아가 인생을 노래하는 음악이다. 대부분 샹송의 가사는 마치 한편의 드라마처럼 전반적인 내용들을 담고 있다. 90년대에 들어 우리나라도 뮤직비디오의 출현으로 특정 가수의 노래가 영화의 한 장면으로 촬영되어 히트했던 경우가 있다. 그러나 프랑스는 이미 오래전부터 샹송 한곡을 듣는 것이 드라마 한 편을 보는 것처럼 서사적인 내용들을 선보였다. 우리나라 광고의 배경 음악으로 많이 사용되어 우리가 잘 알고 있는 다니엘 비달의 '샹제리제(Les Champs-Elysées)'라는 곡만 보더라도 무명가수와의 만남, 그를 통해 겪게 되는 여러 에피소드들이 가사에 고스란히 담겨 있다.

Les Champs-Elysées - Daniele Vidal

Je me baladais sur l'avenue
나는 기쁜 마음으로
Le coeur ouvert à l'inconnu
거리를 걷고 있었어요.
J'avais envie de dire
누구에게나, 전혀 모르는 사람에게도 '안녕'이라고
'Bonjour' à n'importe qui
말하고 싶었지요.
N'importe qui ce fut toi
그 사람이 당신이었고
Je t'ai dis n'importe quoi
나는 아무 애기나 했지요.
Il suffisait de te parler
당신과 친해지려면
pour t'apprivoiser
말을 걸기만 하면 됐어요.

Aux Champs-Elysées
샹제리제 거리에서
Aux Champs-Elysées
샹제리제 거리에서
Au soleil, sous la pluie
해가 비치든, 비가 오든지 간에
A midi ou à minuit
정오이거나 자정이라도
Il y a tout ce que vous voulez
원하는 것은 무엇이든 있지요
Aux Champs-Elysées
샹제리제 거리에는

Tu m'as dit j'ai rendez-vous
당신은 지하실에서
Dans un sous-sol avec des fous
기타를 들고 노래하러 다니는 예술가들과
Qui vivent la guitare à la main
약속이 있다고 했어요.
Du soir au matin
난 아침부터 저녁까지
Alors je t'ai accompagné
당신과 함께 다녔지요.
On a chanté on a dansé
노래를 부르고 춤을 추고
et l'on a même pas pensé à s'embrasser
사랑을 나눌 시간도 잊었답니다.

Hier soir deux inconnus
어제 저녁에는 모르는 사람을 두 명 만나고
Et ce matin sur l'avenue
오늘 아침에는 거리에서
Deux amoureaux tout étourdis par
밤새도록 술에 취해 있던
la longue nuit
두 연인을 만났어요.

Et de l'Etoile à la Concorde
에트와르에서 콩코르드까지
A l'orchestre à mille cordes
여러 가지 아름다운 화음으로
Tous les oiseaux du point du jour chantent l'amour
새들이 사랑을 노래하고 있어요.

이 노래처럼 한 사람의 생활과 인생을 이야기로 만들어 멜로디에 맞춰 부르는 것이 바로 샹송인 것이다. 사랑과 삶을 노래한 샹송은 감미로운 멜로디로 인해 프랑스인들 뿐 아니라 전 세계인의 가슴을 울리는 아름다운 음악이 되었다.

2) 저항이 담긴 노래, 샹송

아름답게 흐르는 센 강 위에 세워진 퐁네프 다리. 이 다리를 중심으로 프랑스의 샹송은 새로운 음악을 탄생시킨다. 1600년대 이 다리에서 음유시인들은 주로 시사 풍자의 노래를 만들어 불렀다. 그들이 부른 샹송은 감미로운 멜로디에 저항의 메시지를 담고 있었다. 이러한 이유로 인해 샹송은 프랑스어권을 넘어서면 사랑을 받지 못하는 단점이 있기도 하다. 1954년 베트남에서 항불 전쟁이 마감되고 알제리에서 독립의 기운이 들끓기 시작하던 시기에 드골 정권을 겨냥해 부른 보리스 비앙(Boris Vian)의 탈영병(Le Déserteur)은 샹송의 앙가주망(사회참여)을 보여주는 대표적인 작품으로 비앙이 직접 불러 세계적인 반향을 일으킨 대중적 저항가요이다. 가사 내용을 살펴보면 이 샹송이 얼마나 사회적인 저항 의식을 담고 있는지를 읽을 수 있다.

Le Déserteur 탈영병

Monsieur le Président je vous fais une lettre
대통령 각하께 편지 한통을 보냅니다.
Que vous lirez peut-être
시간이 나면
Si vous avez le temps
아마 읽게 되겠지요.
Je viens de recevoir
나는 좀 전에
Mes papiers militaires
징집영장을 받았습니다.
Pour partir à la guerre
수요일 저녁 전까지
Avant mercredi soir
전쟁으로 떠나라는.
Monsieur le Président
대통령 각하
je ne veux pas la faire
저는 전쟁을 하고 싶지 않습니다.
je ne suis pas sur terre
저는 불쌍한 사람들을 죽이기 위해
Pour tuer des pauvres gens
이 땅에 태어난 것이 아닙니다.
C'est pas pour vous fâcher
당신을 화나게 하려는 건 아니지만
Il faut que je vous dise
당신에게 이야기를 해야겠습니다.
Ma décision est prise
제 결심은 확고합니다.
je m'en vais déserter
저는 병역을 기피할 겁니다.

Depuis que je suis né
제가 태어난 뒤로
J'ai vu mourir mon père
저는 아버지의 죽음을 보았습니다.

J'ai vu partir mes frères
형제들이 떠나는 것도 보았습니다.
Et pleurer mes enfants
그리고 제 아이들이 우는 모습도 보았습니다.
Ma mère a tant souffert
어머니는 너무 괴로운 나머지
Qu'elle est dedans sa tombe
무덤에서조차
Et se moque des bombes
폭탄을 비웃고 계시고
Et se moque des vers
구더기를 비웃고 계십니다.
Quand j'étais prisonnier
제가 포로가 되었을 때
On m'a volé ma femme
제 아내를 빼앗기고
On m'a volé mon âme
저의 영혼과
Et tout mon cher passé
저의 소중한 과거를 몽땅 빼앗겼습니다.
Demain de bon matin
내일 아침 일찍
Je fermerai ma porte
저의 죽은 세월들을
Au nez des années mortes
떨쳐버리고
J'irai sur les chemins
저의 갈 길을 가렵니다.

당시 이 노래는 반전과 징집 거부를 담았다는 이유로 억압적인 드골 정권에 의해 금지 가요로 묶였다. 하지만 젊은이들 사이에, 아니 사회 전반에 퍼져 있던 반전사상을 노래 하나 막는다고 해서 막을 수는 없었다. 이 노래는 카바레에서 은밀히 불리다가 차츰차츰 빛을 보게 되었고 이 노래가 담고 있던 저항 정신은 음반 판매량만큼이나 대중을 설득하는데 성공하여 급기야 가장 대중적인 국민가요 중 하나가 되었다. 저항 정신이 담긴 내용을 담고 있었음에도 불구하고 이 노래는 프랑스를 넘고 대서양을 건너 지구 반대편에 있는 대중의 가슴을 들끓게 했다. 이처럼 앙가주망은 달콤하고 감미롭게만 여겨지는 프랑스 샹송의 뿌리 깊은 전통이라고 할 수 있다. 프랑스의 저항 가요가 남달리 그들의 뚜렷한 전통이 될 수 있는 것은 샹송의 앙가주망이 지배 문화에 대한 음지의 대항문화로서가 아니라 언제나 대중문화의 한 주류를 잇고 있기 때문이다.

5. 샹송의 전설, 에디트 피아프

노래하는 에디트 피아프.

에디트 피아프(Edith Piaf)의 인생을 그린 '장밋빛 인생(La vie en rose)이라는 영화가 우리나라에서도 개봉되었다. 비록 많은 관객을 동원하지는 못했지만 힘들고 고단했던 삶을 노래와 사랑으로 극복하며 가슴에 담긴 열정을 아름다운 목소리로 승화시켰던 피아프는 프랑스 샹송계의 전설이며 영원히 잊히지 않는 국민가수이다. 그녀의 인생은 예술가로써의 삶을 타고난 듯 인생 자체가 한편의 드라마였다.

피아프를 둘러싼 전설에 따르면 그녀는 1915년 파리 벨빌가 72번지 인도에서 한 경찰의 외투에 싸여 태어났다고 한다. 실제로는 트농 병원에서 태어났을 것으로 짐작되지만 그러한 전설은 피아트의 대중적인 이미지와 맞물려 대중의 머릿속에 강하게 각인되었다. 곡예사인 아버지와 거리의 가수인 어머니 사이에 태어난 피아프는 예술가로서의 삶을 운명적으로 타고난 듯 했다. 그녀는 집을 떠난 어머니 대신 포주인 외할머니 밑에서 몇 년 동안 생활했다. 그 후 전쟁이 끝나자 유랑극단에 몸을 담은 아버지가 피아프를 자신의 극단에서 노래하도록 했다. 피아프는 거리에서 태어나, 사창가를 거쳐, 극단 생활까지 참으로 특이한 어린 시절을 보냈을 뿐 아니라 그녀의 삶은 항상 평탄하지 않았다. 십대에 딸을 낳기도 하지만 2살 무렵 딸이 세상을 떠나자 피아프는 가난과 마약과 매춘의 어려운 나날을 보낸다. 그러다가 1935년 루이 르플레의 초대로 제르니스에서 정식으로 노래를 불러 피아프라는 애칭을 얻는다. '작은 참새'라는 의미의 '피아프'는 노래할 때 그녀의 모습을 떠올리며 대중들이 지어준 애칭이었다. 1937년 레이몽 아소의 도움으로 피아프는 거리의 방탕한 생활에서 벗어나 일에 몰두하는데 ABC 방송에서 그녀를 에디트 피아프란 새로운 무대명으로 소개하면서 대중들의 시선을 한 몸에 받는다. 2차 세계대전 이전 피아프는 파리에서 브르통, 콕토 등의 예술가들과 교류하기도 했다. 그러다가 1944년 당시 무명의 가수였던 이브 몽탕을 만나 사랑을 하며 1946년 '장밋빛 인생'이라는 샹송을 발표하여 큰 성공을 거둔다. 이 샹송은 프랑스 뿐 아니라 미국에서도 인기를 얻어 피아프는 뉴욕 공연을 떠나기도 하는데 1947년 뉴욕에서 세계적인 복서 마르셀 세르당을 만나 '세기의 연인'을 이루며 아름다운 사랑을 키워나간다. 하지만 1949년 피아프의 공연을 보기 위해 비행기를 타고 오던 세르당이 사고로 사망하면서 피아프는 절망에 빠진다. 세르당과의 사랑을 노래한 '사랑의 찬가'는 세르당을 향한 애틋한 마음과 슬픔이 담긴 노래이다. 피아프는 세계적인 스타가 되기는 하지만 개인적으로 그녀의 삶은 실패의 연속이었다. 한 때 이러한 슬픔과 아픔에서 헤어나지 못해 마약에 빠지기도 하고 교통사고 후유증으로 몸과 마음이 망가져 무대를 잠시 떠나기도 하지만 그녀는 다시 새로운 사랑을 찾아 무대에 서서 대중들을 위해 아름다운 노래들을 선사한다. 피아프는 남자들을 스타로 만드는 일을 좋아해서 무명의 조르주 무스타키 등을 유명인으로 키우기도 했으며 사망하기 일 년 전에는 20세 연하의 테오와 결혼을 하기도 했다. 사랑 없이 살아갈 수 없었던 피아프는 1963년 10월 11일 유명한 예술가인 장 콕토와 같은 날 사망하여 엄청난 군중들의 아쉬움을 뒤로한 채 파리의 공동묘지 페르 라세즈에 안장되었다.

샹송 배워 볼까요?

Dites-moi pourquoi la vie est belle. 인생이 왜 아름다운지 저에게 말해주세요.
[디뜨 무아 뿌흐꾸아 라 비 에 벨.]
Dites-moi pourquoi la vie est gaïe. 인생이 왜 즐거운지 저에게 말해주세요.
[디뜨 무아 뿌흐꾸아 라 비 에 게]
Dites-moi pourquoi chère mademoiselle. 왜 그런지 말해주세요, 사랑스러운 아가씨
[디뜨 무아 뿌흐꾸아 쉐르 마드무아젤]
Est-ce que, parce que vous m'aimez? 당신이 저를 사랑하기 때문일까요?
[에스끄, 빠스끄 부 메메?]

XVII. 프랑스의 패션

1. 유행을 선도하는 곳, 파리

유행은 어떻게 시작되었을까? 복식의 역사를 살펴보면 아름답고 기능적인 옷이 많다. 그럼에도 끊임없이 새로운 형태의 옷이 뒤이어 나타났다. 유행이란 정해진 시기에 주어진 장소에서 대다수 사람들에게 받아들여지는 양식으로서 의상 등 시각적인 부분에서 특히 두드러지게 나타나지만 생활 방식 등 다양한 범주를 포괄한다. 유행은 소수에 의해 생성되고 차차 전파되어 대다수의 사람들이 따라하게 되다가 점차 소멸되는 주기성을 지닌다. 오랜 역사 동안 의복은 태어난 환경에 의해 선택의 여지없이 주어지는 조건이었다. 옷 입기가 자기표현의 수단이 된 것은 대략 16세기 중반부터인 것으로 보인다. 절대 왕정의 확립에 따라 귀족층은 궁정으로 모이게 되고 궁정의 흐름을 따르면서 거의 비슷한 의상을 입게 되었다. 그러나 그것은 궁정이나 극소수 특권 계층에 국한된 일이었으며 옷 입기의 민주화는 산업혁명 이후 대량생산이 가능해지고서야 확산되기 시작했다. 19세기에 들어서면서 제한된 범주를 넘어서게 되었고 궁정 귀족사회에서나 통용되던 옷 입기의 규범이 보다 많은 사람들에게 영향을 미치게 되었다. 그 이전에는 귀족과 평민의 복식은 엄격히 구분되어 평민이 귀족층을 모방하는 현상은 없었다. 새로이 권력을 얻게 된 부르주아 계급은 자신의 출신 계급인 평민과 차별화 되고 새로 얻은 특권을 과시하기 위하여 귀족 계층을 모방한 비싼 옷을 선호하게 되어 이때부터 다른 사람이 입는 것을 집단적으로 따라 입는 현상이 나타난다. 이러한 사회적 배경을 바탕으로 1858년 찰스 워스에 의하여 파리에 고급 의상실인 오트쿠튀르(Haute Couture)가 탄생한다. 이와 같은 개인의 선택에 의한 옷 입기는 20세기에 들어와서야 겨우 낯설지 않게 된 것으로 20세기는 개인의 경제적 사정에 의한 제한을 제외하고는 계층의 구분 없이 기호에 따라 자신의 외관을 결정할 수 있는 역사상 유일한 시기이다. 따라서 패션이라는 것은 20세기의 독특한 사회현상 가운데 하나라고 해도 과언이 아니다. 특히 21세기에 접어들며 상상을 초월하는 소재의 개발로 새로운 패션의 장이 열리고 있다. 오늘날에는 유행이 겉치장뿐 아니라 사회전체와 정신에 영향을 미치는 것으로 인식이 새로워지고 있으며 하나의 문화현상으로 이해하려는 경향이 강해지고 있다. 프랑의 경우 패션산업의 중요성을 인식하고 기성복 전시회를 수출종합전시관 같은 곳이 아니라 루브르 박물관 내의 특설 행사장에서 갖는 등 이미지를 개선하는데 더욱 노력하고 있다.

2. 유행을 만드는 사람들

1) 유행의 흐름을 창조한 사람들

패션은 그 특성상 생활의 여유를 가진 사람들이 누릴 수 있는 문화의 한 단면이다. 그래서 유행을 최초로 만든 사람들은 궁정에서 독특한 옷 입기로 영향을 주었던 궁정의 여인들이라고 할 수 있다. 그 가운데 퐁파두르 부인 스타일로 이름이 전해지고 있는 퐁파두르 부인은 유행이 아직 보편화되지 않은 시기에 유행의 시작을 알려준 인물이라고 할 수 있다. 이러한 개인적인 한 사람에 의한 유행의 흐름을 본격적으로 주도하기 시작한 이들은 바로 전문 디자이너들이다. 디자인을 창안하고 소비자보다 먼저 유행을 이끌며 섬유산업에 막강한 영향을 미치는 디자이너 역할을 최초로 한 사람은 영국 출신의 찰스 워스였다. 이전에 고급 의상을 만들던 사람들은 유일한 소비자인 귀족에게 완전히 예속되어 있어 자신의 역량을 펼치기 힘들었다. 그러나 디자이너들이 차츰 새로운 고객층을 확보하게 되면서 주도적으로 디자인을 제안하고 의상실을 독자적으로 운영하게 되었다. 찰스워스가 유행의 흐름에 주는 의미는 그가 모델에게 옷을 입혀 선보인 최초의 인물이었고 실제 의복 제작에 들어간 비용보다 훨씬 높은 판매가를 책정함으로써 브랜드의 이미지가 가격산정에 중요한 역할을 하는 새로운 관행을 만들었기 때문이다. 뒤를 이어 많은 오트 쿠튀르 매장들이 문을 열게 되는데 1904년 모드의 황제라 불리는 폴 푸아레가 파리에 의상실을 개점하였다. 이 시기만 해도 시즌별로 규칙적으로 발표되는 컬렉션은 아직 없었다. 이처럼 시즌별 컬렉션이 열리게 되는 관행은 제 2차 세계 대전 이후에 정착되었다. 제 2차 대전이 끝난 후 생활의 여유가 생기면서 고급 의상실들이 더욱 발전하였다. 세계 제2차 대전으로 인해 기반이 흔들렸던 파리의 고급 의상실들은 디오르의 등장으로 재도약하게 되며 라이센스 시스템을 활용함으로써 명성을 더해가게 되었다. 그러나 베이비붐 세대는 그들만의 새로운 옷 입기를 주장하여 1960년대에는 새로운 디자이너들이 주목받게 되었다. 이전의 고급 의상들의 고객은 이미 사회적으로 안정된 계층이었고 기성복은 너무 대중적인 이미지를 지니고 있었다. 새로 등장한 디자이너들은 젊은층을 대상으로 그들의 요구에 부응하는 혁신적이고 단순한 디자인의 고급 기성복을 제안하기 시작하였다. 최초의 기성복은 노동자들을 위한 것이었는데 새로운 수요에 부응하여 매우 저렴하고 거의 유니폼에 가까운 기성복이 대량생산되기 시작하였다. 당시에는 이런 기성복을 콩펙시옹이라고 불렀다. 그러다가 1960년대의 새로운 기성복이 출현하면서 콩펙시옹이라는 단어가 주는 부정적인 이미지를 배제한 프레타 프르테가 기성복을 대체하게 되었다. 오트 쿠튀르는 1월과 7월에 발표회를 갖고, 프레타 포르테는 3월과 10월 각각 발표회가 열린다. 이 행사는 전 세계의 이목을 집중시키는 이벤트가 되었으며, 이 말은 의상과 관련이 없는 사람들에게도 낯설지 않은 단어가 되었다.

2) 유행을 선도하는 여인들

마담 드 퐁파두르

몰리에르의 연극 「타르튀프」에 예상치 못한 한 여인이 등장한다. 바로 당대 유행을 선도했던 퐁파두르 부인이다. 타르튀프가 오르곤의 가정부 도린을 유혹하며 이렇게 말한다. "내가 보지 못하게 그 아름다운 가슴을 제발 가려주오!" 그 순간 관객들의 시선은 가정부 도린 역을 맡은 마담 드 퐁파두르의 가슴으로 향한다. 퐁파두르의 아름다움에 새삼 매료된 관객들이 갈채를 보낸다. 몰리에르 희곡 「타르튀프」(1667)를 공연하면서 퐁파두르는 직접 배역을 맡았고 공연할 작품과 배우들을 직접 선정하는 등 사실상 제작자와 프로듀서 구실을 했다. 루이 15세의 애첩이었던 퐁파두르 부인은 문화예술 및 학문 애호가이자 후원자, 당대의 유행을 이끈 최고의 스타일리스트, 외교에도 영향력을 행사한 막후 실력자, 그리

유행을 선도한 마담 드 퐁파두르

고 한 사람의 연극배우이자 제작자였다.

퐁파두르 부인에 대한 뒷얘기들이 간혹 전해지고 있는데 일설에 의하면 프랑스 샴페인 잔(Coupe de champagne)의 모양이 퐁파두르의 가슴 모양을 본 딴 것이라고 한다. 하지만 이것은 한낱 꾸며낸 이야기에 불과할 수도 있다. 그러나 분명한 것은 그녀가 당대 유행을 선도하는 인물이었다는 점이다. 퐁파두르는 스타일 감각, 음악, 무용, 교양까지 모든 것을 왕을 위해 완벽하게 준비한 여인이다. 철저히 사교적이었던 퐁파두르 부인은 결혼 후 남편의 지위를 이용하여 왕과 친밀해지면서 이혼한 뒤 왕의 허락을 받아 퐁파두르 후작부인의 칭호를 사용한다. 당대 최고의 예술 후원자 역할을 하며 도자기 산업을 활성화시키기도 했다. 그녀는 일명 '퐁파두르의 장밋빛'이라는 색을 도자기에 도입하도록 하여 특유의 세브르 도자기를 탄생시킨다. 또한 장 자크 루소, 볼테르 등과도 인연을 맺으며 <백과전서>의 편찬도 도왔다. 그러나 이러한 업적에도 불구하고 퐁파두르에 대한 평가는 극단적으로 엇갈린다. 특유의 고급 취향으로 공예품 제작을 지원하고 화가들을 후원함으로써 당대 최고의 예술 후원자 구실을 한 반면, 그 구실 자체가 거대한 사치였다고 보기도 한다. 패션계에서도 퐁파두르의 영향력은 대단했다. 그녀의 패션 감각은 18세기-20세기에 걸쳐 영향을 미쳤다. 퐁파두르 부인이 좋아하는 색 자체가 당시 일종의 스타일 아이콘처럼 여겨지기도 했다. 퐁파두르는 '퐁파두르 힐' 또는 '루이 힐'에도 이름을 남겼는데 프랑스 루이 왕조 시대부터 귀족들 사이에 널리 유행하기 시작한 힐 패션에 퐁파두르의 취향이 큰 영향을 미쳤던 것이다. 그리고 '퐁파두르 헤어스타일'이라는 헤어스타일도 유행을 시켰다. 그녀의 헤어스타일은 당대 뿐 아니라 1950년대 엘비스 프레슬리, 자니 케쉬, 말론 브랜도, 제임스 딘 등을 통해 유행하게 되었는데 이

스타일은 1950년대 말 60년대 초의 복고 스타일을 추구하는 이들이 선호하는 유형이었다.

코코 샤넬

20세기 패션계에 혁명을 일으키며 프랑스 패션을 세계에 널리 알린 '샤넬', 일명 코코라는 별칭을 지녔던 그녀의 일생은 '사랑하고 일했다'는 말로 요약될 수 있다. 샤넬은 12살에 어머니가 세상을 떠난 후 수녀원에서 운영하는 고아원에 맡겨진다. 성장 후 낮에는 보조양재사로 밤에는 카바레의 가수로 살아가던 샤넬은 부유한 집안 출신의 젊은 장교인 에티엔 발잔을 만나 연인 관계가 된다. 발잔의 집에 머물며 남성용 승마복과 스웨터들을 여성용으로 개량하는 솜씨를 발휘한 사넬은 발잔의 도움으로 상류 사회의 패션계로 진출을 한다. 이후 영국인 카펠의 도움으로 1910년 모자 가게를 파리에 개업한 후 차츰 옷 매장으로 바꾸며 매장을 확장해간다. 샤넬은 디자인할 때 스케치를 하지 않았고 예닐곱 시간 넘도록 모델에게 디자인 중인 옷을 입혀보고 고치고 하는 방식으로 작업했다. 한 때 웨스터민스터 공작과 결혼설이 퍼질 정도로 사랑하는 사이였으나 샤넬은 결국 일을 선택한다. 후에 샤넬은 이런 말을 남겼다. '나의 부티크, 그것이 나의 아이였다. 나는 사랑을 원했다. 그러나 사랑하는 남성과 사랑하는 의상 가운데 선택해야 했다. 나는 의상을 택했다. 내 인생에서 남성들이 없었다면 나의 '샤넬'이 가능했을지 가끔 의문이 들기는

자신의 향수를 위해 직접 모델이 되었던 샤넬

하지만 말이다.' 샤넬은 파업과 다시 사랑하게 된 남성의 급작스러운 죽음으로 정신적인 충격을 받고 설상가상으로 제 2차 대전까지 발발하며 1939년 결국 사업을 접게 된다. 제 2차 대전 당시에는 독일군 장교와 사랑에 빠져 '모자 견본'이라는 비밀작전에 개입되면서 고국을 떠나 힘든 생활을 한다.

샤넬은 여성들의 의상에 혁명과 해방의 바람을 불어넣었다. 당시만 해도 꼭 조이는 코르셋을 착용하고 옷을 입던 여성들을 코르셋에서 해방시켰고 무릎 근처까지 올라 간 치마를 통해 땅에 질질 끌리는 거추장스러운 치마 길이로부터 여성들을 자유롭게 해주었으며 승마복처럼 여성용 바지를 만들기도 했다. 지금은 당연시되는 사실이지만 당시만 해도 손가방에 끈이 없었다. 샤넬은 손가방에 끈을 달아 어깨에 멜 수 있게 해주었다. 샤넬은 여성의 사회 활동이 확대되는 시대 분위기 속에서 단순하면서 편하고 실용적인, 그러면서도 우아하고 기품 있는 스타일을 선보였다. 그리고 그 옷들은 바느질과 마무리가 완벽해 입는 이들마다 극찬했다. 휴양지 도빌에 첫 부티크를 연 샤넬은 한가로운 해변에서 여가를 즐기는 이들을 통해 받은 영감을 패션으로 완성하여 도빌룩을 선보여 1920년대 최고 유행 패션으로 선풍을 일으켰다. 1926년에는 리틀 블랙 드레스로 다시 한 번 패션의 신기원을 이룩했다. 별다른 장식은 물론 깃과 단추도 없는 이 검정 드레스는 오늘날까지도 하나의 전설이다. 여성의 풍만한 라인을 강조하는 것에서 벗어나 남성복 요소들을 도입, 단순한 편리성을 강조한 샤넬 정장도 또 하나의 혁명이었다. 장신구와 가방에서도 샤넬의 독창성은 유감없이 발휘됐다.

샤넬의 활약은 패션에서만 끝나지 않았다. 샤넬은 패션을 완성시키는 여러 악세서리들 뿐 아니라 패션의 완성이라고 할 수 있는 향수까지 완벽한 패션스타일을 선보였다. 그녀는 향수의 대명사로 불리는 '샤넬 No 5'를 1921년에 처음 선을 보이며 향수 시장에도 뛰어들었다.

샤넬은 피카소, 달리, 장 콕토, 스트라빈스키, 헤밍웨이, 콜레트, 그레타 가르보, 마를레네 디트리히, 그 밖에도 수많은 문화예술계 인사들과 어울리며 때로는 그들을 후원했다. 전쟁 전 유럽 문화의 수도였던 파리에서 샤넬은 단연 문화예술계의 허브였다. 샤넬은 패션을 통해 나름대로의 철학을 이루어간 인물이다. 그녀가 남긴 주옥같은 말들은 패션을 새로운 눈으로 볼 수 있게 해준다..

샤넬이 남긴 주옥같은 명언들

* 나는 럭셔리한 것을 사랑한다. 럭셔리한 것은 부유함이나 화려한 꾸밈에 있지 않다. 그것은 비속(卑俗)한 것이 없을 때 비로소 생겨난다. 비속함은 인간의 언어에서 가장 흉한 말이다. 나는 그것과 늘 싸우고 있다.
* 무엇과도 바꿀 수 없는 존재가 되려면, 늘 달라야 한다.
* 패션은 복장에만 있는 그 무엇이 아니다. 패션은 하늘에도 거리에도 있으며, 우리가 살아가는 방식 그 자체이자 늘 새롭게 일어나는 그 무엇이다.
* 진정으로 럭셔리 한 스타일이라면 편해야 한다. 편하지 않다면 럭셔리 한 것이 아니다.
* 우아한 기품은 새 옷을 입는 것만으로 이루어질 수 없다.
* 패션은 건축이다. 그것은 균형과 비율의 문제인 것이다.

샤넬은 1954년 2월 다시 패션계에 복귀하지만 이미 크리스티앙 디올의 '뉴룩'에 길들여진 대중에게 샤넬의 디자인은 철 지난 진부함만을 드러내는 꼴이었다. 패션계 관계자들은 돌아온 샤넬에게 실망의 눈길을 보내고 새로운 유행을 거스르는 듯한 코코 샤넬의 컬렉션에 대해 실망감을 드러낸다. 재기에 성공하지 못한 샤넬은 1971년 1월 10일 일요일 리츠 호텔에서 숨을 거두고 발렌시아가, 입 생 로랑, 피에르 발맹, 살바도르 달리 등이 애도하는 가운데 샤넬은 스위스 로잔에 묻힌다. 비록 그녀의 몸은 땅 속에 묻혔지만 그녀가 창조한 스타일은 영원히 그 빛을 잃지 않고 지금도 활활 타오르고 있다. 샤넬이 사망한 후 샤넬 메종은 1983년 칼 라거펠트 Karl Lagerfeld 가 맡을 때까지 12년 동안 방치되어 있었다.

3. 프랑스 패션의 양 축: 오트 쿠튀르와 프레타 포르테

프랑스의 패션컬렉션은 오트 쿠튀르와 프레타 포르테로 나뉘는데 두 패션의 차이가 곧 프랑스 패션의 경향을 말해준다고 할 수 있다.

1) **오트쿠튀르** Haute Couture

오트 쿠튀르의 '오트(haute)'는 라틴어 알투스(altus)에서 온 형용사로 '상류의'라는 뜻이며 쿠튀르(couture)는 라틴어속어인 코수투라(cosutura)에서 온 단어로 '바느질'을 뜻한다. 그래서 이 단어는 '고급 바느질'이라는 뜻의 합성어이다. 오트 쿠튀르는 소수의 고객만을 대상으로 고객의 모든 요구에 맞춰 모든 공정을 손바느질로 제작하는 맞춤복이라는 의미를 담고 있다. 럭셔리한 의상을 추구하는 디자이너들의 전문적인 패션 영역을 말하며 디자이너의 예술성이 가미된 의상으로 작품으로서의 가치가 있다. 최초로 오트 쿠튀르를 시작한 사람은 나폴레옹 3세의 왕비를 위해 드레스를 만들어준 찰스 워스이다. 1868년부터 디자이너가 계절에 앞서 고객을 위한 새로운 창작 의상을 발표하면 이것이 전 세계 유행의 방향을 결정했다. 이렇게 해서 파리 컬레션이 탄생하게 되었고 이 컬렉션은 1년에 2회 열린다. 오트 쿠튀르 제작으로 활약한 유명한 디자이너로는 디올, 샤넬 등이 있다.

2) 프레타 포르테 prêt-à-porter

프랑스의 양대 의상 박람회 중 하나인 기성복 박람회이다. 프레타 포르테는 치수를 재고 정성들인 핸드메이드가 아닌 '기성복'을 뜻하는 말로 프레(prêt)는 '준비된', 아(à)는 '-에', 포르테(porter)는 '입다'라는 뜻으로 전체적인 의미는 '입을 준비가 된'이라는 뜻이다. 이 말은 제 2차 세계대전 이후 파리에서 처음으로 사용되었는데 물론 이전에도 기성복이 있기는 했지만 질이나 가격 면에서 멋쟁이들의 관심을 끌지 못했다. 당시 오트 쿠튀르의 옷은 가격이 너무 비쌌고 개성을 돋보이게 하려는 수요층이 증가하자 오트 쿠튀르보다 대중적이고 실용적인 패션을 지향하는 기성복이 파리에 등장하게 되었다. 프레타 포르테 박람회는 파리, 뉴욕, 밀라노, 런던 등지에서 해마다 2번 열리고 있는데 이 박람회를 통해 세계의 디자이너들은 자신의 창작 의상을 소개하여 세계의 패션을 이끌어가고 있다.

4. 현재 프랑스 패션산업의 모습

프랑스 파리 패션의 힘은 완벽한 유통 시스템이라고 할 수 있다. 파리 패션계는 외국의 여러 디자이너들이 파리에 와서 활동할 수 있는 여건을 마련해주고 그들이 자신의 재능을 맘껏 펼칠 수 있도록 기회를 제공해준다. 대표적인 예가 일본 출신의 디자이너 '겐조'를 들 수 있다. 그는 일본에서보다 프랑스에서 더 유명해졌는데 그 이유는 프랑스 패션계가 그의 재능을 알아보고 적극적으로 후원해주었기 때문이다. 패션가에 밀집한 수많은 부티크, 쇼룸처럼 체계적인 유통망은 디자이너가 창작에 전념할 수 있는 최적의 여건을 제공해준다.

1) 부티크 boutique

부티크는 유명 디자이너의 작품이 세계로 선보일 수 있는 거점과 같은 역할을 한다. 명품 이미지를 얻은 유명 디자이너들의 부티크는 가만히 있어도 밀려드는 고객들로 인해 인산인해를 맞는다. 샤넬, 겐조 등 파리 소재 유명 디자이너의 부티크에는 전 세계 수입업자들이 찾아와 구매계약을 체결한다. 따라서 외국 출신의 디자이너뿐 아니라 파리에서 활동하는 신진 디자이너들도 이 같은 명품 브랜드의 벽을 뛰어넘기는 쉽지 않다. 그러나 역으로 한번 명품 브랜드의 이미지를 얻은 디자이너가 되면 그 시장은 무궁무진하다고 할 수 있다.

2) 쇼룸 showroom

프랑스에는 명품 브랜드를 얻은 디자이너들만 활약할 수 있는 것은 아니다. 쇼룸처럼 아직 유명세를 타지 못했지만 젊고 기운찬 신진 디자이너에게 스스로의 진가를 보일 수 있도록, 또 디자이너가 디자인에만 전념할 수 있도록 '상업적 역할을 대행' 해주는 시스템이 있다. 개인 매장이 없는 디자이너의 상품을 전시, 판매해주고 수수료를 받는 형식으로 운영된다. 그래서 이를 '작은 백화점'이라고 말하는 이들도 있다.

3) 멀티레이블 부티크 multilabel boutique

일명 '멀티숍'이라 할 수 있는데 생토노레 거리에 있는 '콜레트'가 이에 해당한다. 97년 설립된 콜레트는 설립 5년 만에 파리에서 가장 유명한 멀리숍으로 자리를 잡았다. 이곳은 백화점처럼 식기, 시계, 조명기기,

신발 등 패션과 관련된 모든 제품을 판매한다.

5. 패션의 완성 향수

향의 역사는 인류의 역사만큼이나 오래되었다. 인간이 최초로 향을 생활에 이용한 것은 지금으로부터 약 5천 년 전으로 거슬러 올라간다. 초기의 향은 훈향으로서 종교의식에 사용되다가 그 후 이집트 문명권을 거쳐 그리스, 로마 등지로 퍼지면서 귀족들의 기호품이 되었다. 처음에는 천연향료만 사용했던 까닭에 향료와 향수는 귀족계급의 전유물로 여겨졌으나 과학의 발전으로 합성원료가 등장하면서 대중화되었다. 특히 자크 게를랭과 같은 조향사와 유명디자이너들에 의해 향수의 대중화가 급속도로 이루어졌는데, 이는 근대 향수산업의 발달을 크게 진작시킨 계기로 여겨진다. 이제 향은 우리의 일상생활에서 없어서는 안 될 유용한 물질이 되었으며, 좋은 냄새를 내기 위한 일차적인 용도 외에 다양한 용도로 우리의 생활 전반에 깊숙이 자리 잡고 있다.

1) 향수의 기원

향은 유사 이래 줄곧 우리의 일상생활에 깊이 자리 잡아 왔다. 지금이야 그 용도를 나열하기 어려울 정도로 다양하지만 인류 역사상 향은 종교의식, 화장, 의약, 요리의 제 분야에 주로 사용되었다. 향을 사용한 계층이나 향이 쓰였던 용도와 방법 등은 시대에 따라 꾸준히 변화되어왔다. 처음에 향수는 일부 특정 계층에서 한정적으로 사용했지만 세월이 흐르면서 점차 대중화되었다. 가죽옷이 유행했던 중세에는 가죽 냄새를 없앨 목적으로 사용되었고, 이어 비누공업이 발달하면서 향이 본격적으로 활성화되는 시대가 열렸다. 19세기로 접어들면서 향을 인공적으로 합성하는 방법이 개발되자 향수는 대중들에게 급속히 보급되었다. 특히 19세기 이후 오트쿠튀르들의 활발한 활동이 향수의 발전을 더욱 촉진하는 계기가 되었다. 향수산업은 이제 좁은 의미의 '향수' 개념을 넘어서 향을 이용한 다양한 제품들을 모두 포괄하는 의미의 향수류를 다루는 하나의 산업으로 자리를 굳히게 되었다.

20세기에 접어들어 여성들의 사회진출이 활발해지고 인공향료의 개발에 힘 업어 향수는 급속히 대중화되었다. 20세기 초반에는 시프르, 오리엔탈, 남성을 위한 타바코 레더등 다양한 계열의 향수가 주류를 이루었다. 1930년대에는 세계대전을 겪으면서 보수적인 분위기가 팽배해져 플로럴과 오리엔탈향이 주류를 이루었다. 세계대전이 끝난 1940년대에는 새로운 시대가 도래 하면서 그린과 플로럴과 시프르 계열의 향수가 인기를 끌었는데, 특히 시프르향은 여성의 해방과 경제적 독립이 확산되면서 여성들에게 큰 호응을 얻었다. 1950년대에 이러서는 로맨틱한 여운이 잔잔하게 남는 플로럴 계열의 향이 주류를 이루었다. 1960년대에 접어들자 향수를 주로 사용하는 젊은 층의 문화와 접목되어 현대적인 감각을 지닌 알데히드 계열의 향이 널리 사용되었으며, 퇴폐적인 분위기가 팽배했던 1970년대에는 그린 계열의 향이 사랑을 받았다. 오트 쿠튀르 향수가 다량 출시된 1980년대에는 천연 꽃 향을 새롭게 해석한 플로럴 계열의 향들이 인기를 끌었다. 1990년대 이후로는 물같이 부드럽고 시원한 프레시 시프르, 오셔닉 등의 향과 인공에서 자연으로의 회귀라는 구호 아래 유니섹스 모드의 향수가 시장을 장악하게 되었고, 개성화로 향수 산업에 다양한 변화 생겨났다. 그런데 최근에는 그 어느 시기보다 다양한 향수들이 선보이고 있는데 비해 그 수명은 점차 짧아지고 있는 추세이다.

2) 세계 향수의 메카, 프랑스

프랑스는 온난한 기후와 비옥한 토지 등 향료 식물의 재배에 알맞은 최적의 자연조건과 뛰어난 조향사, 그리고 오트 쿠튀르들로 향수의 종주국으로 인정받고 있다. 그러나 초기에는 향료가 페스트 등 각종 전염병을 예방하기 위한 용도로 사용되었으며, 동양의 향료를 수입해서 사용하거나 모방하는 수준에 그쳤다. 1190년에는 국왕 필리프 2세가 '향료 및 장갑 제조업자의 영업에 관한 조례'를 제정 공포하여 향수 제조업을 공식적으로 허가하고 전문 제조업자에게 면허장을 발급했다. 이는 향수업자에게 향수 취급에 대한 독점권을 부여한 것이었다. 당시 향료 제조가 가장 활발했던 곳은 가죽과 유리제조, 라벤더로 유명한 그라스(Grasse) 지방이었다. 그라스는 6, 7세기경 지중해 연안의 켈트족으로부터 약탈을 피해서 온 이주민들이 정착하면서 형성되었다. 원래 가죽 산업이 번성했던 그라스는 이탈리아에서 향료가 처음 도입된 이후 향수의 본고장으로 자리 잡게 되었는데, 무두질한 동물의 가죽에서 나는 역겨운 냄새를 제거하기 위해 향을 사용한 것이 바로 그라스 향수산업의 시초였다. 더 나아가서는 향을 비누공업으로 연결시켜 그 활용 범위를 더욱 확대시켰으나 그때까지만 해도 향수는 귀족 계층의 전유물이었다. 16세기 앙리 2세 시대에 이르러 향수의 제조 및 판매는 중요한 상거래 중의 하나가 되었다. 앙리 2세의 왕비 카트린 드 메디치는 이탈리아 태생으로 프랑스 왕가로 시집올 때 자신의 전담 향수 판매상을 데려왔는데, 그 중 한명이 피렌체 출신의 르네였다. 르네는 파리의 퐁토샹쥬(Pont au change)에서 팬시

숍을 열었다. 이를 계기로 향수를 판매하는 상점이 하나둘씩 생겨났는데, 대표적인 것으로는 장 마리 파리나와 장 프랑수아 우비강이 문을 연 향수 숍을 들 수 있다. 우비강의 주요 고객은 루이 16세의 왕비였던 마리 앙트와네트였다. 18세기에는 궁정을 중심으로 여성들의 사치스러운 문화가 팽배했는데, 루이 15세 시대에는 '향기의 궁정'이라 할 정도로 향수가 많이 사용되었다. 그의 애첩이었던 퐁파두르 부인이 향수를 애용함으로써 유행을 부추기기도 했다. 그러다가 프랑스 시민혁명으로 구체제가 붕괴되고 그 여파로 시민의 권리의식이 크게 신장하자 향수는 시민계급으로 확산되었다. 18세기 이후 프랑스에서는 초기 라벤더와 같이 단일향을 사용하던 것에서 발전하여 조합 향료를 개발해서 수십 가지의 다양한 향을 만들어내기에 이르렀다. 대표적인 것은 오크모스, 사향, 용연향, 백단향, 모리스, 장미 등을 혼합하여 탄생한 시프르 향이다. 19세기에 들어 겔랑, 몰리나르 등의 향수 회사가 패션과 더불어 향수의 세계적인 유행의 흐름을 주도하고 있다.

3) 향을 창조하는 예술가들

독특한 특성을 지닌 좋은 품질의 향수가 탄생하기 위해서는 향유나 향료의 질도 물론 중요하지만 무엇보다도 향을 창조해내는 조향사의 역할이 가장 중요하다. 조향사라는 직업이 처음부터 있었던 것은 아니다. 고대에 향을 만드는 사람은 주로 제사장이나 주술사였으며, 그리스 로마 시대에는 화학자들이 향료를 제조하여 새로운 원료와 추출법을 개발하기 시작했다. 15세기에 접어들면서 향수 제조는 주로 기독교 수도원의 수도사들에 의해 이루어졌다. 17,18세기에는 과학이 발달함에 따라 향수 제조가 화학자들의 몫이 되었으며, 19세기에 이르러서는 전문 조향사들이 직접 향수회사를 설립하여 다양한 브랜드를 선보이기 시작했다. 20세기에는 오트 쿠튀르들이 향수시장에 뛰어들었다. 이들은 패션을 완성시키는 마지막 단계로 향수를 선택했으며 자신들의 패션세계를 향수에 담아냈다. 오트 쿠튀르 브랜드 시대의 선봉에 선 디자이너로 샤넬 No. 5를 선보인 샤넬은 향수시장에 선풍을 일으키며 향수를 새로운 산업으로 발전시켰다. 그 후 수많은 오트 쿠튀르들이 향수 개발에 주력했다. 현재 대부분의 디자이너들은 자신의 브랜드 향수를 선보이고 있으며, 시판되고 있는 향수의 70퍼센트 이상이 오트 쿠튀르의 브랜드이다. 이러한 추세 속에서 전문 향수회사들이 한 때 난관에 봉착하기도 하지만 유행에 민감한 오트 쿠튀르와는 달리 자신들만의 이미지를 추구해가는 전문 향수회사들은 명품들을 꾸준히 선보이며 그 명성을 이어가고 있다.

조향사의 재미있는 에피소드

몰리나르는 전통적인 제조방법과 경영방식을 고수하며 프랑스 향수의 자존심을 지키는 회사로 손꼽힌다. 이 회사에는 재미있는 일화가 하나 전해져 내려온다. 1849년 몰리나르라는 한 화학자가 자신의 실험실에서 비밀리에 놀라운 향수를 만들어내 그라스 중심가의 작은 가게에 내다팔면서 큰 성공을 거두게 되었다. 그 소문이 날로 퍼지자 빅토리아 여왕도 그라스에 올 때마다 이곳에 들러 몰리나르와 그의 향수에 관심을 보이며 향수를 잔뜩 사가지고 돌아갔다고 한다. 1900년 몰리나르는 날씨가 온화한 리비에라 해안으로 피한을 온 러시아인과 영국인을 위해 전형적인 프로방스 풍의 거대한 판매전시장을 개설하기도 했다.

XVIII. 문화를 돋보이게 해주는 프랑스 건축

1. 영화, 명화, 책 그리고 만화 속 프랑스 건축물

프랑스의 건축물들은 시대별 아름다움을 드러내기도 하지만 모든 건축물들이 전체적으로 도시 분위기를 살리며 하나의 조화를 이룬다. 프랑스라는 나라의 분위기를 한껏 돋보이게 해주는 건축물들은 책, 영화, 그림 그리고 만화에 이르기까지 배경이나 소재가 되어 사용되었다. 유명한 건축물들을 작품과 연계하여 살펴보고 감상해보도록 하자.

1) 영화 속 프랑스 건축물

사크레쾨르 대성당

2006년 전 세계 최고의 감독 20명이 각자 자신이 아름답다고 생각하는 장소에서 파리를 배경으로 18가지의 색다른 사랑 이야기를 보여준 '사랑해, 파리'라는 영화 속에 등장하는 몽마르트 언덕부터 설명하도록 하자. 영화 속에서 몽마르트 언덕에 주차를 하던 한 남자가 기절한 여인을 만나며 운명적인 사랑을 깨닫게 되는데 이 영화의 배경이 되었던 곳이 바로 몽마르트 언덕이다. 몽마르트 언덕은 북부 지역에 위치한 해발 129m의 작은 언덕으로 일명 순교자의 언덕이라고도 한다. 이곳은 1860년 도시계획을 하면서 철거민 마을로 지정되어 가난한 화가들이 들어와 정착해 살았던 지역이다. 따라서 '화가의 거리'로 유명하며 지금도 언덕에 오르면 관광객들에게 그림을 그려주고 생계를 유지하는 화가들의 모습을 볼 수 있다. 밀레, 드가, 세잔느, 피카소 등 유명한 화가들이 모여 활동을 하기도 하고 카페에서 담소를 나누기도 했던 몽마르트 언덕에는 '사크레쾨르(Basilique du Sacré-Cœur)성당이 있다. 사크레쾨르 대성당은 프랑스가 프로이센과의 전쟁에서 패한 뒤 침체된 국민의 사기를 고양시킬 목적으로 모금한 돈으로 만들어졌다. 1876년에 기공되어 1910년에 완성되었으나 제1차 세계 대전에서 독일의 항복 후에 헌당식을 했다. 성당 앞에 잔 다르크의 동상이 있고 비잔틴 양식으로 하얀 돌이 우아한 자태로 솟아 있는 모습이 무척 아름답다.

노트르담 성당

영화 '비포 선셋(Before Sunset, 2004)에 프랑스를 배경으로 노트르담 성당이 등장한다. 영화는 제시와 셀린느가 유럽 횡단 열차 안에서 우연히 만나 서로 가까워진다. 이후 14시간을 비엔나에서 함께 보낸 뒤 다음 날 기차역 플랫폼에서 헤어진다. 그들은 6개월 후 다시 만나자는 약속을 한다. 그러나 9년이라는 세월이 흐른 어느 날 베스트셀러 소설가가 된 제시는 출판 홍보 여행중 파리의 한 서점에서 우연히 셀린느를 만난다. 그 날 저녁을 함께 보내며 둘은 아직도 서로의 마음속에 남아있는 사랑을 느낀다. 이 영화의 배경이 된 곳이 바로 노트르담 드 파리(일명 노트르담 성당, Cathédrale Notre-Dame de Paris)와 서점이다. 노트르담 성당은 빅토르 위고의 소설 '노틀담의 꼽추'로 유명한 곳이다. 센강 시테섬에 있으며 1163년 주교 M.쉴리

노트르담 성당

의 지휘 아래 내진건축이 시작되었고, 성왕 루이 치하인 13세기 중엽에 일단 완성되었으나 그 후에도 부대공사는 계속되어 18세기 초엽 측면 제실(祭室)의 증설로 오늘날의 모습을 갖추게 되었다. 그러나 18세기 프랑스혁명 때 건물이 심하게 파손되어 19세기에 대대적인 보수공사를 하였다.

800년의 프랑스 역사가 고스란히 담겨있는 성당 내부에는 성경의 내용을 주제로 한 수많은 조각들이 있으며 남쪽과 북쪽에 있는 4가지 색깔의 스테인드글라스인 장미창은 성당의 아름다움을 더해준다. 성당은 전후좌우 모습이 사뭇 다른데 센강 왼쪽 기슭에서 보는 뒤쪽 경관은 파리에서 가장 아름다운 곳이기도 하다.

2) 책속의 프랑스 건축물

오페라 가르니에 Opéra Garnier

가스통 르루(Gaston Leroux)가 쓴 '오페라의 유령'은 뮤지컬로 소개되어 우리나라에서도 선풍적인 인기를 모았던 작품이다. 오페라의 유령은 파리 오페라 극장을 배경으로 시종일관 공포, 불안, 긴장감, 신비, 수수께끼 같은 사건이 꼬리에 꼬리를 물고 일어나는 전형적인 추리소설이자 순수하고 아름다운 크리스틴을 두고 흉측한 괴물과 라울 드 샤니 자작이 서로 사랑을 다투는 연애소설이기도 하다. 추리 소설의 참된 진수를 보여주는 이 작품의 배경이 된 곳이 바로 파리의 오페라 가

오페라 가르니에

르니에이다.

오페라 가느니에는 프랑스 건축가 가르니에(Charles Garnier, 1825~1898)가 전체적인 설계를 맡았다. 산업 혁명 이후 경제적으로 부를 축적한 중산층들이 활약하기 시작한 19세기에는 화려한 장식이 사회의 지위를 대변한다고 생각했다. 그래서 기존의 양식들은 모두 무시한 채 장식을 첨가하거나 지나치게 꾸민 장식물로 표현된 건물들이 등장하기 시작했다. 19세기 말이 되면서 디자인에 종사하는 전문가들은 과거의 작품들을 모방하는 기술이 절정에 이르러 이 시기 절충주의 양식이 대두된다. 나폴레옹 3세 때 지어진 오페라 가르니에는 19세기 말 절충주의 양식의 최대 걸작이라 할 수 있다. 각 건축 양식 중 가장 아름다운 부분만을 모두 모아 놓은 동화 속의 궁전 같은 건물이다. 부르주아들의 취향에 맞추어 파리 시장 오스만이 도시 계획의 일환으로 건설한 오페라 주변의 레스토랑, 백화점, 유명 카페 등은 가장 파리다운 모습을 보여주는 곳이기도 하다.

라데팡스 La Défense

책이 출간될 때마다 화제를 몰고 다니는 프랑스의 인기 작가인 베르나르 베르베르의 소설 '카산드라의 거울'은 한국인이 주연으로 등장하여 화제를 모으기도 했던 작품이다. 사회에서 버림받은 존재들과 미래를 보는 주인공 '카산드라'의 이야기를 다루고 있는데 이 소설이 전개되는 한 배경이 된 곳이 바로 파리 외곽지역에 위치한 라데팡스이다. 라데팡스는 프랑스의 수도인 파리의 중심가인 루브르 박물관의 카루셀 개선문과 샹제리제에 있는 개선문 그리고 라데팡스에 있는 라 그랑드 아르슈가 서로 하나의 선처럼 연결되어 날씨가 좋은 날이면 마치 층계를 이루듯 세

라 그랑드 아르슈에서 바라본 라데팡스 광장

라 그랑드 아르슈

개의 개선문들이 층층이 아름다움을 자아내도록 설계된 도시이다. 행정 구역상으로는 파리가 아닌 오드센느의 뇌이으(Neuilly)시에 속한다.

라데팡스에는 인간개선문 혹은 신 개선문이라 일컬어지는 '라 그랑드 아르슈(La Grande Arche)'가 자리 잡고 있다. 예전에 군사적 요충지로서 파리를 방어하는데 적합한 지역이어서 라데팡스라 불리며 인위적으로 만들어진 지역이다. 철도와 지하철 그리고 버스와 자동차등 모든 교통 수단들은 도시 위로 달리는 것이 아니라 모두 도시의 지하로 운행이 된다. 도시 위에 올라서면 상가와 사무용 빌딩들 그리고 아파트와 넓은 광장, 인간개선문, 분수대, 조각 작품들만이 눈에 띈다. 인상적인 것 중의 하나는 그 많은 건물들이 모두 다른 형태를 띠며 예술작품처럼 도시를 형성한다는 것이다. 원형의 건물, 타원형의 상가, 높은 빌딩, 길게 늘어선 상가건물들 하나하나가 특이한 형태로 지어졌다. 구도시인 파리에서 멀지 않는 곳에 프랑스인들은 미래형의 도시, 환상의 도시를 만들어놓았다. 우선 상가와 사무실 그리고 주거지역이 구분되지 않아 기존의 도시와 다른 형태를 갖고 있다. 출퇴근 시간에 장을 보며 산책을 즐길 수 있고 분수대 옆에서 대형 스피커를 통해 나오는 클래식 음악을 들으며 명상에 잠길 수도 있다. 도시 공간과 예술 공간이 구분되지 않아 건물들 사이사이에는 세자르의 엄지손가락을 비롯하여 미로의 철골구조물 등 많은 조각 작품들이 배치되어 있다. 광장 가운데에서 서커스가 열릴 때에는 기존의 서커스와는 다르게 천막을 치지 않는다. 빌딩 사무실에서 장을 보러가다가 아이와 산책을 하며 시민들은 서커스 예술을 즐길 수 있다. 실내공간에서 이루어지는 서구 예술의 개념을 파괴하는 이러한 행위는 안과 밖의 구분, 도시 공간과 예술 공간의 구별을 넘어서는 새로운 인식론에서 출발한 것이다. 가장 눈에 띄는 인간개선문은 프랑스 혁명 200년을 기념하며 1989년에 지어진 것이다. 덴마크의 건축가 오통 스프레켈센이 설계했으며 노틀담 성당이 들어갈 수 있는 높이로 지어졌고 카루셀의 개선문, 나폴레옹 개선문과 열을 지으며 지어졌다. 시간이 만드는 거리를 뛰어넘으려는 건축가의 의도와 파리지앵들의 염려를 잘 읽을 수 있다. 관광성을 비롯하여 전시장이 들어서 있는 건물은 도시의 창 파리라는 닫힌 공간의 창의 역할을 한다. 좁은 현대 도시에서 자연으로 우주로 자유롭게 나아가려는 소망을 담고 있는 것이다. 과거의 시간에서 현재를 지나 미래를 꿈꾸는 공간이기도 하다. 인간개선문 가운데 빈 공간에 하얀 천과 철골로 '구름'을 만들어 놓았는데 단순한 건축물에 미적인 요소를 더한 것이다. 하지만 조금 달리 생각하면 언어, 종교, 피부색이 다르더라도 '세계'라는 한 지붕 밑에서 평화롭게 살아가야하는 인류의 희망을 그려 넣은 것임을 알 수 있다.

3) 만화 속 프랑스 건축물

베르사이유 궁정 Château de Versailles

'베르사이유의 장미'라는 만화는 1972년부터 1973년까지 일본 집영사

베르사이유 궁전

의 대표적인 순정잡지였던 '주간 마가렛'에서 연재되었던 작품이다. 프랑스 부르봉 왕조 후기인 루이 15세 정권 말기에서부터 프랑스 혁명까지, 그리고 혁명을 통해 왕좌에서 물러난 루이 16세와 마리 앙트와네트 처형에 이르기까지 프랑스 궁전에서 일어나는 사랑과 야망에 대한 이야기를 그리고 있다. 역사적 사실을 배경으로 한 역동적인 스토리는 수많은 독자들의 열화와 같은 성원을 이끌어냈다. 이 만화는 역사에 한 획을 그은 작품으로 국내에서도 만화의 고전으로 여전히 사랑을 받고 있으며 2009년에는 완전 판이 선을 보이기도 했다.

이 만화의 주요 무대가 되는 곳은 파리 외곽에 위치한 베르사이유 궁전이다. 파리 남서쪽 베르사이유에 위치한 궁전은 원리 루이 12세가 지은 사냥용 별장이었으나 1662년 무렵 루이 14세의 명령으로 대정원을 착공하고 1668년 건물 전체를 증축하여 가로축 부분이 앞으로 튀어나온 U자형 궁전으로 개축하였다. 베르사이유는 시골 마을 가운데 하나였지만 이 궁전이 세워진 후로 자치권을 행사하는 파리 외곽의 도시로 성장하게 되었다. 1680년대에 다시 건물 두 동을 증축하고 남쪽과 북쪽에 별관과 안뜰을 추가하여 전체 길이 680m에 이르는 대궁전을 이루었다. 대운하 북쪽 끝에는 이탈리아식으로 지어진 그랑 트리아농과 프티 트리아농이 루이 왕조의 섬세한 양식과 단아함으로 세워져 있다. 베르사이유 궁전은 1979년 유네스코에서 세계 문화유산으로 지정되었다.

바로크 건축의 대표작품인 베르사이유 궁전은 호화로운 건물과 광대하고 아름다운 정원으로 유명하다. 특히 정원 쪽에 있던 주랑을 '거울의 방'이라는 호화로운 회랑으로 만들고, 궁전 중앙에 있던 방을 '루이 14세의 방'으로 꾸며 화려함을 더욱 강조해주었다. 거울의 방은 1783년 미국독립혁명 후의 조약, 1871년 독일제국의 선언, 1919년 제1차 세계대전 후의 평화조약체결이 행해지는 등 국제적 행사 무대가 되었다. 프랑스혁명으로 가구·장식품 등이 많이 없어졌으나 궁전 중앙부, 예배당, 극장 등을 제외한 주요부분은 오늘날 역사미술관으로 일반에 공개되고 있다. 프랑스식 정원의 걸작인 정원에는 루이 14세의 방에서 서쪽으로 뻗은 기본 축을 중심으로 꽃밭과 울타리, 분수 등이 있어 주위의 자연경관과 조화를 이루고 있다. 기본 축을 따라 라톤의 분수, 아폴론의 분수, 십자 모양의 대운하 등을 배치하였다.

2. 디자인 이론의 선구자들

건축가들 가운데에는 당대를 선도했던 이들도 있고 새로운 디자인을 건축에 선보임으로써 보다 아름답고 편안한 도시를 만들어간 인물들도 있다. 프랑스 건축의 대가들을 모두 살펴볼 수는 없지만 그 가운데 특별히 건축에 새로운 시선을 선사해준 몇몇 인물들을 보는 것만으로 프랑스 건축의 경향을 이해할 수 있을 것이다.

1) 르코르뷔지에 Le Corbusier

르코르뷔지에는 스위스 태생의 프랑스 건축가이자 작가이며 현대 디자인의 선구자이다. 그는 특히 도시 거주자들의 생활환경을 개선하려고 노력했다. 르코르뷔지에는 입체파 화가인 로스나 가르니에로부터 영향을 받은 천재적인 예술가이자 이론가였다. 처음에는 미술 공예 운동 스타일을 설계했지만 1917년 파리에 정착하면서 하얀 색의 모던 운동의 거장으로 성장해갔다. 그는 1922년 도시계획안에서 기하하적이며 단순한 형태의 고층건물이 즐비한 수직도시를 예견하고 있었다. 그의 스케치 안에 들어있는 수많은 자동차의 움직임은 기계화된 시대의 도시 이미지에 대한 앞날을 보여주고 있다. 그는 1923년 첫 저술인 '건축을 향하여'에서 대서양의 여객선과 비행기와 자동차에 새로운 건축에 대한 교훈이 들어있다고 말했다. 그에 의하면 우리가 감탄하는 자동차, 선박, 기계 등 순수한 기계들의 정확성은 건축의 구성체계에도 적용될 수 있으며, 그것을 최신 자재, 구법 및 시공기술로 실현시킴으로써 건축분야에 새로운 조직의 실례를 만들어야 한다고 주장하였다.

실제로 그는 자동차 제조사인 시트로앵의 영향을 받은 시크로앙이라는 일련의 공장생산형 주거계획안을 통해 '주택은 살기 위한 기계이다'라고 선언하기도 했다. 훗날 그의 이러한 주장은 근대 건축의 기계미학적 특징을 대변해주는 표어가 되었다. 이 시기 그의 건축은 순수한 정육면체를 기본으로 하여 '필로티', '자유로운 평면', '띠창', '옥상정원' 등의 근대건축 5원칙에 충실하였다. 평면이 자유롭고, 입면 또한 자유로운 형태로 구성할 수 있게 되었으며 창문도 종래의 좁고 높다란 형태와는 달리 옆으로 넓은 형태를 취함으로써 집 안에서 보이는 외부의 시야를 넓혔다. 아울러 지붕의 경사면을 평슬래브로 대체하여 옥상을 정원기능을 할 수 있는 공간으로 만들었다.

그러나 제 2차 대전 이후부터 그의 작품은 극적으로 변했다. 그의 작품의 특징이었던 빛과 흰색은 사라지고 중후한 콘크리트와 조각 같은 형태가 그 자리를 대신했다. 그 후 르코르뷔지에는 순례자들을 위한 시적인 성당인 '롱샹 성당'이나 '생트 마리드 라 투레트' 수도원을 차례로 설계했다. 말년에 그가 인도 찬디가르 신도시에 건축한 대법원, 정부청사, 국회의사당은 걸작으로 인정받았다. 그는 '위대한 천재는 스스로 만들어간다'라는 작가의 정신을 잊지 않은 건축가였다. 그의 건축 작품은 20세기의 건축을 대표하는 건축양식을 보여주는 문화유산이다.

롱샹성당

2) 도미니크 페로 Dominique Perrault

프랑스의 건축가 도미니크 페로가 주장하는 건축의 철학은 '건축은 자연이고 자연은 건축이 된다'는 것이다. 그는 미테랑 대통령 시절 파리의 미래화를 위한 10대 프로젝트 중 하나인 루브르 박문관의 유리 피라미드의 구제 현상 공모에 당첨되었고 파리를 21세기의 알렉산드리아로 만들고자 한 꿈의 도서관인 프랑스 국립 도서관을 건축한 인물이기도 하다. 이를 통해 그는 유럽 뿐 만이 아니라 세계적인 건축가로 인정받았다. 그는 건물을 만드는 것은 곧 풍경을 만드는 것이라는 생각을 갖고 있다. 파리의 국립 도서관은 유럽의 가장 훌륭한 도서관으로 평가를 받고 있는데 그 이유는 특이한 디자인 때문이기도 하다. 네 동의 건물 사이에 위치한 만인의 공간은 산책하는 장소이기도 하지만 자연의 일부를 되살리는 곳이기도 하다. 페로의 건축에는 만인의 공간과 자연과 건축물과의 연계가 존재한다. 최근 국립 도서관 앞에 만들어진 '시몬느 드 보부아르' 다리는 센강 양쪽의 두 지역을 광장과 서로 연결시켜준다. 이것은 사물들을 서로 연결하고 교류케 하는 작업으로 현대적 도시를 생성하는 역할을 한다.

파리 국립 도서관

이화여자대학교 이화 캠퍼스 센터

이런 세계적인 건축가의 설계를 한국에서도 만날 수 있다. 그는 이화여자대학교 국제 현상 설계 공모전에 '캠퍼스 계곡'이라는 작품으로 당선되어 이화 캠퍼스 센터를 건축하였다. 이 캠퍼스의 설계 핵심은 공원 같은 대학 교정, 도시와 연결된 대학 공원, 여성성과 자연을 결합한 열린 공간이다. 페로의 이 건축물은 지하 캠퍼스임에도 불구하고 마치 하나의 거대한 계곡을 보는 듯하며 건축물이 아닌 자연의 일부처럼 느껴진다. 옥상 정원을 적극 활용해 기존의 지하 건축물과 구별되는 쾌적하고 상쾌한 그린 캠퍼스로 설계하였다. 계곡은 공원이자 광장이며 통로이다. 이 건축물은 지하 캠퍼스이지만 가운데를 크게 비워 지하 같은 느낌이 들지 않도록 했다. 이 비움을 통해 하늘을 담고 광장이 될 수도 있고 산책로가 될 수도 있도록 했다. 페로의 건축에는 만인의 공간, 자연, 건축이 세가지 측면이 서로 조화를 이루며 항상 존재한다.

3) 장 누벨 Jean Nouvel

장 누벨은 1945년 프랑스의 소도시인 후멜에서 태어났다. 1966년 국립예술원을 수석으로 합격하고 이후 1972년 에콜 데 보자르를 졸업하며 건축인생을 시작했다. 사람들은 그가 용기 있게 새로운 아이디어를 추구하고 규범에 도전함으로써 건축의 경계를 확장해온 인물이라고 평한다. 그는 31세의 젊은 나이로 프랑스 건축가 운동인 'Mars 1976' 및 '건축 조합'을 공동으로 창립하였고 1977년 파리 도심부의 재개발을 위한 레알(Les Halles) 지구 재개발 국제 현상설계를 공동 주최하며 국제적인 건축가로의 면모를 보여주었다. 하지만 장 누벨은 특정한 스타일이 없는 건축가이기도 하다. 바로 그 스타일의 부재가 곧 장 누벨의 작업을 이해할 수 있는 핵심이기도 하다. 그에게 선험적인 '스타일'이란 없다. 대신 각 프로젝트 마다 서로 다른 다양한 전략을 개발해왔다.

누벨은 2008년 건축계의 노벨상이라 불리는 프리츠커상을 수상했다. 첨단 하이테크 기술과 건축 디자인을 인간 내면의 감성적인 요소와 결합시킨 작품으로 '빛의 건축가'라는 호칭을 얻었다. 그는 여러 작품을 통해 현대적이고 미래지향적이며 도시적인 감성을 표현해왔다. 유리, 철 등의 차가운 재료를 즐겨 사용하여 예리하고 세련된 이미지를 창출하는 그의 건축은 하나의 거대한 예술품으로 비유되기도 한다. 누벨은 항상 건축을 시적 차원으로 승화시켜야 한다고 주장한다. 그가 설계한 유명한 작품으로는 파리의 '아랍 문화원', 리옹의 '오페라 하우스', 바르셀로나의 '아그바 타워'등이 있다. 그러나 누벨의 작품은 한국에서도 만날 수 있다. 삼성의 '리움 미술관'이다. 리움은 남산을 배경으로 하고 한강을 전경으로 하는 배산임수의 터에 위치해 있다. 미술관 벽에는 유리창을 두어 남산 등의 풍경을 차경으로 도입하여 닫혀있지만 닫혀있지 않은 새로운 형식의 미술관 모습을 선보인다. 또 관람객이 건물 내부에서도 유리창을 통해 석벽 바닥의 식

아그마 타워

물과 나무들, 자연의 빛이 만들어내는 음역의 공간 뿐 아니라 미술관 주변 환경이 빚어내는 제 2의 미술작품으로 감상할 수 있도록 설계되었다.

장 누벨은 건축에 대해 나름대로의 철학을 지니고 있다. 그는 '내가 물에 들어갈 수 없다면 나에게 물이 오도록 하겠다'는 말처럼 개혁적인 시도들을 많이 했다. 또 한편으로 그는 '건축적 사고의 전환에 대해 늘 고민한다. 건축은 곧 주어진 상황의 변환과정인 까닭에 변환과정에서의 혼동을 극복하는 일, 그것이 바로 건축이다'라는 생각을 고수하고 있다.

XIX. 한국 속의 프랑스, 프랑스 속의 한국

다른 나라의 문화를 그 나라에 가야만 경험하는 것은 아니다. 세계는 이미 한 가족처럼 인터넷과 SNS로 인해 매우 밀접하게 연결되어 서로 문화를 주고받는다. 얼마 전까지만 해도 한국 사람들에게 프랑스는 유럽 대륙에 있는 아주 먼 나라처럼 생각되었다. 하지만 요즘은 주위에서 쉽게 프랑스 문화들을 접할 수 있어 멀리 있는 나라가 아니라 언제든 우리가 마음만 먹는다면 갈 수 있고 문화를 경험해볼 수 있는 나라로 인식되고 있다. 특히 '파리 바게트'나 '뚜레주르'처럼 프랑스어로 된 상호나 간판들을 볼 때면 한국에도 프랑스 문화가 참 많이 들어와 있다는 생각이 든다. 멀리 여행을 할 수 없는 사람들이라면 한국 내에서 프랑스 문화를 접할 수 있는 곳을 찾아 잠시 프랑스를 만끽해볼 수 있을 것이다. 또 역으로 프랑스 내에서도 한국을 경험해볼 수 있는데 최근 들어 K-Pop이 유럽을 강타하면서 예전에 비해 한국 문화에 대한 관심이 상승하여 젊은 이들을 중심으로 한국문화와 한국어에 대한 호기심을 나타내는 사람들이 많아져 프랑스 내에서 한국 문화를 접하기가 훨씬 수월해졌다. 프랑스 속에서 한국문화의 단면들을 찾아본다면 두 문화권이 서로 동떨어진 문화를 보여주는 것이 아니라 서로가 친밀한 문화권을 보여주는 나라임을 실감하게 될 것이다.

1. 한국 속의 프랑스

한국 속에서 현실적으로 '프랑스'를 직접 체험해볼 수 있고 그 문화를 만끽할 수 있는 장소를 방문해보거나 축제에 참가해 본다면 멀리 떠나지 않아도 우리나라 안에서 충분히 프랑스 문화예술을 보고, 듣고, 느낄 수 있다.

1) 한국 속의 프랑스 마을

서울 속 작은 프랑스, 서래마을

서울에도 프랑스인들이 모여 사는 작은 프랑스 마을이 있다. 바로 서울특별시 서초구 방배동과 반포동 일대에 위치한 서래마을이다. 언뜻 이름을 들으면 한국의 전통마을 같은 느낌이 들지만 이곳은 한국에 거주하는 프랑스인 절반가량이 모여 사는 곳이다. 원래 마을 앞의 개울이 서리서리 굽이쳐 흐른다 하여 서래란 이름이 붙었다고 전해진다. 1985년 한남동에 있던 프랑스학교가 이곳으로 이주하면서 프랑스인들이 모여들기 시작하여 현재 약 500명의 프랑스인들이 거주하고 있으며 프랑스 음식점과 카페들도 많이 들어서있다. 보도블럭도 프랑스 국기색인 파랑색, 흰색, 빨강색으로 꾸며져 있고 행사가 있을 때면 프랑스 국기와 한국 국기가 전신주 마다 걸리기도 한다. 주거 형태 또한 아파트 중심이 아닌 고급빌라

서울 서래 프랑스 학교

및 단독주택으로 이루어져 있어 자연과 함께 하려는 프랑스인들의 문화를 살짝 엿볼 수 있다. 가끔 주말이면 가든파티를 하는 광경이 보이는데 채광 및 보안상의 문제로 한국인들이 선호하지 않는 1층의 단점을 공영면적에 잔디를 깔로 거실 창으로만 출입이 가능한 개인정원으로 개조하여 팬트 하우스 다음으로 인기 있는 곳으로 만들어 사용하고 있다.

서래마을의 '서래로'라는 메인 거리에는 카페들이 즐비하다. 간판 또한 프랑스어로 되어 있는 곳이 많아 마치 프랑스의 카페 거리를 걷는 듯한 착각에 빠져들게 한다. 그래서 프랑스 문화를 만끽하고 싶어 하는 젊은이들이 서래마을을 도는 '카페 투어'나 '파스타 투어'등을 계획하기고 하여 젊은이들에게는 인기 있는 데이트 코스이기도 하다. 파리 시내 가장 높은 언덕에는 프랑스 파리의 몽마르트 언덕이 있는데 서래마을의 언덕에도 파리의 몽마르트 언덕을 연상시킨다 하여 몽마르트 공원이 있다. 배수지였던 곳을 주민을 위한 휴식공간으로 바꾸어 주민들이 편안히 휴식할 수 있는 공간으로 꾸몄다. 몽마르트 공원에서 내려다보는 서래마을 전경과 한강 너머 스카이라인은 놓쳐서는 안 될 볼거리 중 하나이다. 서래마을을 둘러싸고 있는 넓은 서리풀 공원도 마을의 아름다움을 더해준다. 서래 마을에서는 '한·불음악축제'도 열리고 프랑스인들이 참여하는 '삼짇날 화전 만들기 체험' 같은 행사들도 열린다. 프랑스 전역에서 6월 21일에는 전통 뮤직 페스티벌이 서래마을에서 열리기 때문에 프랑스 문화의 단면을 느껴볼 수도 있다. 군악대의 신나는 연주에 맞춰 프랑스 학교 학생들과 학부모, 지역주민이 참여한 가운데 프랑스 학교에서 몽마르트 공원에 이르는 총 1km 구간을 함께 행진하는 등 특별한 이벤트 등이 마련되어 있다.

쁘띠 프랑스

쁘띠 프랑스는 프랑스의 다양한 문화를 체험해보는 곳이다. 이곳은 여러 편의 드라마가 촬영되어 한국인들에게 낯설지 않은 곳이기도 하다. 경기도 가평에 위치해 있어 여유를 갖고 시간을 내서 구경해야한다. 프랑스 현지와 정식 계약한 어린왕자 테마파크와 자연을 그대로 살린 친환경 자연 공원 외에 여러 다양한 체험관들로 구성되어 있다. 안쪽으로 들어가면 어린왕자의 작가인 생텍쥐페리 기념관도 있고 150년 된 프랑스 고택의 모습을 그대로 옮겨놓은 프랑스 전통 주택 전시관도 있다. 또 숙박을 할 수 있는 숙소도 마련되어 있어 조용히 산책을 하며 프랑스 문화를 음미해볼 수도 있다.

쁘띠 프랑스의 설립 배경을 보면 설립자가 40여 년간 세계를 둘러보던 중 프랑스의 문화에 매료되어 이를 직접 가 볼 기회가 적은 한국인들, 특히 청소년들에게 보여주고 싶어서 20여 년간의 준비 기간 끝에 이 마을을 완성했다고 한다. 그리고 가족이 함께 하는 프로그램을 통해 가족의 소중함을 느끼고 친구들과 함께 하는 캠프 생활을 통해 건강하고 올바른 공동체 정신을 배양함과 동시에 프랑스의 문화를 체험하고 습득할 수 있도록 프로그램을 체계적으로 계획해주고 있다. 그래서 해외로 나가지 않아도 국내에서 충분히 국제적 감각을 익히고 문화를 체험할 수 있도록 했다.

쁘띠 프랑스, 경기도 가평

우선 150년 된 프랑스의 고택을 그대로 옮겨 놓은 전통 주택 전시관부터 관람해야 한다. 이곳은 프랑스의 오래된 집을 고스란히 옮겨다 놓은 곳으로 프랑스의 전원주택을 그대로 재현하기 위해 목재 기둥, 기와, 바닥, 창, 19세기 내부 가구 등 모두를 프랑스에서 직접 수입하여 프랑스 건축술로 완성되었다. 내부에는 프랑스식 장식이 되어 있고 실제 18세기 프랑스 귀족이 사용하던 고급 의자도 전시되어 있다. 나무와 나무를 짜 맞춰 지은 프랑스 집은 우리나라 옛 한옥과 비교해보면 새로운 문화들을 읽을 수도 있을 것이다. 또한 세계적인 작가이며 프랑스가 자랑하는 '어린 왕자'의 작가 생텍쥐페리의 일생을 볼 수 있는 전시관이 3층으로 구성되어 있다. 1층에는 생텍쥐페리의 삶에 대한 기록을 볼 수 있고 2층은 그의 작품에 대한 해설과 캐릭터 상품 등이 전시되어 있으며 3층에는 그에 관한 영상 자료와 '어린 왕자'등의 작품을 뮤지컬이나 영화화한 자료를 관람할 수 있다. 이외에도 몇 백 년 된 대형 오르골의 음색을 들을 수 있는 오르골 하우스와 프랑스의 다양한 문화를 소개하고 체험할 수 있게 해주는 갤러리도 있다. 자연을 중시하는 프랑스를 마을로 옮겨 놓았으니 멋진 전경도 빼놓을 수 없다. 쁘티 프랑스에는 27종의 야생화가 계절마다 다른 정취를 풍기도록 아름답게 피어 있고 주변 환경 또한 빼어나기 때문에 한국의 자연과 프랑스풍의 정원이 풍겨주는 독특한 조화를 맛볼 수 있다.

파주 프로방스

파주 프로방스는 1996년 '프로방스 레스토랑'으로 시작하여 카페와 레스토랑에서 사용할 식기를 만드는 도자기공방, 프로방스마을의 디자인을 주도하며 디자인 제품을 판매하는 리빙관이 만들어졌다. 음식점에서 사용할 허브를 직접 재배하기 위해 허브정원도 생겨났다. 프랑스의 남부 도시들이 모여 있는 프로방스(PROVENCE) 지방은 일 년 내내 태양빛이 강렬하게 내리쬐고 있으며 탐스러운 올리브와 매혹적인 라벤더가 들판을 가득 메워 다양하고 아름다운 광경을 연출하는 곳이다. 그런데 이런 매력을 한국에서도 느껴볼 수 있다. 물론 프랑스의 프로방스처럼 여유와 풍성함이 묻어나지는 않지만 자유로를 타고 문산 방향으로 달리다 보면 오른쪽 언덕 위에 프로방스를 그대로 빼닮은 파주 프로방스가 나타난다.

프로방스에는 프랑스 가정식을 한국인의 입맛에 맞게 요리해 제공하는 프렌치 레스토랑이 자리 잡고 있다. 이곳은 탁 트인 창가 너머 4계절의 미와 함께 할 수 있는 곳이다. 밤이면 한강과 임진강, 서해바다가 만나는 지점의 아름다운 낙조도 감상할 수 있다.

프로방스 근처에는 통일동산, 예술인 마을 헤이리, 경기 영어마을 파주 캠프, 파주 출판단지등 볼 만한 다양한 명소들이 있어 함께 둘러본다면 좋은 여행코스가 될 것이다.

파주 프로방스 마을에 있는 다리 전경

주한 프랑스문화원

프랑스 문화원은 프랑스가 자국의 문화를 전파하기 위해 전 세계에 세운 기관으로써 약 1,500여개 정도가 있으며 각 나라에서 여러 가지 일들을 하고 있다. 서울에 있는 프랑스 문화원도 여러 프랑스 영화나 프랑스어로 된 책들을 갖추고 있어 우리에게 프랑스 문화를 접해볼 수 있는 기회를 제공해주고 프랑스 문화를 전해주기도 한다. 그리고 각종 행사를 통해 한국과 프랑스 간 문화교류도 활발히 진행한다. 프랑스 문화원에서는 대학에서 프랑스어를 전공하거나 유학을 갈 학생들을 대상으로 프랑스어 강좌를 열기도 하고 한국의 유능한 학생에게 장학금을 지급하여 프랑스에서 공부할 수 있는 기회를 주기도 한다. 이처럼 프랑스 문화원은 오랜 기간 동안 한국과 프랑스간의 문화적 다리 역할을 충실하게 수행해 왔으며 앞으로도 한국안의 프랑스를 알리는 교두보로서 중추적 역할을 담당할 것이다.

프랑스 문화원은 1968년 서울시 종로구 적선동에 설립되어 1971년 종로구 사간동으로 이전했는데 당시 서울의 중심부에 위치하고 있던 프랑스 문화원에 '살 르느와르'라는 영화관을 통하여 이름을 알리기 시작했다. 문화를 자유롭게 만끽할 수 있는 공간이 부족했던 당시에 프랑스 영화를 상영하여 젊은이들이 외국문화를 거부감 없이 접할 수 있도록 해주었으며 서로 토론하고 담론을 펼치는 장소로도 활용되었다. 또한 유럽문화를 맛보고 싶어 하던 이들에게 전시회를 개최하여 문화를 전파하기도 했다. 1980년대 후반 한국도 여러 문화가 개방되어 전 세계의 문화를 접할 수 있게 되자 2001년 프랑스 문화원은 서울 시내의 중심부인 숭례문 근처에 자리를 잡고, 새로운 프랑스 문화원 시대를 열게 되었다. 프랑스 건축가인 다비드-피에르 잘리콩에 의해 디자인 된 새로운 프랑스 문화원은 현대적이고 세련된 프랑스 문화를 전달할 공간으로 변모하였다.

프랑스 문화원은 지금 현재 활동 분야를 4가지로 나누어 활발히 문화사역을 담당하고 있다. 우선 17,000여권의 장서와 788명의 회원을 보유하고 있는 미디어 도서관, 그리고 프랑스 및 유럽권으로 유학을 가는 학생들에게 상담 및 유학 비자를 발급해 주는 부서인 '캠퍼스 프랑스' (2008년 한 해 동안 1500명의 학생들에게 상담서비스 제공), 각종 강연 및 강좌를 들을 수 있는 강좌 프로그램, 그리고 프랑스 카페를 그대로 옮겨 놓은 듯한 분위기의 《카페 데 자르》까지 다양한 시설을 프랑스 문화원 내에서 만날 수 있다. 2006년부터는 프랑스 문화원이 주관하는 새로운 영화 프로그램인 '시네 프랑스'가 소개되어 1970년대 한국의 영화팬들을 사로잡았던 프랑스문화원 영화 프로그램의 명성을 이어가고 있다. '시네프랑스'는 대학로에 위치한 동숭아트센터와 협력하여 매주 1회씩 프랑스 영화를 상영하고 있다. 2006년 한불 수교 120주년을 맞아 다양한 행사들이 열려 성공을 거두면서 주한 프랑스 대사관과 프랑스 문화원은 2007년부터 매년 '프랑스 엑스프레스'라 명명한 프랑스 문화축제를 개최하여 한국에 수준 높은 프랑스 문화를 알리기로 결정하였고 2008년에는 프랑스 문화원의 개원 40주년을 기념하는 제 2회 프랑스 엑스프레스가 서울의 내외에서 성공적으로 개최되기도 했다.

2) 한국 속의 프랑스 축제

해마다 프랑스와 연관된 행사들이 한국에서 열리고 있지만 관심이 없어서 혹은 프랑스라는 나라의 문화가 흥미롭지 않아 지나쳐버린 경우들이 있을 것이다. 오랜만에 마음먹고 행사를 보려하면 일시적으로 열렸던 행사들이라서 시기를 놓쳐 아쉬워했던 때도 있을 것이다. 한국 속에서 개최되는 여러 행사들을 시기별로 잘 알아둔다면 굳이 먼 곳까지 가지 않아도 프랑스의 예술을 경험하고 느낄 수 있는 좋은 기회들을 잡게 될 것이다. 그래서 여기에서는 한국 속의 프랑스 문화예술과 관련된 행사들을 소개하고 그것들을 통해 우리 삶에서 간접적으로 프랑스를 경험해볼 수 있는 방법을 제시할 것이다. 한국에서 즐길 수 있는 프랑스문화예술 관련 행사는 프랑스 문화원 주관인 'France Express'를 통해 가장 광범위하게 이뤄지고 있다. 기타 축제로는 '프랑스 문화축제', '쁘띠 프랑스 프랑스 영화축제', '반포서래 한·불 음악축제', 등의 지역축제도 있다.

FRANCE EXPRESS

'FRANCE EXPRESS' 포스터.

'FRANCE EXPRESS'는 프랑스문화원이 2007년부터 시작하였고 한국 문화예술계의 구제 행사들과 행보를 함께 하기 위해 봄/여름과 가을/겨울 두 시즌으로 나뉘어 진행되고 있다. 2010년 봄/여름 상반기에는 다채로운 음악, 무용, 연극 공연들이 소개되어 프랑스의 안무가와 음악가들이 서울, 통영, 부산의 음악과 무용 축제에서 큰 주목을 받기도 했다. 그리고 가을/겨울 하반기에도 수준 높은 많은 행사들을 통해 프랑스 예술가들이 소개되었다. 이처럼 일 년 내내 다양하고 광범위한 장르의 전시, 공연들이 펼쳐진다. 특히 'FRANCE EXPRESS'는 서울과 경기도 이외에 인천, 대구, 부산, 광주, 전주, 통영 등 전국적으로 열리는 특징이 있다.

크리스마스 프랑스 전통 장터

서래마을에서 ADFE(재외 프랑스인 협회)주관으로 매년 12월 둘째 주 토요일 이웃돕기 성금 마련을 위한 크리스마스 프랑스 전통 장터가 열린다. 이날 오전 9시 30분부터 오후 4시까지 청룡공원에서 열리는 행사에는 서울 프랑스학교 교장 등 500여명의 주한 프랑스인 및 다수의 지역주민들이 참여하고 있다. 이들이 선보이는 음식은 세계 3대 진미로 꼽히는 거위 간, 일명 푸아그라 요리를 비롯하여 가정에서 직접 만든 치즈, 훈제연어요리, 포도주등 프랑스 특선요리 등이다. 장터에서는 산타클로스가 어린이들에게 선물을 나누어 주는 등 다양한 이벤트도 열린다. 이날의 행사는 한·불 주민 간 문화이해의 폭을 넓히고 불우이웃도 돕는 소중한 기회가 되고 있다.

2011년 프랑스 서래마을 프랑스 전통 장터 모습

프랑스학교 학생 가장행렬

서래마을에서는 또 다른 축제로 매년 2월 첫째 주 화요일 오후 2시 30분-3시30분까지 프랑스학교~서래로 파리크르와상 구간을 약 300여명

프랑스 학교 학생들의 가장행렬 모습

의 프랑스학교 학생들이 분장을 하고 행진하는 행사를 개최한다. 이 행사는 프랑스 현지 학교에서 매년 2월 첫째 주 화요일에 행해지는 전통적인 관습에 따른 것으로서 가장행렬을 통해 프랑스 전통문화를 알리고 지역 주민들과의 유대관계를 돈독히 하는 계기를 만들기 위해 주한 프랑스학교 주최로 진행되는 행사이다. 프랑스에서 카니발은 사람들이 사회생활에서 요구하는 절제와 인내가 한계에 도달해 폭발하기 전에 일년에 한 번 쯤은 압박에서 벗어나 자유를 만끽하도록 만들어진 것으로 분장을 하고 가면을 씀으로써 자신의 신분과 처지에서 벗어나 다른 사람이 되어 보는 것이다. 가장행렬 시간이 오후 2시 30분에 시작하는 이유는 느지막이 일어나 점심을 먹고 여유 있게 퍼레이드를 보려면 오후 2시 30분이 가장 이상적인 시간이라는 것을 오랜 경험으로 터득해서 정해진 것이다.

반포 서래 한·불 음악축제

서울시가 선정한 '글로벌 존(Global Zone)'으로 지정되기도 한 서초구 반포 4동 서래마을에서 지역사회의 외국인주민과 한국인 주민들이 서로 모여 함께 즐기는 거리음악축제가 열린다. 한·불 음악 축제는 하지 절기에 맞춰 매년 6월 21일 프랑스 전역에서 펼쳐지는 전통 뮤직 페스티벌을 한국에서 프랑스인들이 가장 많이 거주하는 서래마을로 옮겨온 것이다. 음악축제는 프랑스의 대표적인 축제로 음악을 사랑하며 악기를 다룰 수 있는 사람이면 누구나 장소를 불문하고 연주를 할 수 있는 프랑스의 축제이다. 프랑스 전체가 음악으로 하나의 거대한 공연장이 되는 축제로 해마다 이날이 되면 프랑스 전역에서 동시에 음악 애호가들이 악기를 연주하고 사람들은 리듬에 맞춰 즐겁게 춤을 추는 축제로 자리를 잡았다. 한국에서 열리는 음악축제는 총 3부로 나뉘어 진행된다. 2010년도 한·불 음악 축제를 살펴보면 우선 1부에서는 길거리 음악공연과 더불어 지역주민이 참여한 가운데 프랑스 학교에서 몽마르트 공원에 이르는 총 1km 구간을 함께 행진하는 뮤직퍼레이드가 펼쳐졌다. 2부에서는 프랑스 출신의 방송인 이다도시의 사회로 퍼레이드를 마친 군악대와 프랑스학교 학생들이 몽마르트 공원에 마련된 특설무대에 올라 다양한 장르의 음악을 연주했다. 또한 아마추어 샹송 공연팀이 참여하는 '샹송공연대회' 결승전도 프랑스 문화원 주최로 열렸다. 3부 한·불 합동공연에서는 프랑스학교 어린이 20명이 한복을 곱게 차려입고 펼치는 사물놀이 공연, 클래식 공연, 인기가수 공연이 펼쳐져 축제의 하이라이트를 장식했다. 이 축제에 참가하는 모든 이들이 한·불 음악 축제가 프랑스인들만의 축제에서 한발 나아가 외국인 주민과 한국

한·불음악축제

인 주민이 함께 어울릴 수 있는 화합의 무대로 꾸며지도록 지속적으로 확대시켜 나가려하고 있다.

2. 프랑스 속의 한국

한국 속에서도 프랑스의 문화를 체험하고 경험해볼 수 있는 것과 마찬가지로 우리가 기대하는 만큼 다양하지는 않지만 프랑스 내에서도 한국문화를 만날 수 있다. 최근 K-Pop(프랑스인들은 프랑스식 발음으로 '까뽑'이라 한다)의 영향으로 예전보다 쉽게 한국 문화를 접할 수 있다.

1) 신조어를 만드는 한국 문화 열풍

한국에서 프랑스 문화가 낯설지 않게 느껴지는 이유는 여러 가지가 있겠지만 그 가운데 우리가 사용하는 상품의 브랜드로 프랑스 단어를 사용한다거나 외래어로 유입된 프랑스어가 일상적으로 사용되기 때문일 수도 있다. 실제로 화장품 제품들 중 상당수가 프랑스어를 사용하고 있는데 '라네즈(La Neige, 눈)', '드봉(De Bon, 좋은 것)', '라끄베르(Lac Vert, 초록 호수)나 의류 신발 브랜드에서 볼 수 있는 '아라모드(A la mode, 유행하는)', '블랑누아(Blanc Noir, 백과 흑)' 등이 있다. 이는 프랑스가 패션과 화장품에서 앞서가는 나라이기 때문에 이러한 제품들에 프랑스어를 사용하면 상품의 가치가 돋보이기 때문이다. 또한 문화적으로 우수성을 나타내는 분야에 그 나라의 언어를 사용하면 언어로 인해 그 나라의 문화를 대변하는 역할을 하게 된다.

그런데 최근 프랑스에서는 한국과 관련된 신조어로 '꼬레드꼬레(chore

de corée·한국식 안무)라는 말이 젊은이들 사이에 유행처럼 퍼져나가고 있다. 프랑스의 한 TV프로그램에서 K-POP 열풍을 집중 진단하며 전하는 과정에서 한국식 안무라는 뜻의 '꼬레드꼬레'라는 신조어가 나왔는데 신조어가 생길 만큼 프랑스 내에서 한국 가수들의 인기는 점차 상승하고 있는 것이다. 프랑스인들은 동음어를 반복해 신조어를 만드는 일종의 언어유희인 '주드모(jeu de mots)'를 즐긴다. 주드모는 유행을 반영하면서, 유행을 확산시키고, 때론 창조하기도 한다. '꼬레드꼬레'라는 프랑스의 단어가 K-POP을 이 대열에 올린 것이다. 프랑스 내에서 한국 아이돌의 인기가 상승하면서 프랑스 청소년들과 젊은이들이 한국에 가고 싶어 하고 한국어를 배우고 싶어 하는 현상들이 나타나고 있다. 프랑스 매스컴에서도 절도 있는 한국의 아이돌 특유의 춤을 '꼬레드꼬레'로 칭하며 이들의 인기에 대해 관심을 갖고 관찰해야한다고 이야기할 정도이다. 2011년에는 프랑스의 유명 공연장인 제니뜨(Zenith)에서 이틀에 걸쳐 K-POP(케이팝) 콘서트가 열렸다. SM엔터테인먼트 소속 가수들인 샤이니, 소녀시대, 슈퍼주니어 등 한국 아이돌 그룹이 출연한 이 공연의 표는 5월 초 발매 15분 만에 동이 났고, 표를 구하지 못한 이들이 루브르박물관 앞에 모여 시위를 벌인 덕분에 공연이 하루 연장되는 특이한 현상을 불러일으켜 한국 언론의 시선을 집중시킨 바 있다. 언론들은 앞 다투어 'K-POP 한류 열기 유럽 상륙', 'K-POP 유럽 들썩 한류 지구촌 확산', '특색 있는 K-POP 깜짝 유행 아닌 듯 한국문화 관심 크게 늘어' 등의 현란한 언어를 쏟아내었다. 일부 방송국은 파리 현지를 연결하여 생방송으로 공연 전 파리 모습을 수시로 체크해 내보내는 열성까지 보였다. 한국 언론만 본다면 한류가 유럽을 장악한 듯 하지만 실제로 프랑스인들 대부분은 우리가 생각하는 것처럼 K-POP에 열성을 보이지 않는다.

물론 한국 문화를 사랑하고 K-POP에 열성을 보이는 프랑스인들, 나아가 유럽인들이 있는 것은 사실이다. 이틀에 걸친 파리 공연 관람객이 1만4000여 명에 이르고 이 중 90%가 유럽인이라는 사실은 K-POP의 유럽 진출 가능성을 충분히 보여주고 있다고 할 수 있다. 몇 년 전만 해도 7,000명을 수용하는 대공연장에서 한국 가수들이 공연을 펼친다는 것은 상상도 할 수 없는 일이었다. 예전에 소수에 그쳤던 한국 가수들의 팬이 유투브나 SNS의 도움으로 1~2년 사이에 상당히 늘어났으며 한국 문화를 사랑하는 프랑스인들이 K-POP을 중심으로 단결된 힘을 보여주고 있는 것 또한 한류 열풍에 적지 않은 영향을 주었다. 특히 '코리안 커넥션'이라는 협회를 중심으로 한국문화원에서 한글 강좌를 듣는 이들이 함께 하나의 힘 있는 단체를 형성하여 한국 문화를 활발하게 홍보하고 있다. 이번 'SM타운 라이브 월드투어 인 파리'를 유치하는데 이들의 공이 컸던 것도 사실이다. 2011년 4월에 한국을 방문한 협회원 일부가 한국 아이돌을 만나 파리 콘서트의 가능성을 현실로 이끌어낸 것이다. '르 몽드'와 '르 피가로'에서도 최근 공연을 기사로 다루었다는 것은 한류 열풍이 그저 지나가는 바람과 같은 현상은 아니라는 점을 시사해준다. 한국 언론에서도 이런 점에 초점을 맞춰 '르 몽드'지에 실린 '한국 팝 유행이 유럽을 강타하고 있다'라는 제목의 기사를 소개해주었다. 그러나 이 보도는 이들 그룹이 심한 경쟁 속에서 치열하게 채용되어 3~5년에 걸쳐 노래와 춤, 연극, 심지어 외국어까지 포함한 다방면에 걸친 강훈련을 받으며, 필요할 경우 성형수술까지 마다하지 않는 스파르타식 스타 양성 시스템의 산물이라는 것도 비중 있게 다루고 있다.

그런데 프랑스의 한류 팬들은 일반적으로 일본 만화(망가)와 J-POP을 즐겼던 젊은 층으로 이제는 K-POP으로 전환하고 있는 이들이 많다. 이들은 한국 음악에서 시작하여 한국 드라마, 한국 음식, 한글 배우기 등으로 점차 한국 문화 전반에 관심을 보이고 있다. 이들을 접해보면 프랑스의 한류 열풍이 근거 없는 것은 아님을 알 수 있다. 하지만 그 열풍이 매스컴에서 보도하는 것과 같지는 않다는 점이다. 한국인 기자가 길거리에서 프랑스 대학생들을 상대로 K-POP을 알고 있는지 물어본 인터뷰의 결과는 우리의 기대에 못 미친다. 코리아 커넥션 회장 막심 파케는 현재 10만여 명의 프랑스 한류 팬이 존재한다고 밝혔다. 프랑스 인구가 6,500만 명임을 감안하면 아직 적은 수다. 한국 언론의 보도가 약간은 과장된 감이 없지는 않지만 분명한 사실은 한류의 문을 K-POP이 열어주었다는 것이다. 더 많은 한류 문화 교류가 이루어지도록 이 문의 크기를 넓히는 역할이 필요할 때이다. 프랑스인들이 지적했듯이 일률적으로 양성된 스타들을 '문화 수출'이라는 이름으로 과대포장하고 한국인의 애국심을 발동시켜 한류 열풍을 부르짖는 구태의연한 태도에서 벗어나 이제는 각자 개성 있는 모습으로 프랑스인들에게 진정한 한국 문화의 아름다움을 전해줄 인물들이 나와야 할 때이다. 따라서 한류의 영향력과 가능성을 객관적으로 살펴 앞으로의 진출 계획과 활동을 점검해야 할 필요가 있다.

2) 프랑스 속 한국 건축

프랑스에서 한국학과를 처음 개설한 파리 7대학 중앙건물에 한국식 정원인 '솔섬정원'이 조성됐다. 3년간의 공사 끝에 파리7대학 중앙의 동양학 주건물 옥상에 조성된 솔섬공원은 바닥 면적이 약150m로, 가운데 소나무 한 그루가 심겨져 있고, 호랑이, 십장생 무늬 등을 그린 담으로 둘러싸여 있다. 처마 형태의 천장에는 용비어천가, 별 헤는 밤(윤동주작),

초혼(김소월작), 풀(김수영작) 등의 시가 새겨져 있다.

'땅은 네모, 하늘은 둥글다'

정사각형의 평면에 둥근 섬이 떠있는 형상은 어우러진 음양의 모습을 나타내고 있다. 흐르는 듯 젖은 듯한 검은 바닥위로 잔잔히 비쳐지는 솔섬은 거의 비어있다시피 한 고요한 우주 속에서 섞여지는 두 요소, 음양간의 조화가 이루어지는 공간을 연출해낸다. 한글 싯귀가 타공된 처마가 만드는 짙고 평온한 그늘, 그 평평한 그림자는 정원주위를 감싸 돈다. 켄틸레버로 길게 뻗은 처마의 밑 표면이 발하는 역광은 어느덧 정원의 검은 광택과 충돌하는 영역을 만들며 방문자로 하여금 진입의 경계선을 그어준다. 처마에 타공된 글자, 글자마다 투과되는 햇살은 정원의 검은 바닥위로 쓰여지는 빛의 시가 되고, 이 싯귀들은 태양의 움직임에 따라 강약, 명암을 달리하며 정원 곳곳을 거니는 유일한 산책자이기도 한다. 마에 매달린 미세기문은 스스로가 액자가 되어 풍경을 가리기도 하다가 세공/인쇄되어진 그래픽으로 그 자체가 그림이 되기도 한다. 통유리 문에 새겨진 호랑이는 빛의 각도에 따라 입체성을 띠어가며 마법에 걸린 듯 거대해진 모습으로 정원의 수호자임을 자처하며 카리스마를 뿜어낸다. 픽셀화라는 현대 시각법으로 표현된 민화 속 호랑이, 꽃담의 전통문양을 통해 동서고금 문화 간의 융합을 꾀하였다. 솔섬정원은 한국전통소재들의 미와 운치들을 현대건축으로 언어화함으로써 상이한 시간과 공간이 함께 어우러지는 음양문화, 조화로운 한국문화를 소개하는 공간이 된다. (2011년 11월 16일 KBS 아침 뉴스 참조)

Part 3.

프랑스 문화와 예술 그리고 프랑스어

간단한 프랑스어 회화

프랑스어 알파베

A	[ɑ]	아	N	[ɛn]	엔느
B	[be]	베	O	[o]	오
C	[se]	쎄	P	[pe]	뻬
D	[de]	데	Q	[ky]	뀌
E	[ə]	으	R	[ɛ:r]	에~흐
F	[ɛf]	에~프	S	[ɛs]	에~쓰
G	[ʒe]	제	T	[te]	떼
H	[ɑʃ]	아~슈	U	[y]	위
I	[i]	이	V	[ve]	베
J	[ʒi]	지	W	[dubləve]	두블르-베
K	[kɑ]	까	X	[iks]	익-쓰
L	[ɛl]	엘르	Y	[igrɛk]	이그렉
M	[ɛm]	엠므	Z	[zed]	제-드

LEÇON 1 : Salut! Ça va ?

Situation 1

A: Salut, Paul. Ça va ?
[쌀뤼, 뽈. 싸바?]

B: Ça va! Et toi ?
[싸바! 에 뚜와]

A: Ça va. Salut !
[싸바. 쌀뤼]

B: Salut !
[쌀뤼]

A: 안녕, 폴. 잘 지내니 ?
B: 잘 지내 ! 너는 ?
A: 잘 지내. 잘가 !
B: 잘가 !

단어장

salut : 만나거나 헤어질 때의 인사
aller bien : 잘 지내다
toi : 너는 (2인칭 대명사 강세형)
ça : 그것, 이것
et : 그리고

Situation 2

A: Tiens, comment ça va ?
[티앵, 꼬망싸바?]

B: Bien, merci. Et toi ?
[비앵, 메흐씨. 에 뚜와?]

A: Pas mal. A tout à l'heure.
[빠 말. 아 뚜딸뢔흐.]

B: A tout à l'heure.
[아 뚜딸뢔흐.]

A: 어, 잘 지내니 ?
B: 잘 지내, 고마워. 너는 ?
A: 나쁘지 않아. 조금 후에 봐.
B: 조금 후에 봐.

단어장

tiens : (놀람) 아니, 어, 앗, 저런
comment : 어떻게
bien : 잘 , 훌륭하게
merci : 감사합니다
pas mal : 나쁘지 않은
A tout à l'heure : 조금 후에 봅시다

Situation 3

A: Bonjour, Madame !
[봉쥬흐, 마담!]

B: Bonjour, Monsieur ! Vous allez bien ?
[봉쥬흐, 므슈! 부 잘레 비앵?]

A: Oui, je vais très bien, merci. Et vous ?
[위, 쥬 베 트해 비앵, 메흐씨. 에 부?]

B: Moi aussi, je vais bien, merci. Au revoir, madame !
[무아 오씨, 쥬 베 비앵, 메흐씨. 오 흐브아, 마담!]

A: Au revoir, monsieur ! A bienôt !
[오 흐브아, 므슈! 아 비앵또!]

A: 안녕하세요!
B: 안녕하세요 ! 잘 지내십니까 ?
A: 네, 아주 잘 지냅니다, 고마워요. 당신은요 ?
B: 나 역시 잘 지냅니다, 고마워요. 안녕히 가세요 !
A: 안녕히 가세요 ! 곧 다시 봅시다!

단어장

madame : 부인
monsieur : 선생님, ~ 씨
aussi : 역시, 또한
au revoir : 안녕히 가세요.
A bienôt : 곧 다시 봅시다

■ 안부인사 묻기

‣ Comment allez-vous? 어떻게 지내십니까?
Comment vas-tu? 어떻게 지내니?
(Comment) ça va ? 잘 지내니?
‣ Vous allez bien ? 잘 지내십니까?
Tu vas bien? 잘 지내니?

■ 대답

‣ Je vais (très) bien, merci. 잘 지내요 고마워요.
‣ (Très) bien. 잘 지내요.
‣ Ça va (très) bien. 잘 지내요.
‣ Pas mal. 나쁘지 않아요
‣ Ça va mal ! 잘 못지내요.
‣ Comme ci comme ça. 그럭저럭 지내요.

■ 헤어질 때 쓰는 인사표현

‣ A tout à l'heure ! 조금 후에 봐요 !
‣ A tout de suite ! 잠시 후에 봐요!
‣ A bientôt ! 곧 다시 만나요!
‣ A plus tard ! 나중에 만나요!
‣ A demain ! 내일 봐요!
‣ Adieu ! (오랜 이별을 할 때 쓰는 작별인사 표현) 안녕히 가세요!

■ 그 외 다른 인사표현

* 명사 앞에 bon / bonne 형용사를 붙여서 간단하게 인사를 만들 수 있다.
‣ Bon week-end ! 좋은 주말 보내세요 !
‣ Bonne journée ! 좋은 하루 보내세요!
‣ Bon après-midi ! 좋은 오후 보내세요!
‣ Bonne soirée ! 좋은 저녁 보내세요!
‣ Bonne nuit ! 안녕히 주무세요!
‣ Bon voyage ! 좋은 여행 되세요!

- Bonnes vacances ! 좋은 방학 되세요!
- Bonne année ! 새해 복 많이 받으세요!
- Bon anniversaire ! / Joyeux anniversaire ! 생일 축하드려요!
- Enchanté(e) : (다른 사람을 소개 받았을 때 쓰는 인사표현) 반갑습니다.

■ 고마움 나타내는 표현

- Merci (bien / beaucoup). (대단히) 감사합니다.

⇒ De rien. 괜찮습니다. 뭘요.
Pas de quoi.
Je vous en prie. / Je t'en prie.
Ce n'est rien.

■ 미안함과 사과를 나타내는 표현

- Pardon ! 미안합니다.
Excusez-moi ! / Excuse-moi !

⇒ Ce n'est pas grave. 괜찮습니다.
Ce n'est rien.
Je vous en prie.

LEÇON 2 : Comment t'appelles-tu?

Situation 1

A: Bonjour. Je suis française. Je suis de Paris.
[봉쥬흐. 쥬 쉬 프항쌔즈. 쥬 쉬 드 빠히.]

B: Moi, je suis coréen. Je suis de Séoul.
[모아, 쥬 쉬 꼬헤앙. 쥬 쉬 드 세울]

A: Comment t'appelles-tu?
[꼬멍 따뺄 뛰?]

B: Je m'appelle Sojin. Et toi?
[쥬 마뺄 소진. 에 뚜와?]

A: Moi, je m'appelles Marie.
[모아, 쥬 마뺄 마히.]

B: Marie comment?
[마히 꼬멍?]

A: Marie Dupont.
[마히 뒤뽕.]

B: Enchanté.
[앙샹떼.]

A: Enchantée.
[앙샹떼.]

A: 안녕. 나는 프랑스인이야. 나는 파리 출신이야.
B: 나는 한국인이야. 나는 서울 출신이야l.
A: 너 이름이 뭐니?
B: 내 이름은 소진이야. 너는?
A: 내 이름은 마리야.
B: 마리 뭔데?
A: 마리 뒤퐁.
B: 반가워.
A: 반가워.

단어장

être : 이다 (영어의 be 동사에 해당하는 프랑스어 3군 불규칙 동사)
français(e): 프랑스 사람의
être de+장소 : ~출신이다
moi : 나는 (1인칭 강세형인칭대명사)
coréen(ne) : 한국 사람의
comment : 어떻게, (의문문으로 쓰면) 뭐라고?
s'appeler : 자신을 무엇이라 부르다, 이름이 무엇이다
et : 그리고
enchanté(e) : 반가운 (처음 만났을때 인사), 매우 기쁜

Situation 2

A: Vous êtes canadienne?
[부 제뜨 꺄나디앤느?]

B: Non, je suis anglaise. Et vous?
[농, 쥬 쉬 앙글래즈. 에 부?]

A: Je suis belge. Où habitez-vous?
[쥬 쉬 벨쥬. 우 아비떼 부?]

B: J'habite à Paris. Et vous?
[쟈비 따 빠히. 에 부?]

A: J'habite aussi à Paris.
[쟈비 또씨 아 빠히.]

A: 당신은 캐나다 사람인가요?
B: 아니요, 저는 영국 사람이에요. 당신은요?
A: 저는 벨기에 사람이에요. 어디 사세요?
B: 파리에 삽니다. 당신은요?
A: 저도 파리에 삽니다.

단어장

vous : 당신이 (2인칭 복수 인칭대명사)
canadien(ne) 캐나다 사람의
non : 아니요.
anglais(e) 영국 사람의
vous : 당신은 (2인칭 복수 강세형 인칭대명사)
belge 벨기에 사람의

où : 어디(에)
habiter : 살다, 거주하다 (프랑스어 1군 규칙 동사)
à +장소 : 어디에
aussi : 또한

Situation 3

A: Salut! Tu es japonais?
[쌀뤼! 뛰 에 쟈뽀네?]

B: Non, je suis chinois.
[농, 쥬 쉬 쉬누아.]

A: Tu es d'où?
[뛰 에 두?]

B: De Pékin. Tu parles anglais?
[드 뻬깽. 뛰 빠흘르 앙글레?]

A: Non, je parle allemand. Je suis allemande.
Je suis de Berlin.
[농, 쥬 빠흘르 알르망. 쥬 쉬 알르망드. 쥬 쉬 드 베흘랭.]

B: Tu habites où?
[뛰 아비뜨 우?]

A: J'habite à Paris.
[자비 따 빠히.]

A: 안녕! 너는 일본 사람이니?
B: 아니, 나는 중국 사람이야.
A: 너는 어디 출신이니?
B: 베이징. 너 영어할 줄 아니?
A: 아니, 나는 독일어 할 줄 알아. 나는 독일 사람이야. 베를린 출신이야.
B: 어디 사는데 ?
A: 파리에 살아.

단어장

japonais(e) 일본 사람의
être d'où? : 어디 출신이니 ?
l'anglais : 영어
allemand(e) 독일 사람의
chinois(e) 중국 사람의
parler : 말하다 (프랑스어 1군 규칙 동사)
l'allemand : 독일어

■ 이름 묻기와 대답 표현

‣ Comment vous appelez-vous ? / Vous vous appelez comment ?
당신 이름은 무엇입니까?
⇨ Je m'appelle Paul. 내 이름은 뽈이라고 합니다.

‣ Comment t'appelles-tu ? / Tu t'appelles comment ?
너의 이름은 무엇이니?
⇨ Je m'appelle Sylvie. 내 이름은 실비이라고 합니다.

‣ Comment s'écrit votre nom ? 네 이름은 어떻게 쓰니?
⇨ Ça s'écrit O-L-I-V-I-E-R. O-L-I-V-I-E-R라고 씁니다.

■ 제3자를 물어보고자 할 때

‣ Comment s'appelle-t-elle? / Elle s'appelle comment?
그녀의 이름은 무엇입니까?
⇨ Elle s'appelle Marie. 그녀는 마리라고 합니다.

‣ Comment s'appelle-t-il? / Il s'appelle comment?
그의 이름은 무엇입니까?
⇨ Il s'appelle Pierre. 그는 삐에르라고 합니다.

‣ Qui est-ce ? / C'est qui ? 저사람 누구예요?
⇒ C'est Paul. 뽈입니다.

■ 누군가를 소개

‣ C'est Pierre. 삐에르입니다.
‣ C'est un ami. 친구입니다.
‣ Voilà mon ami Paul. 제 친구 뽈입니다.
‣ Je vous (te) présente Marie. 마리를 소개합니다.

■ 국적 묻기와 대답

‣ Quelle est votre nationalité ? 당신의 국적이 무엇입니까?
⇨ Je suis coréen(ne). 나는 한국 사람입니다.

‣ D'où venez-vous ? 어느 나라 출신입니까?
⇨ Je viens de France. 나는 프랑스 출신입니다.

LEÇON 3 : Je suis étudiante.

Situation 1

A: Bonjour, je me présente. Je m'appelle Sylvie. Je suis française. Et je suis étudiante.
[봉쥬흐, 쥬 므 프해정뜨. 쥬 마뺄 실비. 쥬 쉬 프항세즈. 에 쥬 쉬 제뛰디앙뜨.]

B: Moi, je suis Robert. Je suis américain. Je suis journaliste.
[무아, 쥬 쉬 호베흐. 쥬 쉬 아메히깽. 쥬 쉬 쥬흐날리스뜨.]

A: Quelle langue parles-tu?
[껠 랑그 빠흘르 뛰?]

B: Je parle bien anglais et français. Je parle un peu coréen. Et toi?
[쥬 빠흘르 비앵 앙글레 에 프항쎄. 쥬 빠흘르 엉 뿌 꼬헤앙. 에 뚜와?]

A: Je parle bien français et anglais comme toi. Mais je ne parle pas coréen.
[쥬 빠흘르 비앵 프항쎄 에 앙글레 꼼므 뚜와. 매 쥬 느 빠흘르 빠 꼬헤앙.]

A: 안녕, 내 소개를 할게. 내 이름은 실비야.
나는 프랑스인이야. 그리고 학생이야.
B: 나는 로버트야. 나는 미국인이고 신문기자야.
A: 너는 어떤 언어를 할 줄 아니?
B: 나는 영어와 프랑스어를 잘 해. 한국어는 조금 해. 너는?
A: 너처럼 프랑스어와 영어를 잘 해. 하지만 한국어는 못해.

단어장

se présenter : 자기를 소개하다 (프랑스어 1군 대명동사)
étudiant(e) 학생
américain(e) 미국사람의
journaliste 신문기자
Quel(le) : 어느, 어떤, 무슨 (의문형용사)
la langue 언어
parler 말하다 (프랑스어 1군 규칙동사)
bien : 잘
l'anglais 영어
le français 프랑스어
un peu : 약간
le coréen : 한국어
comme : ~처럼
mais 그러나

Situation 2

A: Bonjour.
[봉쥬흐.]

B: Bonjour.
[봉쥬흐.]

A: Vous êtes monsieur.....?
[부 제뜨 므슈.....?]

B: Je suis Jean-Pierre.
[쥬 쉬 쟝 삐에흐.]

A: Qu'est-ce que vous faites dans la vie ?
[깨스끄 부 패뜨 당 라 비?]

B: Je suis professeur de musique. Et vous, vous êtes architecte ?
[쥬 쉬 프호페쌔흐 드 뮤지끄. 에 부, 부 제뜨 아흐쉬떽뜨?]

A: Non, je suis peintre.
[농, 쥬 쉬 뺑트흐.]

A: 안녕하세요.
B: 안녕하세요.
A: 당신은 ...?
B: 나는 장-삐에르예요.
A: 당신은 직업이 무엇 인가요 ?
B: 나는 음악교수예요. 그러면 당신, 당신은 건축가인가요 ?
A: 아니요. 나는 화가예요.

단어장

qu'est-ce que : 무엇 (사물에 대한 의문사)
faire : (직업으로서) 하다 (프랑스어 3군 불규칙 동사)
dans : ~ 안에
la vie : 인생
professeur : 교사, 교수
de : ~의
la musique 음악
architecte 건축가
peintre 화가

Situation 3

A: Qui est-ce?
[끼 에 쓰?]

B: C'est Billy Joel. Il est chanteur. Il est américain. Il habite à LA.
[쎄 빌리조엘. 일 에 샹뙤흐. 일 에 아메히깽. 일 아비 따 앨에이.]

A: Tu aimes ce chanteur?
[뛰 앰므 쓰 샹뙤흐?]

B: Oui. J'adore ses chansons. Il chante très bien. Et toi?
[위. 쟈도흐 쎄 샹송. 일 샹뜨 트해 비앵. 에 뚜와?]

A: Moi, non. J'aime beaucoup Sophie Marceau.
[무아, 농. 잼므 보꾸 소피 마흐쏘.]

B: Elle est aussi chanteuse ?
[엘 에 오씨 샹뙤즈?]

A: Non, elle est l'actrice française. Elle joue très bien.
[농, 엘 에 락트히쓰 프항쎄즈. 엘 쥬 트해 비앵.]

A: 누구니 ?
B: 빌리조엘이야. 그는 가수야. 미국 사람이고. 그는 LA에 살아
A: 너는 이 가수를 좋아하니?
B: 응. 나는 그의 노래들을 아주 좋아해. 그는 노래를 아주 잘해. 너는?
A: 나는 아니야. 나는 소피 마르소를 좋아해.
B: 그녀 역시 가수니?
A: 아, 그녀는 프랑스 배우야. 그녀는 연기를 아주 잘해.

단어장

Qui est-ce? : 저사람 누구예요?
C'est + 사람 : 그 사람은... 이다.
chanteur(se) 가수
aimer : 좋아하다
ce(cette) : (지시형용사) 이, 그
adorer : 열렬히 좋아하다 (프랑스어 1군 규칙동사)
ses : (소유형용사) 그(그녀)의
chanter : 노래하다 (프랑스어 1군 규칙동사)
acteur(trice) : 배우
français(e) 프랑스의
jouer : (배우가) 연기를 하다 (프랑스어 1군 규칙동사)

■ 직업을 물어볼 때

‣ Quelle est votre profession ? 직업이 무엇입니까?
‣ Qu'est-ce que vous faites (dans la vie) ? (완곡한 표현)
⇨ Je suis étudiant(e). 학생입니다.
⇨ Je suis employé(e). 회사의 사무원입니다.

■ 몇 몇 직업명

남성	여성	해석	남성	여성	해석
chanteur	chanteuse	가수	infirmier/ère	infirmière	간호원
acteur	actrice	배우	avocat	avocate	변호사
facteur	factrice	우체부	cuisinier	cuisinière	요리사
président	présidente	회장	musicien	musicienne	음악가
employé	employée	사무원	informaticien	informaticienne	컴퓨터엔지니어
commerçant	commerçante	상인	serveur	serveuse	남자종업원/ 여자종업원

* 기타 직업명

médecin (의사) / secrétaire (비서) / professeur (교수) / journaliste (기자) / guide (안내원)

■ 몇 몇 언어명

l'allemand	독일어
l'anglais	영어
l'espagnol	스페인어
le français	프랑스어
le grec	그리스어
l'italien	이탈리아어
le portugais	포르투갈어
le russe	러시아어
le coréen	한국어
le japonais	일본어
le chinois	중국어
l'arabe	아랍어

LEÇON 4 : Elle est grande et blonde.

Situation 1

A: Regarde! Elle est grande et blonde.
[흐갸흐드! 엘 에 그향드 에 블롱드.]

B: Oui, c'est vrai. Moi, je suis petite. Ma soeur est plus grande que moi.
[위, 쎄 브헤. 모아, 쥬 쉬 쁘띠뜨. 마 쐬흐 에 쁠뤼 그항드 끄 모아.]

A: Tu n'es ni petite ni grande, à mon avis. En plus, tu es très jolie.
[뛰 네 니 쁘띠뜨 니 그향드, 아 모나비. 엉 쁠뤼스, 뛰 에 트헤 졸리.]

B: Tu es gentil. Toi, tu es grand et brun. Et tu es très sympathique.
[뛰 에 졍띠. 또와, 뛰 에 그향 에 브헝. 에 뛰 에 트헤 쌩파띠끄.]

A: Merci.
[메흐씨.]

A: 저기 봐! 그녀는 키가 크고 금발머리야.
B: 그래, 맞네. 나는 키가 작아. 내 여동생이 나보다 훨씬 더 키가 커.
A: 내 생각에, 너는 작지도 크지도 않아. 게다가 너는 아주 귀여워.
B: 친절하네(고마워). 너는 키도 크고 갈색머리를 가지고 있어. 그리고 너는 아주 다정다감해.
A: 고마워.

단어장

Regarde! 보다 (regarder 동사의 2인칭 단수 명령형)

grand(e) : (키가) 큰
blond(e) : 금발의
c'est vrai : 맞다, 그렇다
petit(e) : (키가) 작은
ma : 나의 (소유형용사)
petite soeur : 여동생
plus ... que : ...은 ...보다 더 (우등비교)
ne ... ni ... ni : ~도 ~도 아니다
à mon avis : 내 생각에는
en plus : 게다가, 덤으로
joli(e) : 예쁜, 귀여운
gentil(le) : 친절한
brun(e) : 갈색의
sympathique : 호의적인

Situation 2

A: Ton ami, il est comment?
[또 나미, 일 에 꼬망?]

B: Il est grand. Il a les cheveux bruns et le visage long. Il est beau!
[일 에 그헝. 일 아 레 슈부 브헝 에 르 비자쥬 롱. 일 에 보!]

A: Ah bon! Et l'amie de Paul, elle est comment?
[아 봉! 에 라미 드 뽈, 엘 에 꼬망?]

B: Elle est petite. Mais elle est belle. Elle a les cheveux courts et le visage ovale.
[엘 에 쁘띠뜨. 매 엘 에 벨르. 엘 아 레 슈부 꾸흐 에 르 비자쥬 오발르.]

A: Elle est aimable ?
[엘 에 애마블르 ?]

B: Oui, elle est très adorable et en plus très intélligente.
[위, 엘 에 트해 아도하블르 에 엉 쁠뤼스 트해 쟁뗄리졍뜨.]

A: 네 남자친구는 어떠니?
B: 그는 키가 커. 갈색머리에 긴 얼굴형을 가졌어. 그는 잘 생겼어!
A: 그래! 그리고 뽈의 여자 친구, 그녀는 어떠니?
B: 그녀는 키가 작아. 그런데 그녀는 아주 예뻐.
그녀는 짧은 머리에 계란형 얼굴을 가지고 있어.
A: 그녀는 사랑스럽니 ?
B: 응, 그녀는 아주 사랑스럽고 게다가 아주 똑똑해.

단어장

ton : 너의 (소유형용사)
comment : 어떻게
avoir : 가지다, 소유하다 (프랑스어 3군 불규칙 동사)
les cheveux : 머리털
le visage : 얼굴
long(ue) : 긴
beau (belle) : 멋진, 아름다운, 예쁜
Ah bon! 그래!
l'amie : 여자친구
court(e) : (길이가) 짧은
ovale : 달걀모양의, 타원형의
aimable : 사랑스러운
adorable : 사랑스러운, 귀여운
intélligent(e) : 똑똑한

A: Bonjour, Madame.
[봉쥬흐, 마담.]

B: Bonjour. Combien d'enfant avez-vous?
[봉쥬흐. 꼼비앵 당팡 아베 부?]

A: J'ai trois enfants : un garçon et deux filles.
[줴 트화 장팡 : 엉 갸흐쏭 에 두 피으.]

B: Ils sont déjà grands?
[일 쏭 데쟈 그형?]

B: Oui, c'est ça.
[위, 쎄 싸.]

A: Quel âge a-t-il, votre fils?
[깰 아쥬 아 띨, 보트흐 피스?]

A: Il a 13 ans. Il est collégien. Et vous?
[일 아 트헤장. 일 에 꼴레지앙. 에 부?]

A: Moi, je n'ai pas d'enfant.
[무아, 쥬 네 빠 당팡.]

A: 안녕하세요, 부인,
B: 안녕하세요. 당신은 몇 명의 아이가 있나요?
A: 세 명 있어요: 아들 하나, 딸 둘
B: 그들은 이미 다 컸나요 ?
B: 네, 그래요.
A: 당신 아들은 몇 살인가요?
A: 13살이에요. 중학생이지요. 당신은요?
A: 나는 아이가 없어요.

단어장

Combien de+명사 : 수량에 관해 물을 때 사용

enfant : 아이	trois : 셋
un garçon : 아들, 소년	une fille : 딸, 소녀
déjà : 이미, 벌써	grand(s)? : 성인이 된, 다 자란
c'est ça. 그렇다.	quel(le) : 어떤, 몇, 무슨 (의문형용사)
un âge : 나이	un fils : 아들
un an : 해, 년	collégien(ne) : 중학생

■ 신체 묘사

‣ Il (elle) est grand(e). 그(녀)는 키가 크다.
‣ Il (elle) est petit(e). 그(녀)는 키가 작다.
‣ Il (elle) est gros(se). 그(녀)는 뚱뚱하다.
‣ Il (elle) est mince. 그(녀)는 날씬하다.

■ 눈 묘사

‣ Il (elle) a les yeux bleus/ noirs/ verts.
그(녀)의 눈은 파란색이다/ 검은색이다/ 초록색이다

■ 머리묘사

‣ Il (elle) a les cheveux longs. / courts.
그(녀)는 긴 머리/짧은 머리이다.
‣ Il (elle) a les cheveux bruns. / blonds.
그(녀)는 갈색 머리/ 금발이다.

■ 나이 묘사

‣ Quel âge avez-vous ? / Vous avez quel âge ?
(당신 나이는 몇입니까?)
‣ Quel âge as-tu ? / Tu as quel âge? (너는 나이가 몇이니?)
⇒ J'ai 23ans. 나는 23살이다.

■ 몇 몇 성격묘사 단어

actif(ve) 활발한
aimable 사랑스런
honnête 정직한
méchant(e) 심술궂은
sérieux(se) 진지한
sportif(ve) 운동을 좋아하는
adorable 매우 사랑스런
gentil(le) 친절한
jaloux(se) 질투심이 많은
ouvert(e) 개방적
sociable 사교적인
têtu(e) 고집스런

■ 수

1	un	11	onze	21	vingt et un
2	deux	12	douze	22	vingt-deux
3	trois	13	treize	23	vingt-trois
4	quatre	14	quatorze	24	vingt-quatre
5	cinq	15	quinze	25	vingt-cinq
6	six	16	seize	26	vingt-six
7	sept	17	dix-sept	27	vingt-sept
8	huit	18	dix-huit	28	vingt-huit
9	neuf	19	dix-neuf	29	vingt-neuf
10	dix	20	vingt	30	trente

LEÇON 5: Quelle heure est-il?

Situation 1

A: Tu vas où?
[뛰 바 우?]

B: Je vais au cinéma. Quelle heure est-il?
[쥬 베 오 씨네마. 깰 뤠흐 에 띨?]

A: Il est 5 heures dix. Pourquoi?
[일 에 쌩꿰흐 디스. 뿌흐꾸아?]

B: J'ai rendez-vous avec Pierre devant le cinéma.
[줴 헝데 부 아벡 삐에흐 드방 르 씨네마.]

A: A quelle heure?
[아 깰 뤠흐?]

B: À cinq heures. Je suis en retard. Au revoir!
[아 쌩꿰흐. 쥬 쉬 졍 흐따흐. 오 흐브아!]

A: Au revoir! Bonne soirée.
[오 흐브아! 본 스와헤.]

A: 어디 가니?
B: 영화관에 가. 몇 시니 ?
A: 다섯 시 십 분이야. 왜 ?
B: 영화관 앞에서 삐에르와 약속을 했어.
A: 몇 시에?
B: 다섯 시에. 늦었네. 잘 가 !
A: 잘 가! 좋은 저녁시간 보내.

단어장

aller à : ~에 가다 (프랑스어 3군 불규칙 동사)
où : 어디에, 어디로 (의문부사)
le cinéma : 영화관
quel(le) : 몇, 어떤, 무슨 (의문형용사)
une heure : 시간
pourquoi : 왜

avoir rendez-vous avec qn :...와 만날 약속이 있다
devant : ... 앞에(서)
être en retard : 늦다, 지각이다
Bonne soirée : 좋은 저녁시간 보내세요

Situation 2

A: Je suis en retard. S'il te plaît, tu as l'heure?
[쥬 쉬 졍 흐따흐. 씰 뜨 쁠레, 뛰 아 뢰흐?]

B: Oui. Il est 10 heures pile. Tu n'es pas en retard.
[위, 아땅. 일 에 디쬐흐 삘. 뛰 네 빠 졍 흐따흐.]

Tu es à l'heure. Le cours commence un peu tard.
[뛰 에 아 뢰흐. 르 꾸흐 꼬망쓰 엉 뿌 따흐.]

A: À quelle heure?
[아 깰 뢰흐?]

B: À 10 heures et demie.
[아 디 죄흐 에 드미.]

A: 늦었네. 미안하지만, 지금 몇 시니 ?
B: 열시 정각이야. 너는 늦지 않았어.
A: 너는 정시에 도착했어. 강의가 조금 늦게 시작할 거야.
A: 몇 시에?
B: 열시 삼십분에.

단어장

S'il te plaît
tu as l'heure? 지금 몇시니 ?
pile : (시간 표현과 함께) 정확하게
être à l'heure : 정시에 도착하다
le cours : 강의, 수업
commencer : 시작하다 (프랑스어 1군 규칙 동사)
un peu : 약간
tard : 늦게, 나중에

Situation 3

A: Je vais au supermarché. Et toi, tu vas où?
[쥬 베 오 쉬뻬흐막쉐. 에 뚜와, 뛰 바 우?]

B: Je vais au supermarché, moi aussi. Tu viens avec moi?
[쥬 베 오 쉬뻬흐막쉐, 무아 오씨. 뛰 비앙 아벡 무아?]

A: Avec plaisir. A quelle heure ferme le supermarché?
[아벡 쁠레지흐. 아 껠 뢰흐 페흠므 르 쉬뻬흐막쉐?]

B: Il ferme à 8 heures du soir. Oh la la! Il est déjà 7 heures.
[일 페흠므 아 위뙈흐 뒤 스와. 오랄라! 일 에 데자 쎄뙈흐.]

A: 나는 슈퍼마켓에 가. 너는 어디 가니?
B: 나도 슈퍼마켓에 가. 나와 함께 갈래?
A: 기꺼이. 몇 시에 슈퍼마켓은 문을 닫니?
B: 저녁 8시에 문을 닫아. 어머나! 벌써 7시야.

단어장

le supermarché : 슈퍼마켓
moi aussi : 나 역시
venir : 오다, (상대방 쪽으로 가다) (프랑스어 3군 불규칙 동사)
avec : ...와 함께
avec plaisir : 기꺼이
fermer : 닫다 (프랑스어 1군 규칙 동사)
8 heures du soir : 저녁 8시
déjà : 이미, 벌써

■ **시간을 묻는 표현**

‣ Quelle heure est-il? * 몇 시입니까?
‣ Il est quelle heure?
⇒ Il est sept heures. 7시입니다.
⇒ Il est trois heures vingt. 3시 20분입니다.
⇒ Il est quatre moins dix. 10분전 4시입니다.
‣ Vous avez l'heure? / Tu as l'heure?
몇 시입니까? (직역하면 시계 있나요)
⇒ Oui, il est cinq heures. (네, 5시입니다)

■ **시간 표현**

Il est	une	heure	
	deux trois quatre cinq six sept huit neuf dix onze	heures	cinq. (5분) et quart / quinze. (15분) et demie / trente. (반/30분) moins vingt / quarante. (20분전/40분) moins cinq / cinquante-cinq. (5분전/55분) moins le quart / quarante-cinq. (15분전/45분)
	midi (정오) minuit (자정)		

* Il est midi et demi. Il est minuit et demi.

■ **요일/날짜 표현**

‣ Nous sommes quel jours? / On est quel jour? 무슨 요일입니까?

Aujourd'hui, c'est C'est aujourd'hui	lundi. 월요일 입니다.
	mardi. 화요일 입니다.
	mercredi. 수요일 입니다.
	jeudi. 목요일 입니다.
	vendredi. 금요일 입니다.
	samedi. 토요일 입니다.
	dimanche. 일요일 입니다.

‣ Quel jours du mois est-ce aujourd'hui?
Le combien est-ce aujourd'hui ?
오늘 몇 월 몇 일 입니까?

Aujourd'hui, c'est C'est aujourd'hui	le	premier deux trois quatre . . . trente trente et un	janvier 1월 février 2월 mars 3월 avril 4월 mai 5월 juin 6월 juillet 7월 août 8월 septembre 9월 octobre 10월 novembre 11월 décembre 12월

* 날짜를 나타낼 때에는 숫자 앞에 'le'를 붙인다.
* 1일에 한하여 순서를 나타내는 서수 'premier'를 쓰고. 그 이외에는 모두 보통의 수(기수)를 사용한다.

LEÇON 6 : Quel temps fait-il ?

Situation 1

A: Quelle saison aimes-tu?
[깰 새종 앰므 뛰?]

B: J'aime l'été, parce qu'il fait chaud. Et en été, j'aime nager à la plage.
[잼므 레떼, 파쓰낄 페 쇼. 에 어네떼, 잼므 나제 아 라 쁠라쥬.]

A: Mais il pleut beaucoup. Ce n'est pas agréable.
[매 일 쁠뤄 보꾸. 쓰 네 빠 아그헤아블르.]

B: C'est vrai. Mais j'adore marcher sous la pluie. Et toi?
[쎄 브해. 매 자도흐 마흐쉐 수 라 쁠뤼. 에 뚜와?]

A: Moi, j'aime beaucoup l'hiver parce qu'il fait froid et il neige beaucoup. J'adore skier à la montagne.
[모아, 잼므 보꾸 리베흐 빠쓰낄 페 프흐와 에 일 네쥬 보꾸. 쟈도흐 스끼에 아 라 몽따뉴]

A: 어떤 계절을 좋아하니 ?
B: 나는 여름을 좋아해. 왜냐하면 덥기 때문이야. 그리고 여름에, 나는 해변에서 수영하는 것을 좋아해.
A: 그런데 비가 많이 오잖아. 그것은 쾌적하지 않아.B: 맞아. 그렇지만 나는 비속을 걷는 것을 아주 좋아해. 너는?
A: 나는 겨울을 아주 좋아해. 왜냐하면 춥고 눈이 많이 내리기 때문이야. 산에서 스키 타는 것을 아주 좋아해.

단어장

la saison : 계절
un été : 여름
parce que : 왜냐하면
Il fait chaud. : 날씨가 덥다
en été : 여름에는
aimer + inf : ...하는 것을 좋아하다 (프랑스어 1군 규칙 동사)
nager : 수영하다 (프랑스어 1군 규칙 동사)

la plage : 해변, 바닷가
Il pleut. 비가 오다 (pleuvoir) (프랑스어 3군 불규칙 동사)
agréable : 유쾌한, 쾌적한 C'est vrai. 맞다.
adorer + inf : ...하는 것을 아주 좋아하다 (프랑스어 1군 규칙 동사)
marcher : 걷다 (프랑스어 1군 규칙 동사)
sous : ...아래(에), ...속(에)
la pluie : 비
un hiver : 겨울
Il fait froid. : 춥다
Il neige. : 눈이 내리다 (neiger) (프랑스어 1군 규칙 동사)
skier : 스키를 타다 (프랑스어 1군 규칙 동사)
la montagne : 산

Situation 2

A: Quel temps fait-il, demain ?
[껠 떵 페 띨, 드맹?]

B: Il pleut toute la journée. Pourquoi?
[일 쁠뤼 뚜뜨 라 쥬흐네. 뿌흐꾸아?]

A: Je vais jouer au tennis avec mon ami, Luc.
[쥬 베 쥬에 오 떼니스 아벡 모나미, 뤽.]

B: Tu ne veux pas faire du tennis aujourd'hui ? Il fait beau.
[뛰 느 부 빠 페흐 뒤 떼니스 오쥬흐뒤? 일 페 보.]

A: Mais, je ne suis pas libre aujourd'hui.
[매, 쥬 느 쉬 빠 리브흐 오쥬흐뒤.]

A: 내일 날씨가 어떠니?
B: 하루 종일 비가 올거야. 왜 ?
A: 내 친구 뤽과 테니스 치려고.
B: 오늘은 테니스 치고 싶지 않니? 화창하잖아.
A: 그런데 오늘은 시간이 없어.

단어장

demain : 내일
aller +inf : 근접미래
pleuvoir : 비가 내리다 (프랑스어 3군 불규칙 동사)
toute la journée : 하루 종일
jouer à +스포츠명 : (운동을) 하다 (프랑스어 1군 규칙 동사)
pouvoir +inf : ...을 할 수 있다 (프랑스어 3군 불규칙 동사)
faire de+ 스포츠명 : (운동 따위를) 하다
cet après-midi : 오늘 오후
Il fait doux. : 날씨가 따듯하다
Il y a du soleil. 해가 나오다
être libre : 자유로운, 한가한
devoir +inf : ...을 해야만 하다 (프랑스어 3군 불규칙 동사)
faire mes devoirs : 내 숙제를 하다
le français : 프랑스어

■ 날씨 표현

<table>
<tr><td rowspan="3">Quel temps fait-il aujourdh'hui ?
(오늘 날씨가 어떻습니까?)</td><td>Il fait</td><td>beau. 화창합니다.
mauvais. 나쁩니다.
bon. 좋습니다.
doux. 따뜻합니다.
chaud. 덥습니다.
froid. 춥습니다.
frais. 선선합니다.
sec. 건조합니다.</td></tr>
<tr><td>Il fait</td><td>du vent. 바람이 분다.
du soleil. 햇볕이 난다.</td></tr>
<tr><td colspan="2">Il pleut. 비가 내립니다.
Il neige. 눈이 옵니다.</td></tr>
</table>

■ 다양한 활동

- faire du ski 스키를 타다
- faire de la natation. 수영하다
- jouer au tenis = faire du tennis 테니스를 치다
- jouer au football 축구를 하다
- jouer du violon 바이올린을 연주하다
- jouer du piano 피아노를 연주하다

- aller au cinéna 영화를 보러가다
- aller à la montagene 산에 가다
- aller à la mer 바다에 가다

- voir un film 영화를 보다
- regarder la télévision 텔레비전을 보다
- voir une exposition 전시회를 관람하다
- visiter un musée 박물관에 가다

■ **좋아하다/싫어하다 표현**

* 좋아하다
- J'adore.
- J'aime beaucoup.
- J'aime bien.

* 싫어하다
- Je n'aime pas
- Je n'aime pas beaucoup
- Je n'aime pas du tout
- Je déteste.

저자

김선미

경기대학교 불어불문학과를 졸업하고 프랑스 엑스-마르세이유대학교에서 언어학 박사학위를 받았다. 현재 경기대학교 프랑스어문학과 교수로 재직중이다. 저서로는 『언어와 언어학이론』, 『거리에서 배우는 프랑스어』(공저), 『DELF A1』(공저), 『DELF B1』(공저), 『난생 처음 프랑스어 쓰기』, 『매일 프랑스어 일기쓰기』, 『매일 프랑스어 듣기』, 『매일 프랑스어 회화』(공저), 『생활 프랑스어 듣기』, 『매일 즐거운 프랑스어 문법』(공저)가 있으며, 『토끼와 나』, 『몸의 시학』, 『거부할 수 없는 아름다움』(공역), 『그림형제 동화집』 을 번역하였다.

곽노경

이화여자대학교 불어교육과에서 프랑스어를 전공하고 파리 4대학에서 박사학위를 받았다. 현재 경기대학교 프랑스어문학과 대우교수로 재직중이며, 전문번역가로도 활동중이다. 저서로는 『매일 즐거운 프랑스어 문법』(공저)이 있으며 역서로는 『지혜에 대한 숙고』, 『역사적 관전에서 본 시네마』, 『키아바의 미소』, 『오리건의 여행』, 『구약성서 이야기』, 『인간과 사자』, 『예루살렘으로 간 작은 개미』, 『산토끼와 악어 이야기』, 『인디언과 뱀과 밤』, 『홍당무』, 『안데르센 동화집』, 『흰빛 잿빛 검은빛』, 『오르송』 등 다수가 있다.

프랑스 문화와 예술
그리고 **프랑스어**

1판 1쇄 발행 _ 2012년 3월 20일
1판 6쇄 발행 _ 2022년 2월 20일

저　　자 • 김선미 · 곽노경
발 행 인 • 정 현 걸
발　　행 • 신 아 사
인　　쇄 • 대명프린팅
출판등록 • 1956년 1월 5일 (제9-52호)
주　　소 • 서울특별시 은평구 통일로 59길 4 (2F)
전　　화 • 02) 382-6411 · 팩스 02) 382-6401
홈페이지 • www.shinasa.co.kr
E-MAIL • shinasa@daum.net

ISBN 978-89-8396-769-5 (93380)

정가 *14,000*원